교사를 위한
초등학교
과학수업
따라하기

교사를 위한

초등학교
과학수업
따라하기

박병태 · 최현동 · 김용근 · 노영민 · 박상민 ·
최동섭 · 전성수 · 고민석 · 김자영　지음

이담
Books

교육은 교사의 자질을 넘어서기가 힘들다고 합니다. 교사의 자질에 있어서 다양한 분야에 높은 수준을 요구하고 있지만 그중 가장 중요한 것은 학생들에게 학습내용을 재미있고 유익하게 수업을 잘하는 능력일 것입니다. 초등학교 교사의 경우 중·고등학교 교사와는 다르게 한 분의 교사가 여러 과목을 가르치고 있습니다. 이에 따라 모든 과목을 다 잘 가르치기에는 어려움이 따릅니다. 그중 과학과목에 대한 수업에 있어 많은 교사들이 어려움을 느끼고 있습니다. 그 원인을 살펴보면 실험실 안전에 대한 문제뿐만 아니라 과학교과 자체의 수업진행에 대한 어려움을 호소하고 있습니다.

초등학교 교사의 경우, 과학을 가르치는 것에 대해 자신감이 없어서 과학 교수를 피하려 한다는 연구 결과가 보고되고 있습니다(Czemiak & Chiarelott, 1990; Tilgner, 1990; Westerback, 1982). 또한 과학수업에 자신감이 있는 교사와 과학수업에 자신감이 없는 교사에 대한 현행 개정과학교과서 및 교과용 도서 활용실태를 분석한 결과, 수업에 자신이 있는 교사가 훨씬 더 자료의 활용, 교사용 지도서의 활용에 있어 적극적이고, 수업에 자신감이 없는 분들은 자료의 활용에 있어서도 낮은 빈도를 보였다는 연구결과가 제시되었습니다(권치순과 박병태, 2010). 이는 과학교육에 있어서 간과할 수 없는 것이므로 과학수업에 대한 자신감을 높이는 데 교사들에 대한 다양한 지원이 필요함을 지적할 수 있습니다.

이 책은 수년간 초등과학교육을 위해 애쓰신 현장 교사들이 연구한 내용을 토대로 집필하였으며 초등과학수업의 효과적인 방법과 운영 노하우를 알려 주기 위해 편찬한 것입니다. 책의 제목에서 알 수 있듯이 학교현장에서 과학수업을 하면서 갖추어야 할 분야를 선정하여 이론적 지식뿐만 아니라 현장 교사들에게 필요한 활용 방안, 지도 방안 등에 대해 실제적인 부분을 제시하였습니다.

이 책은 총 12장으로 구성하였는데 1장부터 7장까지는 초등과학의 일반적인 내용으로 구성하여 과학수업모형, 탐구능력, 자유탐구, 평가 등에 대해 제시하여 현장 교사들이 쉽게 활용할 수 있도록 안내하였습니다. 또한 8장부터 12장은 과학영재 교수-학습 프로그램, 특화된 주제 수업 프로그램, STEAM 교육 프로그램 등을 제시하여 활용할 수 있도록 하였습니다.

이 책이 나오기까지 애써 주신 여러 집필진에게 감사함을 전합니다. 또한 이 책의 출판을 기획하고 편집해 주신 한국학술정보(주) 대표이사님과 편집팀 여러분께도 고마움을 전합니다. 아무쪼록 여러 초등교사들과 예비 초등교사들께 조금이나마 도움이 되었으면 합니다.

2012. 4. 양재천 개나리를 바라보며
대표 저자 박병태

CONTENTS

Step 01

과학 모형에 따른 수업 따라하기

I. 서론

초등과학교육의 목표는 일상생활의 문제를 창의적이고 과학적으로 해결하는 데 필요한 과학적 소양을 갖춘 인간을 만드는 것으로 학교 교육에서 과학은 매우 중요하다. 이러한 교육의 결정적인 방향을 잡아주는 것은 교사이며, 이러한 교사의 역할은 과학교육에서 매우 중요하다(Pomeroy, 1993). 교사는 학생들이 학습하는 과정을 도와주는 역할을 하며, 어떻게 도와주고 어떻게 가르치는가에 따라 교육의 성과가 달라진다. 이로 인해 교육의 질은 교육을 담당하는 교사의 전문성에 의해 좌우된다고 해도 과언이 아니다. 교사가 과학교과를 가르치는 데에 어려움을 느끼고 소극적인 태도를 갖는다면 학생들도 어려워하고 재미없어할 것이다(이재천 등, 1997).

과학수업에 대한 교사의 전문성에 대해 임찬빈 등(2006)은 교사의 전문성을 구성하는 요소를 추출하였는데 가르치는 교과내용에 대한 전문성, 교과교육학적 전문성, 가르치는 학생에 대한 지식, 융통성을 지닌 교사가 전문성을 지닌 교사라고 정의하였다. 또한 교사의 수업능력은 단순한 수업기술이라기보다는 교수목표를 달성하기 위해 학생에 대한 이해를 바탕으로 여러 가지 수업 상황에 적합한 수업모형을 선정하고 이를 효과적으로 활용하는 능력이라고 할 수 있다.

하지만 현장에서는 많은 교사들이 과학수업에 대해 어려움을 느끼고 있으며 특히 수업방법에 있어 적절한 수업모형을 적용하는 데 어려움을 느끼고 있다. 실제로 현장 교사들은 과학수업을 하는 데 있어 교과목에 적합한 수업모형 사용을 부담스러워하거나, 교육내용을 적절히 재구성하여 사용하는 데 어려움을 느끼고 있으며(곽영순, 2004), 과학수업 영역에서 다른 과목에 비해 낮은 자아효능감을 나타내었다(홍정림, 2003). 특히 예비교사들은 수업할 단원에 적합한 수업모형을 선정하고, 수업모형에 따른 자료를 선정 및 조직하는데 어려움을 겪고 있었으며, 수업 단계에 따른 어느 정도의 이론적 지식은 가지고 있었으나 수업모형의 상황에 맞게 재조직하는데 어려움을 겪고 있었다(임희준, 2010). 또한 경력이 낮은 교사일수록 과학수업에 어려움을 느끼고 있었으며, 수업모형에 대한 이해 부족이 수업모형에 대한 현장 적용에 대한 장애 요인으로 나타났다(정완호 등, 1996). 이와 같은 연구들을 통해 초등학교 교사들의 과학수업 전문성 향상을 위해서는 교사의 수업모형 적용 과정에 대한 이해가 선행되어야 함을 알 수 있으며, 이에 개정교육과정을 바탕으로 초등학교 과학수업에서 과학수업모형을 효과적으로 적용할 수 있는 방안에 대해 살펴보고자 한다.

II. 본론

1. 과학과 수업모형이란?

과학과 수업모형은 과학과 교육의 발전에 따라 그 시대를 대표하는 모습으로 발전해왔다. 좋은 과학수업을 위해 고민한 교육자들은 다양한 수업모형의 이론을 제시하였으며, 현재 개정교과서에는 경험학습모형부터 탐구학습모형, 발견학습모형, 순환학습모형, 개념변화학습모형, STS교수학습모형 등 다양한 수업모형이 소개되어 있다. 과학수업모형에 대해 이해하기 위해서는 과학수업모형이 어떻게 발달되어 왔는지부터 이해해야 한다.

1950년대 중반 이전의 아동의 흥미나 생활에서의 실용성만을 강조한 생활중심 교육이 과학교육의 발전을 방해하였다는 비판이 일어나기 시작했다. '스푸트니크 충격'이라고 불리는 구소련의 인공위성 발사 성공은 생활중심 교육에서 소홀히 여기던 과학의 개념, 탐구능력에 대한 관심을 불러일으켰다. 즉 학문 중심 교육관이 교육의 전반에 영향을 미치게 된 것이다. 학문 중심 교육관은 교육내용을 지식의 구조로 보고, 교육방법으로 탐구와 발견을 강조하였다. 또 학문은 나름대로의 독특한 개념 체계를 가지며, 학생들에게 학자들이 지식을 추구하는 방법으로 탐구방식을 가르칠 것을 강조하였다. 이러한 분위기에서 여러 가지 수업모형이 제시되었는데 탐구수업모형, 경험수업모형, 발견학습 수업모형 등이 있다.

1970년대 중반부터는 학생들의 선개념에 대한 연구가 활발히 이루어졌으며, 선개념을 변화시키기 위한 다양한 수업방법과 전략들이 고안되었다. Lawson은 순환학습모형에 오개념 연구 결과를 접목시켰으며, 개념변화 수업모형, 인지갈등 수업모형 들이 제시되었다. 이러한 수업모형들은 주로 학생들이 경험적으로 습득한 선개념을 과학적 개념으로 변화시키는 데 목적이 있다.

1980년대 들어서 STS(Science Technology and Society)라는 새로운 과학교육 운동이 시작되었으며, 1990년 미국 NSTA(National Science Teachers Association)는 과학적 소양을 갖춘 인간의 육성을 목표로 제시하였다. 이는 과학과 관련된 사회 및 일상생활의 문제 등을 학습소재로 선정하여 과학을 가르치고 학습하는 것을 의미한다. 과학적 소양이라는 개념은 과학의 핵심 원리를 이해하고, 과학 아이디어를 개발하는 방법을 이해하며, 과학과 관련된 문제해결 등이 포함되어 있다. 지금까지도 과학적 소양은 과학개념 이해, 탐구능력과 함께 과학교육에서 중요한 목표이며 대표적인 수업모형으로 STS교수학습모형이 있다.

2. 과학과 수업모형의 특징 파헤치기

1) 경험학습모형

과학은 자연 사물이나 현상과의 경험에서 출발한다. 자연현상을 바르게 인식하기 위해서는 상당한 경험을 통해서 그것에 친숙해지는 것이 필요하다. 이러한 기회를 줄 수 있는 학습 모형으로 대표적인 것이 경험학습 수업모형이다.

(1) 경험학습 수업모형의 배경과 특징

경험학습 수업모형은 사물과의 경험이 비교적 적은 초등학교 저학년 학생을 위해 고안된 것이다. 이 경험학습 수업모형의 강조점은 탐구 과정 기능의 바탕이 되는 자연현상과 친숙감을 갖도록 하는 점에 있다. 경험학습 수업모형이란 말이 암시하듯이 이 모형은 정보 수집이 그 일차적인 목표라고 볼 수 있는데, 이는 과학자의 활동의 첫 단계와 대응된다.

〈경험학습 모형의 3가지 주요 특징〉

① 학생들의 구체적이고 조작적인 감각경험이 강조된다.
② 학습 활동이 기본적인 탐구 과정에 강조점을 둔다.
③ 특정한 내용 목표를 갖지 않는다.

(2) 경험학습모형을 언제 적용하면 좋을까요?

① 관찰이나 분류활동을 지도할 때

② 어려운 개념을 처음 학습할 때

③ 자연스러운 탐구기회를 제공하고자 할 때

(3) 경험학습모형의 단계 및 절차

<자유탐색>	자유탐색 단계에서는 학생들이 미리 준비된 학습자료를 자유롭게 만져보고 모양이나 색 등을 살펴 보고, 두드려 보고, 맛을 보고, 냄새를 맡아 보는 등의 여러 방법으로 탐색하는 단계이다. 학생들은 이 단계를 통하여 주어진 자료와 더 친숙해지고 많은 정보를 수집하여 다음 활동 단계로 갈 수 있 는 준비를 하게 된다.
<탐색결과 발표>	탐색결과 발표 단계에서는 앞 단계에서 학생들이 보고, 듣고, 만져 보는 등의 관찰을 통하여 얻은 결과를 발표하는 단계이다. 이 단계에서 교사는 학생들의 활동이 적절했는지, 또는 보완할 부분이 무엇인지를 파악할 수 있으며, 또한 학생들의 의사 전달 능력을 길러줄 수 있다.
<교사 인도에 따른 탐색>	교사의 인도에 따른 탐색 단계에서는 우선 교사가 학생들의 관찰 결과에 대하여 여러 가지 질문을 한다. 이때 교사는 학생들의 관찰이 미숙했거나 미처 생각하지 못한 점을 파악할 수 있다. 이런 점 이 발견되면 교사는 어떤 방향이나 기준을 제시하여 학생들이 추가로 탐색 활동을 하게 한다.
<정리>	정리 단계에서는 그동안 관찰한 내용을 토의를 통하여 정리한다. 학습 소재에 따라서는 분류 과정 이 필요한 학습이 많이 있다. 이 경우에는 분류 활동을 하게 된다.

(4) 경험학습모형 적용 시 주의할 점

① 특정한 내용 목표를 갖지 않으며, 내용 지식을 강조하지 않는다.

② 교사가 경험학습을 계획하고 지도할 때 어떤 개념이나 일반화를 직접 내세우지 않는다.

③ 구체적이고 조작적인 활동을 통해 직접 물체를 다루도록 하며, 구체적인 상황이 불 가능할 때는 사진, 비디오 등의 시청각 자료를 활용하는 방법도 있다.

④ 관찰과 분류의 탐구과정을 일차적으로 강조하여 과학내용을 지도하더라도 일차적 으로 탐구과정 능력에 초점을 두어 지도한다.

2) 발견학습모형

구체적인 물체를 대상으로 한 경험수업이 이루어진 후에 투입할 수 있는 수업모형이라 고 볼 수 있다. 관찰과 측정 등을 통하여 축적된 자료를 탐색 대상으로 하는 조작 활동으 로 이루어지는데, 이것은 실제 과학자들이 과학 개념이나 원리 등을 발견하게 되는 과정 과 유사하다.

(1) 발견학습 수업모형의 배경과 특징

발견학습 수업모형은 학생들이 제시된 자료를 통하여 귀납적인 방법으로 개념을 형성하거나 일반화하는 과정이 나타난다. 이 모형은 학생이 자료들 속에 내재되어 있는 어떤 논리적 특성을 찾는 것이므로, 구체적 조작 능력을 가진 학생들에게 적용할 수 있는 수업모형이다.

〈발견학습모형의 4가지 주요 특징〉

① 규칙성 발견을 통해 개념을 형성하고 일반화하는 것이 목적
② 학습 지도의 계획 단계가 중요하며, 적절한 자료 준비가 필요
③ 학습 주제가 귀납적으로 과학 법칙이나 원리를 습득할 때 유용
④ 모두 가능하나 구체적 조작기 학습자에게 효과적

(2) 발견학습모형을 언제 적용하면 좋을까요?

① 학습해야 할 개념이 추상적이고 새로운 개념일 경우
② 학습 내용을 전개할 때 구체적인 사례에서부터 출발하는 것이 좋은 경우
③ 학습할 주요 개념을 다양한 현상이나 사례의 관찰을 통해서 알아내는 것이 바람직한 경우

(3) 발견학습모형의 단계 및 절차

<탐색 및 문제 파악>	학습목표와 관련된 학습자료를 제시하여 학생들이 탐색하도록 한다. 교사는 자연스럽게 학생 스스로 학습 문제를 파악하도록 안내한다. 이때 학습목표를 파악하기 위한 자료는 다양한 방법으로 제시하여, 학습에 대한 흥미와 적극적인 학습 분위기를 조성한다.
<자료제시 및 탐색>	자유로운 탐색 활동을 하게 하는 단계로, 교사는 학습문제 해결을 위해 필요하다고 판단되는 자료를 선택하여 제시한다. 자료들은 대자연현상과 관련된 것으로서 자료의 맥락이 학생들에게 친근한 것일수록 좋다. 학생들은 주어진 자료를 자기고 가능한 모든 관찰을 한다. 관찰의 결과를 정리할 수 있는 시간을 부여한 후, 관찰 결과를 발표시켜 발표 내용을 공유할 수 있는 시간을 가지는 것이 필요하다. 마지막으로 교사는 관찰결과가 의도된 학습 결과와 다를지라도 수용하고 정리하는 개방적인 수용 자세가 필요하다.
<추가 자료제시 및 탐색>	학생들이 규칙성을 발견하여 과학개념을 형성하거나 일반화하는 것을 더욱 강화시켜 주기 위한 단계로, 학생들이 과학개념을 형성하는 데 어려움이 예상되거나 정확한 개념 형성을 위해서 보다 구체적인 자료가 필요할 수 있으므로, 보충자료를 준비하여 관찰하고 탐색할 수 있도록 한다. 이미 주어진 자료보다 구체화시킨 자료를 제시하여 목표 개념을 명료화하거나, 정반대의 자료를 보여주어 이미 발견된 개념을 확신시켜 주는 자료를 준비할 수도 있다. 보충관찰에서는 앞서 했던 관찰 결과와 새로운 관찰결과 간의 공통점이나 차이점을 부각시키는 교육적 처치가 필요하고, 여기서는 교사의 직접적인 지식 전달보다는 질문 기법을 통하여 학생들의 탐구를 유도하는 것이 좋다.

<규칙성 발견 및 개념 정리>	전 단계에서 했던 관찰결과들을 공개하고, 토의를 통하여 관찰결과로부터 일반화나 규칙성을 발견하는 단계이다. 교사는 관찰된 사실들로부터 어떤 경향성이나 틀을 발견하고 기록하도록 안내해야 한다. 이처럼 기술된 내용을 개념 또는 일반화된 추리라고 한다. 개념을 형성하는 단계에서 학생들은 관찰결과를 토의하더라도 단번에 정확한 개념을 발견하기 어려운 경우가 많다. 교사는 이러한 학생들의 생각을 질문이나 토의를 통해 학생들이 동의할 수 있는 표현으로 정리하여야 한다. 관찰결과 속에 내재한 과학개념을 발견하는 일은 학생 중심으로 진행될 수 있도록 인내를 가지고 안내해야 하며, 교사가 직접 지식을 제시하는 일은 학생들의 탐구를 제한시킬 수 있으므로 주의해야 한다.
<적용 및 응용>	앞에서 발견한 규칙성이나 개념의 인지적 정착을 유도하는 단계이다. 학생들은 자신이 발견한 규칙성이나 개념을 새로운 자연 맥락이나 환경에 적용함으로써 개념에 대한 활용 범위를 넓히고 개념의 의미를 인지적으로 정착시킬 수 있다. 본 교수-학습 활동의 목표가 실제로 달성되었는지를 파악하게 하는 형성평가로서 활용될 수도 있다.

(4) 발견학습모형 적용 시 주의할 점

① 학생이 스스로 규칙성을 발견하고 개념을 형성해나가는 과정이 중요하다.

② 발견학습이 가능하도록 자료 제시와 추가 자료 제시물을 구분하고 어떤 순서로 어떤 상황에서 제시할 것인가에 대한 구체적인 계획이 필요하다.

③ 학습목표는 단순하고 명확해야 한다.

④ 교사의 불필요한 설명을 줄이고, 질문을 통하여 학습 안내를 수행해야 한다.

3) 순환학습모형

순환학습은 Piaget의 인지발달이론에 기초를 두고, 탐색단계에서의 간단한 실험을 통하여 학생 스스로 새로운 개념을 발견할 수 있도록 유도함으로써, 학생들의 개념 형성과 탐구능력 신장을 도모하는 수업형태이다.

(1) 순환학습 수업모형의 배경과 특징

순환학습모형(Learning Cycle Model)은 SCIS(Science Curriculum Improvement Study) 프로그램에서 도입된 학습모형으로, 학생 스스로의 구체적인 경험을 통해서 개념을 획득하고, 사고력의 신장을 돕기 위한 탐구지향적 학습모형이다. 순환학습은 상호 관련된 3단계, 즉 탐색단계, 개념도입단계, 개념적용단계로 이루어져 있는데, 전통적 학습 방법과는 달리 탐색단계에서의 실험 활동을 중요시하고 있다.

〈순환학습모형의 3가지 주요 특징〉

① 탐색단계에서 학생 스스로의 경험을 통해 규칙성을 발견하여야 한다. ② 인지발달과 과학의 본성을 바탕으로 한다. ③ 각 단계가 단절적인 것이 아니고 순환적, 반복적으로 이루어진다.

(2) 순환학습모형을 언제 적용하면 좋을까요?

① 규칙성이 있는 현상을 다룰 때

② 새로운 개념을 처음 도입할 때

③ 탐구를 통한 인지적 갈등의 해결 기회를 제공하고자 할 때

(3) 순환학습모형의 단계 및 절차

<탐색>	3단계 중에서 가장 중요한 단계로, 교사는 학생이 지니고 있던 선입 개념들이 토의되도록 유도하여 학생들이 지녔던 개념들이 잘못되었음을 학생 스스로 깨달을 수 있도록 기회를 제공한다. 인지적 갈등을 해결하기 위해 다양한 자료와 구체적 자료를 이용하여, 직접 학생들이 친근감 있게 경험할 수 있는 학습활동을 제공해 준다. 이러한 인지적 갈등을 통한 해결 과정으로, 학생들이 평형화 과정을 통해 새로운 자연현상에 대한 규칙성을 발견하여 개념을 스스로 획득하게 한다.
<개념도입>	탐구단계에서 발견된 규칙성과 관련 있는 개념, 원리들을 도입하는 단계로 학생 스스로 경험한 사고 유형을 정리·해석하도록 유도한다. 탐구단계에서 느꼈던 인지적 갈등이 새로운 개념과 원리의 도입에 의해 해소되어 평형상태가 형성되는 단계가 있다. 탐구단계의 마지막 정리라고 볼 수 있으며, 비평형상태가 지속되는 경우가 있어 개념적용단계가 필요하다. 그러나 이 단계에서 인지적 갈등이 완전히 해소되었다고 보기는 어렵다. 따라서 개념적용단계가 필요하다.
<개념적용>	이 단계는 개념적 재조직화가 느린 구체적 조작기의 학생들이나 평균 이하의 수준에 있는 학생들에게 중요한 단계이다. 탐구, 개념도입 단계에서 학습한 개념, 원리 또는 사고 양식을 다시 새로운 상황과 문제에 적용시키는 단계이다. 자율적 조절 기능을 위한 충분한 시간과 경험을 제공하고 새로운 사고 유형을 안정화시킨다.

(4) 순환학습모형 적용시 주의할 점

① 탐색단계에서는 학생에게 친근하고 흥미로우며 간단한 시범 실험이나 조작적 실험을 제공한다.

② 탐색단계에서는 이미 알려진 개념에 대한 확인 실험이 아닌 새로운 개념의 도입 역할을 하도록 한다.

③ 개념도입단계에서는 적절한 용어 도입, 결론 정리 및 보완, 스스로 개념이나 원리 찾기를 한다.

④ 개념적용단계에서는 개념, 원리, 사고 유형 정착, 자유 탐구 활동, 새로운 상황에의 적용이 이루어질 수 있게 한다.

⑤ 자료를 모으는 탐구단계 동안 질문을 적게 하고 용어 도입 시에는 질문을 많이 해야 한다.

4) 가설검증 수업모형

자연현상에 관한 일반화를 얻기 위해 통제된 실험이 활용되는 단계로 탐구학습을 하는데 이런 능력을 지도하는 모형이 가설검증 수업모형이다. 학생들이 내용만 습득하는 것이 아니라 자신의 지식을 찾아내는 방법도 배우게 된다. 즉 '학습하는 방법을 배운다'고 볼 수 있다.

(1) 가설검증 수업모형의 배경과 특징
가설검증 학습은 과학 하는 방법을 가르치는 것이 주된 관심사로서, 실제 과학 발달의 역사를 살펴보면 가장 창의적이고 혁신적인 아이디어의 대부분이 문제를 만들어내는 것에서 출발했다는 것을 알 수 있다.

〈가설검증 수업모형의 특징〉

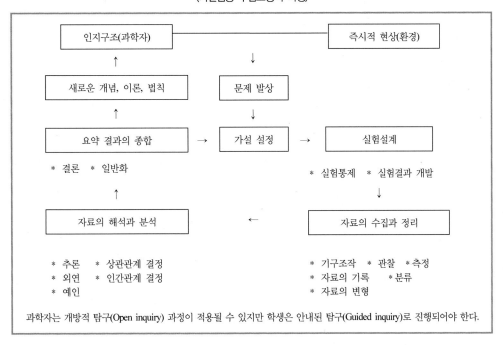

(2) 가설검증 수업모형을 언제 적용하면 좋을까요?

① 초등학교 저학년보다는 비교적 많은 시간활용과 토의가 가능한 고학년에 적용

② '만일 ~라면, ~일 것이다'라는 내용을 검증할 때 수업에 적용

③ 검증 가능한 가설 또는 예상을 만들고 실제로 조사하고자 할 때 적용

(3) 가설검증 수업모형의 단계 및 절차

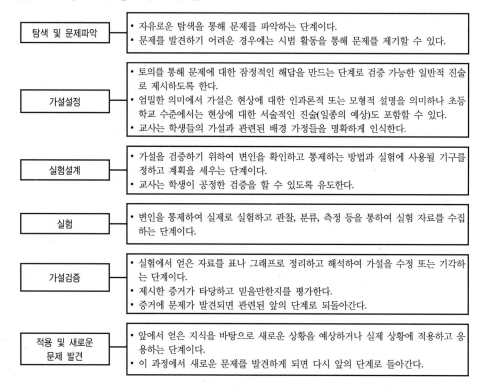

탐색 및 문제파악	• 자유로운 탐색을 통해 문제를 파악하는 단계이다. • 문제를 발견하기 어려운 경우에는 시범 활동을 통해 문제를 제기할 수 있다.
가설설정	• 토의를 통해 문제에 대한 잠정적인 해답을 만드는 단계로 검증 가능한 일반적 진술로 제시하도록 한다. • 엄밀한 의미에서 가설은 현상에 대한 인과론적 또는 모형적 설명을 의미하나 초등학교 수준에서는 현상에 대한 서술적인 진술(일종의 예상)도 포함할 수 있다. • 교사는 학생들의 가설과 관련된 배경 가정들을 명확하게 인식한다.
실험설계	• 가설을 검증하기 위하여 변인을 확인하고 통제하는 방법과 실험에 사용될 기구를 정하고 계획을 세우는 단계이다. • 교사는 학생이 공정한 검증을 할 수 있도록 유도한다.
실험	• 변인을 통제하여 실제로 실험하고 관찰, 분류, 측정 등을 통하여 실험 자료를 수집하는 단계이다.
가설검증	• 실험에서 얻은 자료를 표나 그래프로 정리하고 해석하여 가설을 수정 또는 기각하는 단계이다. • 제시한 증거가 타당하고 믿을만한지를 평가한다. • 증거에 문제가 발견되면 관련된 앞의 단계로 되돌아간다.
적용 및 새로운 문제 발견	• 앞에서 얻은 지식을 바탕으로 새로운 상황을 예상하거나 실제 상황에 적용하고 응용하는 단계이다. • 이 과정에서 새로운 문제를 발견하게 되면 다시 앞의 단계로 돌아간다.

(4) 가설검증 수업모형 적용 시 주의할 점

① 변인통제에 대하여 반드시 알아두어야 한다.

② 실험활동을 통해 특성이나 규칙을 찾는 데 능동적으로 참여함은 물론 과학적 지식을 얻는 방법까지도 배우도록 하여야 한다.

3. 각 학년별 과학과수업모형 적용 방안

각각의 과학수업모형의 형태와 특성은 다르지만 좋은 과학수업을 위한 목적만큼은 동

일할 것이다. 수업모형은 수업의 목적에 맞게 선택되고 잘 조직되어야 한다.

여기서는 교사가 과학과수업모형을 효과적으로 적용하기 위해서 수업 목표와 내용에 적절한 수업모형의 선택, 수업모형의 단계에 맞는 수업의 흐름 구성, 수업모형의 단계별 효과적인 발문 등에 중점을 두어 과학과 수업모형의 적용 방안에 대해 살펴보고자 한다. 과학수업모형은 절대적인 것이 아니며, 가장 적합한 수업모형을 적용 및 개선할 수 있으며, 이를 위해 교사는 수업모형을 이해하고 적용하기 위한 능력을 갖추어야 할 것이다.

1) 수업 목표와 내용에 적절한 수업모형의 선택하기

과학수업모형이 만들어진 배경과 관련지어 생각하면 수업에 어떤 수업모형을 적용하는 것이 적절한지 분명히 구별될 것이다. 지금까지의 과학교육의 흐름을 토대로 다음 3가지로 구분하여 수업모형을 다루어 볼 수 있다.

첫 번째는 학문 중심 교육관에 따른 탐구와 발견을 중시한 과학교육 방법이다. 대표적인 수업모형으로 경험학습모형, 탐구수업모형, 발견학습모형, 순환학습모형을 들 수 있으며, 과학자들이 지식을 추구하는 방법으로서의 탐구를 강조하고 있다.

두 번째는 학생들의 개념 변화를 강조한 과학교육 방법이다. 대표적인 수업모형으로 개념변화 학습모형을 들 수 있으며, 학생들의 오개념을 통해 인지 갈등을 일으키고 학생들의 개념을 변화시키기 위한 전략을 중시하고 있다.

세 번째는 과학적 소양을 강조한 과학교육 방법이다. 대표적인 수업모형으로 STS수업모형을 들 수 있으며, 과학과 관련된 사회 및 일상생활의 문제 등을 학습소재로 선정하여 과학을 가르치고 학습하는 것을 강조한다.

같은 수업 내용이라고 하더라도 교사가 수업의 목적을 어디에 두느냐에 따라 적용될 수 있는 수업모형은 달라질 수 있다. 이를 위해서 교사는 각각의 수업모형의 핵심적인 특징을 이해하고 있어야 하는 것이다.

그럼 수업모형 선택을 위한 실제적인 전략에 대해 살펴보자. 교사가 어떤 목적의 수업을 할 것이냐에 따라 적절한 수업모형은 달라진다. 하지만 수업의 목적과 관련 없는 수업모형을 선정하게 되면 앞뒤가 맞지 않는 잘못된 수업이 될 수 있다. 예를 들어 모든 과학수업을 탐구수업모형에 맞추어 한다든지, 학생들에게 과학적 개념을 소개하는 것이 목적인 수업에서 경험학습모형이나 STS학습모형을 적용하는 모습들은 과학수업에서 흔히 접할 수 있는 실수이다. 그럼 과학수업의 목적에 맞는 적절한 수업모형은 무엇이며, 어떠한 특징을 가지고 있는지 표에 제시하였다.

수업 목적	적절한 수업모형	특징
개념변화	개념변화 학습모형	비교적 많은 학생들이 오개념을 가질 수 있는 내용에 적용
개념형성 탐구능력 신장	순환학습모형	학생 스스로 알아낼 수 없는 과학적 개념을 도입하는 데 적합한 학습
개념형성 과학의 본성 이해 탐구능력 신장	발견학습모형	구체적인 사례들을 통해 과학개념이나 법칙을 이끌어냄
탐구능력 신장에 중점 과학자의 탐구과정을 경험	탐구학습모형	잘 계획되고 준비된 안내된 탐구학습
자연현상에서 정보수집 간단한 탐구기능의 신장	경험학습모형	저학년 학생들에게 적합한 관찰 및 분류 등의 조작 활동
생활과 관련된 과학적 소양 실생활 관련된 문제 해결	STS학습모형	실생활과 관련된 문제의 해결

2) 수업모형의 단계에 맞는 수업의 흐름 구성하기

일단 수업내용에 적절한 수업모형을 선정하였다면, 수업모형의 단계에 맞게 수업의 흐름을 구성해야 한다. 이는 앞서 수업모형이 어떠한 목적에서 만들어졌는지를 생각하면 쉽게 할 수 있을 것이다. 예를 들어 개념이나 법칙을 이끌어내기 위한 발견학습모형으로 수업을 한다면, 구체적인 사례들을 통해 개념이나 법칙을 이끌어낼 수 있는 몇 가지 수업모형별 수업의 흐름을 살펴보면 다음과 같다.

(1) 순환학습모형(4E)

학습단계	특징
탐색	• 학생이 자료나 다른 학습자와의 상호작용을 통해 새로운 자료와 생각을 탐색한다. • 교사는 학생의 초기 이해와 사전 개념을 열린 탐색활동을 통해 진단하고, 학생의 기존 지식과 새로운 지식을 암시를 통해 연결할 수 있도록 도와준다.
설명	• 탐색단계에서 발견한 규칙성을 언급하는 새로운 용어를 도입하는 것으로 시작한다. • 탐색활동에서 발견한 규칙성과 직접 관련지어야 한다.
확장	• 새로운 개념의 적용 범위를 확장시키는 활동을 한다.
평가	• 평가는 앞 세 단계에 걸쳐서 지필, 관찰, 포트폴리오, 수행 등 다양한 방법을 통해 이루어진다.

(2) 발견학습모형

학습단계	특징
탐색 및 문제파악	• 학습목표와 관련된 학습자료를 제시하여 학생들로 하여금 탐색하게 함으로써 학습문제가 무엇인지 파악하는 단계이다. • 교사는 학생들 스스로 자연스럽게 학습문제를 파악할 수 있도록 안내한다. 학습목표를 파악하기 위한 자료를 다양한 방법으로 제시하여 학생들에게 학습에 대한 흥미를 갖도록 유도한다.
자료제시 및 탐색	• 학습문제 해결을 위해 필요하다고 판단되는 자료를 선택하여 제시한다. 자료는 자연현상이 관련된 것으로서 자료의 맥락이 학생들에게 친근한 것일수록 조작적 활동이 원만하게 진행될 수 있으므로 유리하다. • 학생들은 주어진 자료를 충분히 관찰한 후 관찰결과를 정리한다. 교사는 관찰결과를 발표하여 발표 내용을 다른 학생들과 공유할 수 있는 시간을 갖도록 계획한다.
추가 자료제시 및 탐색	• 학생들이 규칙성을 발견하여 과학개념을 형성하거나 일반화하는 것을 강화시켜 주는 단계이다. • 학생들이 과학개념을 형성하는 데 어려움이 예상되거나 정확한 개념 형성을 위해 보다 구체적인 자료제시가 필요한 경우 보충자료를 제시하여 관찰하고 탐색할 수 있도록 안내한다. • 이미 주어진 자료보다 구체화시킨 자료를 제시하여 목표 개념을 명료화하거나, 정반대의 자료를 제시하여 이미 발견된 개념을 확신시켜주는 자료로 준비한다. • 교사의 직접적인 지식 전달보다는 발문기법을 통해 학생들의 탐색을 유도하는 것이 바람직하다.
규칙성 발견 및 개념정리	• 관찰과 탐색을 통한 결과를 공개하고, 토의를 통하여 관찰결과로부터 일반화나 규칙성을 발견하는 단계이다. • 교사는 관찰된 사실로부터 어떤 경향성이나 틀을 발견하고 기록하도록 안내한다. • 학생들이 규칙성을 발견하지 못하거나 개념형성이 미흡할 경우에는 피드백하여 새로운 자료를 제시하여 학습목표를 달성할 수 있도록 안내한다.
적용 및 응용	• 발견한 규칙성이나 개념의 인지적 정착을 유도하는 단계이다. • 학생들은 자신이 발견한 규칙성이나 개념을 새로운 자연 맥락이나 환경에 적용함으로써 개념에 대한 활용범위를 넓히고 개념의 의미를 인지적으로 정착시킨다.

3) 수업모형의 단계에 맞는 효과적인 발문하기

수업은 교사의 발문에 의해서 진행되며, 같은 수업 계획에 따라 수업을 하더라도 교사가 수업의 어떠한 단계에서 어떠한 발문을 하는가에 따라 수업의 효과는 크게 달라질 수 있다. 따라서 수업모형의 단계에 맞는 효과적인 발문에 대한 실제적인 전략을 살펴보았다.

(1) 탐색단계
① 학생들의 생각을 열어 주기 위한 발문

• 문제라고 생각하는 것을 모두 적어보세요.
• 이와 같은 현상이 일어날 수 있는 경우를 생활에서 찾아봅시다.
• 문제라고 생각되는 것을 논리적인 문장으로 표현해보세요.
---

② 탐색한 내용들을 정리하기 위한 발문

- 자료를 탐색하면서 관찰한 내용을 정리해보세요.
- 자료를 관찰하면서 과학적 사실을 찾아 정리해보세요.
- 자신이 탐색한 결과를 과학적 사실에 근거하여 정리해봅시다.
- 파악한 문제를 과학적 사실에 근거하여 정리해봅시다.

(2) 개념도입 / 규칙성 발견 / 개념정리

- 관찰한 내용을 종합하여 규칙성을 찾아 정리해봅시다.
- 관찰한 내용을 떠올려 정리해보세요.
- 과학적 문제의 원인들로 간추려보세요.
- 탐색을 통해 발견한 규칙성을 하나의 구조로 정리해봅시다.

(3) 확장 / 적용 및 응용

- 이런 결과를 적용할 수 있는 예를 다른 영역에서 찾아봅시다.
- 발견한 개념이나 규칙성을 생활에 적용할 수 있는 예를 찾아봅시다.

Tip. 발문은 어떻게 해야 하는가?

○ 학습자들과 가까이 있는 소재를 사용한 발문
발문을 하는 목적은 학습자들의 사고를 활성화시키고 개념과 원리를 형성해나가는 데에 있다. 그러므로 학습자들이 많이 경험할만한 소재를 이용하여 발문을 하면 학습자들은 흥미를 갖고 기존 경험을 바탕으로 사고의 활성화를 촉진시킨다.

○ 학습자들이 이해할만한 쉬운 어휘를 사용한 발문
학습자들의 수준에 적절한 어휘를 사용해야만 발문의 효과를 높일 수 있다.

○ 발산적인 의문만 좋은 것인가?
과학에서의 학습은 귀납적으로 다양한 경험을 통하여 과학적 개념이나 원리를 형성하는 것이다. 그러므로 다양한 탐구활동을 수행할 때에는 사고의 폭을 넓힐 수 있는 발산적인 발문을 하고, 개념이나 원리를 형성하고 확인하는 단계에서는 수렴적인 발문이 필요하다.

○ 안내자로서의 교사는 "생각해봐~ 어떻게 될 것 같아?"면 충분할까?
최근의 과학교육의 추세는 학습자의 탐구과정이 과학자의 탐구과정과 닮아가고 있다. 즉 학습자를 과학자와 같이 새로운 과학적 지식을 스스로 구성해가는 능동적 주체로서 보고 있다. 이때 교사는 안내자, 조언자로서의 최소한의 역할을 수행하며 동시에 적절하고 효과적인 발문을 강조한다. 그러나 교사들은 "생각해봐. 어떻게 될 것 같아"라고 질문한 후 그래도 아이들이 모른다고 하면, "다시

한 번 곰곰이 생각해봐." 이렇게 생각하기를 독려하는 것이 전부이다. 이렇게 하면 학습자들은 새로운 과학적 지식을 구성해나갈 수 있을까? 그냥 생각만 계속하면 학습자들의 과학적 탐구능력이 향상될까? 아니다. 학습자들에게는 방관적인 교사가 아닌 충분한 과학적 지식을 가진 안내자로서의 교사가 필요하다. 처음 주어진 상황에서 교사가 원하는 문제 해결점으로 가지 못한다면, 주어진 상황에 대한 보다 구체적인 관찰기준을 제시할 필요가 있다.

○ 본시 학습을 시작하기 전에 발산적인 발문 사용하기
학습주제에 대한 발산적인 발문을 통해 학습자들의 자유로운 발화를 유도한다. 자유롭고 허용적인 분위기에서 학습자들이 생각나는 대로 말하게 하는 것은 학습의 동기를 향상시킬 뿐만 아니라 주제에 대한 학습자들의 배경지식을 확인하여 명확한 개념형성이나 오개념을 해소하는 데 중요한 역할을 한다.

○ 오개념을 형성한 학생들에게는 어떻게 발문해야 할까요?
즉각적으로 잘못했다고 꾸짖기보다는 짝활동이나 모둠활동을 통해 정확한 개념을 형성한 학습자의 설명을 듣고, "너의 생각과 무엇이 다르니?", "어떤 생각이 이 현상을 가장 잘 설명할 수 있을까?" 등의 발문을 통하여 스스로 개념이 잘못되었음을 깨닫고 수정할 수 있도록 돕는다. 이러한 과정을 통하여 과학적 태도 중 중요시되는 개방성을 향상시킬 수 있다.

○ 발문의 수준은 학습자들의 수준보다 약간 상위의 것으로
너무 쉽거나 너무 어려운 발문은 학습자들의 사고를 자극하지 못하고 학습의 의욕을 떨어뜨릴 수 있다. 그러므로 학습자들의 지적 수준에서 약간 상위의 수준으로 하는 것이 좋다. 이때 학습자들은 '내가 해결할 수 있을 것 같다'라는 생각이 들면서 흥미롭게 발문에 대처하게 된다.

4. 과학과수업모형 적용의 실제(수업지도안 사례분석)

1) 경험학습모형 사례분석

(1) 분석 1: 학습목표가 적절한가?

교과	과학	지도 일시	○월 ○일 ○교시	대상	4학년 ○반	지도 교사	
단원	1. 식물의 세계			차시	1~2/10	교과서	교과서 22~25쪽 실험 관찰 6~8쪽
학습 주제	학교 주변에서 자라는 식물의 이름과 특징 알아보기			수업 모형	경험학습모형		
학습 목표	• 주변의 식물을 관찰하고 특징을 찾아볼 수 있다. • 학교 주변의 식물을 특징에 따라 이름을 붙일 수 있다. • 식물을 사랑하고 보호하려는 마음을 갖는다.						

➡ 경험학습모형은 특정한 내용 지식을 전달하는 목표보다는 자연스러운 관찰을 통해 정보를 수집하는 데 1차적인 목표가 있습니다. 따라서 "알아볼 수 있다"보다는 "찾아볼 수 있다"로 바꾸는 것이 적절합니다.

- 학습목표는 교사의 수업의도를 보여주는 요약한 단어의 집합체이다.
- 수업이 끝난 후 학생들이 보여주길 기대하는 행동을 정확하게 표현함으로써 학생들은 수업에 대한 교사의 의도를 파악할 수 있다.

- **Level 1**(간단한 행동목표): 찾을 수 있다, 조사할 수 있다, 묘사할 수 있다, 만들 수 있다, 측정할 수 있다, 확인할 수 있다, 분류할 수 있다 등
- **Level 2**(복잡한 사고를 요구하는 행동목표): 자료를 조직할 수 있다, 방법을 고안할 수 있다, 그래프를 그릴 수 있다, 변인들을 확인할 수 있다, 비교할 수 있다, 관계지을 수 있다, 타당함을 보여줄 수 있다, 추정할 수 있다, 해석할 수 있다 등
- **Level 3**(학생들의 독창적인 사고를 보여주는 행동): 자료로부터 일반화할 수 있다, 종합할 수 있다, 추론할 수 있다, 비판적으로 토론할 수 있다, 가설을 표현할 수 있다, 이유를 제시하고 뒷받침할 수 있다, 재조직할 수 있다, 발견할 수 있다 등

(2) 분석 2

① 동기유발이 학습활동과 연계가 되는가?

② 학습문제의 진술은 적절한가?

학습 단계	학습 과정	교수 · 학습 활동		시간 (분)	자료(·) 및 유의점(→)
		교사	학생		
탐색 및 문제 파악	동기유발	◎ 식물의 이름 맞히기 • 교과서 22쪽에 나와 있는 풀의 사진을 보고 이름을 맞추어봅시다. • 학교 주변에는 어떤 식물이 자라고 있을까요? ◎ 학습문제 확인하기	• 강아지풀입니다. 강아지꼬리풀입니다. 별꽃입니다. 별풀입니다. • 민들레요. / 잘 모르겠습니다.	5'	→ 식물의 이름을 모를 경우 사진을 자세히 관찰하고 특징을 찾아내도록 한다. → 식물을 관찰할 때 함부로 다루지 않도록 안내한다.
	학습 문제 파악하기	학교 주변에서 자라는 식물의 이름과 특징을 알아봅시다.			

➡ "보자"나 "봅시다"를 사용하는 경우 큰 문제는 없으나, 학생들에게 경어를 사용하는 것이 좋습니다.

(3) 분석 3

① 경험학습모형의 특징에 맞게 학습단계가 적절하게 구성되었는가?

② 학습활동이 학습목표와 일치하는가?

자유 탐색	탐색하기 정보 수집하기	◎ 주변의 식물 관찰하기 • 학교화단이나 운동장에 나가 주변의 식물들을 관찰해봅시다. • 이름을 모르는 식물을 관찰하고 특징 을 찾아봅시다.	• 돋보기를 사용하여 자세 히 관찰한다. 관찰 내용 을 실험관찰에 기록한다. • 이름을 모르는 식물의 특징을 관찰하고 이름 을 추측한다.	25'	• 돋보기 → 이름을 잘 모르는 식 물은 식물도감이나 인 터넷을 이용하여 찾게 한다.

➡ 자유탐색은 학생들이 자유로운 관찰 경험을 통해 기초탐구과정을 경험하는 데 중점이 있습니다. 이러한 특징에 맞게 잘 작성되었습니다.

탐색 결과 발표	결과 발표하기	◎ 식물의 특징 발표하기 • 관찰한 식물의 이름과 특징을 발표해 봅시다. ◎ 식물 이름 맞히기 놀이 • 식물의 이름을 이용하여 놀이를 해봅 시다. 식물 카드를 이용할까요? • 빙고 게임으로 이름 맞히기 놀이를 해 볼까요?	• 모둠별로 관찰한 식물 의 이름을 발표한다. 이 때 식물의 생김새와 특 징이 식물의 이름과 연 관이 있는지 찾는다. ㉠ 두 사람이 짝을 이루 어 10장의 식물카드를 준비한다. ㉡ 한 사람은 식물 카드 의 사진을 보여 주고 다른 사람은 사진을 보 고 이름을 맞힌다. ㉢ 번갈아 가며 식물 카 드를 보여주고 맞힌다. ㉣ 식물 이름을 더 많이 맞 힌 사람이 이긴다. ㉠ 가로, 세로 3칸의 정방 형 빈칸을 만들어 관 찰한 식물의 이름을 적는다. ㉡ 가위 바위 보를 해서 이 긴 사람부터 식물 이름 을 하나씩 불러 가며 지 운다. 먼저 한 줄 또는 정해진 줄 수만큼 지운 사람이 이긴다.	10' 15'	→ 발표는 모둠별로 자 기 모둠원에게 발표 한다. 시간적 여유가 있을 땐 전체 학생들 에게 발표하게 한다. → 두 가지 놀이 중에서 학생들의 흥미에 맞게 한 가지를 선택한다.

➡ 식물 이름 맞히기 놀이는 경험학습모형의 흐름상 탐색결과 발표 단계에 맞지 않는 활동이다. 식물 이름 맞히기 놀이를 한다면, 정리히기 부분에 들어가는 것이 적절하다. 이 부분에는 관찰한 식물의 공통점이나 차이점, 생김새의 특징 등을 토의해보게 하는 활동이 더욱 적절하다.

| 교사의 인도에 따른 탐색 | 추가 탐색하기 | ◎ 식물 이름에 따른 특징 찾아보기
• 식물의 생김새를 보고 그 이름이 붙여진 이유를 생각해 볼까요?

• 식물의 특징을 보고 이름을 지어 볼까요? | • 할미꽃이라는 이름이 붙여진 까닭은 흰 털로 덮인 열매가 할머니의 하얀 머리카락처럼 보이기 때문입니다.

• 껍질을 벗기면 향냄새가 나서 향나무로 지었습니다. | 10'

10' | → 식물의 특징에 따라 이름을 지었으므로 정확한 이름이 아니라도 특징을 이용한 이름이라면 옳은 표현으로 인정한다. |

➡ 식물의 이름과 생김새를 관련지어 생각해 볼 수 있는 교사의 관점이 제시되어 있으며, 추가 탐색의 활동으로 적절합니다.

| 정리 | 정리하기 | ◎ 정리
• 오늘은 무엇을 공부했나요?

• 다음 시간에는 잎의 생김새와 특징을 관찰하여 봅시다. | • 학교 주변에서 자라는 식물의 이름과 특징을 알아보았습니다. | 5' | |

➡ 정리활동이 무의미함. 경험학습모형에서는 수업활동을 통해 관찰한 내용을 토의를 통해 정리하거나 학습소재에 따라서 분류과정이 필요한 경우 분류활동을 통해 정리하는 것도 좋다.

(4) 분석 4

① 평가계획이 학습목표, 학습활동과 일치하는가?

② 평가내용에 문제는 없는가?

③ 평가방법이 적절한가?

평가내용	구분	평가기준	평가방법
주변의 식물을 관찰하고 특징을 알아낼 수 있으며 학교 주변의 식물을 특징에 따라 이름 붙일 수 있는가?	매우 잘함	• 주변의 식물을 관찰하고 특징을 여러 개 알아낼 수 있으며 학교 주변의 식물을 특징에 따라 능숙하게 이름을 붙일 수 있다.	6관찰법
	잘함	• 주변의 식물을 관찰하고 특징을 알아낼 수 있으며 학교 주변의 식물을 특징에 따라 어느 정도 이름을 붙일 수 있다.	
	보통	• 주변의 식물을 관찰하고 특징을 알아낼 수 있으나 학교 주변의 식물을 특징에 따라 이름을 붙이지 못한다.	
	노력요함	• 주변의 식물을 관찰하고 특징을 알아낼 수 없고 학교 주변의 식물을 특징에 따라 이름을 붙이지 못한다.	

➡ 여러 가지 평가기준이 한 문장에 섞여 있어 평가의 기준이 모호하다. 평가내용을 분리하여 각각의 평가계획을 작성하도록 한다.

III. 결론 및
제언

  과학수업에서 수업모형을 효과적으로 적용하기 위해서는 교사가 자신 및 학생의 능력 및 특성, 자료특성, 실험환경, 수업목표 등을 검토하여 이에 적절한 수업모형을 선정하여야 한다. 또한 수업 과정에서 학생 수준보다 높은 사고능력이 요구되는 활동에서는 교사의 적극적인 안내와 수업 운영에서의 융통성이 요구되기도 한다.

  수업모형에 맞추어 제대로 된 수업을 한다는 것은 수업모형에 맞추어 지도안을 계획하는 것만을 이야기하는 것이 아니다. 수업의 목적에 맞게 수업을 구성하는 것 뿐 아니라, 수업의 실제에서 수업 단계의 흐름에 맞추어 적절한 활동을 하고, 효과적인 발문을 하는 것이 중요하다. 이를 위해서는 각각의 탐구활동, 교사의 발문에 목적이 있게 계획되고 실행되어야 한다. 관찰이 수업에서 어떤 의미를 가지고 이루어져야 하는지, 관찰과 실험을 통해 학생들은 무엇을 보고, 무엇을 얻어야 하는지를 교사에 의해 미리 계획되고, 안내될 필요가 있다. 또한 학생들이 탐색한 내용을 공유하고 수렴적으로 정리할 수 있도록 토론 활동도 수업모형에 맞게 계획되고 운영되어야 한다. 단순히 실험을 했으니까 토론을 한다는 의미가 아니라 실험 전에는 어떤 토론이 이루어지고, 실험 후에는 어떤 토론이 이루어져야 할지, 또 소집단 토론을 거쳐 전체 토론을 거쳐야 할지 수업모형의 단계와 관련되어 신중하게 고려되어야 할 것이다.

  수업모형의 적용은 학생들에게 의미 있는 학습 기회를 제공하지만, 교사에게는 많은 사전 준비와 노력을 요구한다. 결국 의미 있는 학습을 위해서는 다양한 과학수업모형에 대한 교사의 이해가 선행되어야 하는 것이다. 또한 가장 바람직한 것은 교사가 수업의 목적을 이해하고 적절한 수업모형에 맞추어 계획하고, 적용하는 노력의 반복을 통해 교사

자신만의 다양한 수업 스타일을 갖는 것이다. 이를 통해 교사는 어떠한 수업 내용이라도 수업 목적에 맞게 구성할 수 있으며, 가장 효과적인 수업을 할 수 있는 수업의 전문가가 될 수 있을 것이라고 기대한다.

참고문헌

강호감 외(2007), 『초등과학교육론』, 교육과학사.

곽영순(2004), 「제7차 초등 과학과 교육과정 운영 실태 분석」, 『한국과학교육학회지』, 24(5), pp.1028~1038.

교육과학기술부(2008), 『2007년 개정 초등학교 교육과정 해설(4) 수학, 과학, 실과』, 한솔사.

교육과학기술부(2010), 『과학 3-1 교사용 지도서』, 한국과학창의재단 국정도서편찬위원회.

김한호(1995), 「과학수업모형들의 특성에 관한 이론적 분석」. 『한국과학교육학회지』, 15(2). pp.201~212

이재천·권태형·김범기(1997), 「초등학교 교사들의 자연과 교수지도에 대한 과학 불안도 및 태도 인식 조사」, 『초등과학교육』, 16(2), pp.257~275.

임찬빈·곽영순(2006), 『수업평가 매뉴얼: 과학과 수업 평가기준』, 한국교육과정평가원.

노태희·윤지현·김지영·임희준(2010), 「초등 예비 교사들이 과학수업 시연 계획 및 실행에서 고려하는 교과교육학지식 요소」, 『초등과학교육』, 29(30), pp.350~363.

정환호·권재술·최병순·정진우·김효남·허명(1995), 「과학수업모형의 비교 분석 및 내용과 활동 유형에 따른 적정 과학수업모형의 고안」, 『한국과학교육학회지』, 16(1). pp.13~34.

한국교원대학교 과학교육연구소(2008), 『초등학교 과학과 교수법 및 평가방법』.

홍정림·김재영(2003), 「개념도 작성이 예비 초등교사들의 과학 교수 효능감과 과학 학습관에 미치는 효과」, 『초등과학교육』, 22(3), pp.297~303.

Pomeroy, D.(1993), Implications of teachers beliefs about the nature of science: Comparison of the beliefs of scientists, secondary science teachers, and elementary teachers, Science Education, 77(3), pp.261~278.

Step 02

과학수업을 위한
동기유발 적용

I. 서론

인간 행동이나 성취 뒤에는 언제나 동기가 있다. 학습은 상당 부분 그러한 동기에 의해 영향을 받는다. 이러한 학습을 유도하는 동기의 유형을 학습동기라고 부른다. 많은 사람들은 어떤 학습이 일어나기 위해서는 반드시 학습동기가 유발되어야 한다는 것을 인정한다. 학교에서 과학수업을 시작할 때 학생들의 학습동기는 성공의 결정적 요인으로서 논의된다. 그리고 학습동기가 향상되어야 한다는 공통적인 결론에 도달하게 된다(이희애, 2001). 그러나 문제는 학습자들의 '학습동기를 어떻게 유발할 것인가'이다. 동기에 대한 연구문헌들에 보고된 많은 연구결과와 논의들이 있어왔고, 이를 통해 우리는 동기적 특성의 다양성에 대해 많은 지식을 축적해 왔다. 그러나 우리가 동기에 대한 상당량의 기술적 지식을 갖고 있음에도 불구하고 학생들의 학습동기를 유발하는 것에 대한 지침을 제공하는 체계적 지식은 드문 편이다(김경숙, 2003).

과학수업 중에 학생들의 행동은 매우 다양하다. 어떤 학생은 실험기구를 가지고 장난을 치고 있고, 어떤 학생은 과학수업에 관심이 없으며, 어떤 학생은 선생님의 말씀을 집중하며 잘 듣고 있다. 수업 중에 학생들의 마음을 수업으로 이끄는 과정이 동기라고 할 때, 과학수업에 있어서 동기유발은 학생이 학습에 있어서 학습효과를 결정짓는 가장 중요한 열쇠가 된다고 할 수 있다. 다양한 학생들에 맞게 동기유발 전략을 세우고, 수업을 준비하는 실제적인 방법들을 찾아보고자 한다.

II. 본론

1. 동기의 개념

동기(motivation)라는 용어는 라틴어 동사인 movere(to move)에서 기원한다. 움직임 (movement)의 의미는 동기를 우리가 갖도록 하는 것, 계속 움직이도록 하는 것, 일을 하도록 하는 것이라는 상식적인 뜻이 반영되어 있다(Pintrich & Schunk, 1996).

동기라는 개념은 흥미(interest), 욕구(need), 가치(value), 태도(attitude), 포부(aspiration), 유인가(incentive) 등과 함께 쓰인다. 흥미란 어떤 사물이나 사건 혹은 견해를 선택하여 주의를 기울이는 것이며, 욕구란 어떤 특정한 활동이나 결과가 제공해 줄 수 있는 무엇인가가 결핍된 상태이다. 가치란 자신이 중요하다고 여기는 모든 목표에 대한 지향이며, 태도란 개인이 현재 지각하고 있는 것에 대한 호의적 혹은 비호의적 감정을 의미한다. 그리고 포부란 어떤 종류의 성취에 대한 개인의 희망이나 열망이며, 유인가란 각성된 동기를 만족시키는 힘을 가진 것으로 개인에 의해 지각되는 것이다(Gage & Berline, 1984). 동기는 국어사전에서 찾아보면 '행동을 일으키고, 유도하고, 유지하는 내적인 상태'라고 되어 있다.

이와 같이 동기는 학습활동을 시작하도록 하고, 학습목표를 향하게 할 뿐만 아니라 학습활동을 계속 유지시키며, 선택적으로 강화시키는 기능을 가지고 있다. 그러므로 동기는 그 자체가 교육목표인 동시에 다른 교육목표의 성취를 촉진하는 수단으로서 이용할 수 있다. 교사가 학생들로 하여금 어떤 과제의 수행을 위해 사용하는 시간의 양을 늘리도록 하기 위해서는 그 과제에 대한 학생의 동기를 촉진시키는 일이 선행되어야 한다.

2. 동기유발 방법

동기유발 방법은 내적 동기와 외적 동기에 따라 달라진다.

내적 동기란 학생 스스로의 자발적인 흥미나 욕구와 같은 내적 강화에 의해서 학습활동이 자발적으로 이루어지는 자연적인 동기이다. 학습과제가 학생에게 흥미가 있다거나 그 중요성이 인정되는 경우 학생은 내적 동기를 가지게 되며 의욕적으로 학습에 임하게 된다. 내적 동기를 유발하기 위해서는 학생의 흥미를 고려하고 학습목표의 명확한 진술 등이 필요하다.

외적 동기란 타인으로부터 받는 칭찬이나 인정, 타인과의 경쟁 등의 외적인 자극으로 유발되어 학습활동에 도움을 준다. 외적 동기를 유발하기 위해서는 상과 벌, 경쟁과 협동, 학습결과에 대한 지식 등이 활용되어야 한다.

교실 수업에서 교사는 학생들의 내적 동기를 유발하기 위한 내적 보상을 제공해야 한다. 내적 보상이란 성공적인 학습활동의 종결이나 그 활동 자체에서의 만족감, 성공감, 성취에 대한 자부심, 자아존중감의 향상 및 그 활동의 성취감 등을 의미한다. 그리고 외적 보상이란 학습활동과는 관련 없는 만족감을 제공하는 것으로 이는 학생 스스로가 아니라 타인에 의해서 통제되는 것을 말한다. 다시 말해 금전이나 선물, 어떤 특권, 학점, 승진 및 인정 등을 말한다.

최근 심리학자들의 연구 결과에서 외적 동기가 동기유발 요인으로서 중대한 한계를 지니고 있다고 말한다. 그 이유는 대략 네 가지로 구분할 수 있다.

① 보상에 의해서 유발된 동기는 인간이 능동적으로 환경을 탐색하는 능력과 의지를 제한한다. 즉 보상을 받을 수 있는 공부만 하게 되므로 공부의 폭이 좁아질 수밖에 없는 것이다.

② 보상에 의한 동기를 지속시키려면 계속해서 보상이 제공되어야 한다. 보상이 중단되면 공부도 중단된다. 더구나 보상의 양이 점차 많아지지 않는다면 보상의 효과를 기대하기 힘들다.

③ 활동 자체보다 보상에만 관심을 갖게 만들 수 있다. 게다가 최소한의 노력으로 최대한의 보상을 얻기 위해 머리를 굴리게 된다. 책상에 앉아 딴 짓만 하거나, 시험에서 커닝을 하거나, 비싼 학원을 보내 달라고 떼를 쓸 수 있다.

④ 물질적인 보상을 하면 내적 동기가 저하된다는 부작용을 낳을 수 있다.

네 번째 이유가 가장 큰 문제인데 자발적으로 즐겁게 놀고 있는 아이들에게 금전적인 보상을 제공하는 순간 내적 동기가 약해지기 시작하고, 보상이 사라지는 순간 활동이 중지되는 것이다. 공부를 좋아하는 아이들은 거의 없지만, '공부를 잘하고 싶다'는 소망이 없는 아이들도 거의 없을 것이다. 누구나 공부를 잘하고는 싶어 한다. 공부나 성적에 물질적 보상을 주는 것은 그나마 조금 남아 있는 내적 동기마저 꺾어버릴 위험성이 있다.

그러나 어린 학생들에게 내적 동기만을 요구할 수는 없다. 따라서 교사는 외적인 보상을 주면서도 학생들의 내적 동기를 일으킬 수 있는 말을 계속 해주어야 한다. 학생들의 외적 동기의 수준이 적절한가를 확인하면서 내적 동기를 자극해야만 한다. 그러기 위해서 교사는 동기에 영향을 미치는 학생 개인적 요인과 환경적 요인에 대해서도 알아야만 할 것이다.

3. 의미 있는 학습을 위한 동기유발 전략

1) 동기유발에 대한 오해

① 동기유발은 수업 앞 단계에서만 하는 활동이 아니다: 학생들은 집중시간이 성인에 비해 현저히 떨어진다. 따라서 주의력이 짧은 초등학생들에게는 15분 단위의 동기 유발 전략을 세우는 것이 좋다.

② 동기유발은 꼭 좋은 자료를 준비해야 하는 것이 아니다: '동기유발' 하면 무언가 자료를 꼭 준비하는 것으로 오해하는 교사들이 많은데, 좋은 발문 하나만으로도 수업을 바꾼다.

③ 동기유발은 교사 혼자 준비하는 것이 아니다.

④ 학습목표와 연계한 동기유발이어야 한다: 학생들은 지금 배우게 될 학습내용이 나에게 어떤 이익이 되는지를 알게 된다면, 더욱 흥미를 가지고 집중할 수 있다.

⑤ 흥미유발(학습에 관심 가지기)이 아닌 동기유발(실제로 학습을 하고자 마음먹는 것)이 중요하다: 재미있는 마술이나 이야기, 노래 등으로 흥미유발은 충분히 가능하나 이렇게 유발된 흥미가 '동기유발', 즉 실제로 학습을 하고자 하는 마음까지 먹게 하

느냐 하는 것은 별개의 문제이다.

⑥ 경쟁심을 자극하는 것보다 협력하도록 동기유발한다: 경쟁에서 살아남아야 한다는 동물적인 압박감에 의한 동기부여가 아니라 배우는 즐거움과 개인적 성취감을 위한 공부라는 인식이 강하게 자리 잡게 하는 것이다. 즉 스스로 하고 싶어서 하는 공부가 되어야 한다.

⑦ 보상을 통해 부여된 동기는 수명이 짧다: 왜곡된 보상은 학생들의 내적 동기를 훼손한다. 이미 학생이 흥미를 느끼고 있는 것에 대해 보상을 주는 것은 '놀이'를 '일'로 바꾸는 것이다.

2) 켈러의 ARCS 이론

교사들이 학습활동을 촉진하기 위해서는 교수-학습의 도입부를 보다 효과적으로 활용해야 한다. 켈러의 ARCS이론에 따르면 동기유발 전략은 주의집중(attention), 관련성(relevance), 자신감(confidence), 만족감(satisfaction)을 줄 수 있을 때 효과를 얻을 수 있다고 한다.

(1) 주의집중(attention)

단순한 감각적인 것으로 관심을 끄는 것만이 아니라 지적인 호기심을 동시에 유발하여 교수-학습과정 동안 학습에 대한 주의를 계속 유지시키는 것으로 해석된다.

구분	주의집중(attention)을 위한 전략
지각적 주의환기	• 각종 삽화나 도표, 애니메이션, 그래프, 다양한 글자체의 사용 • 비일상적인 내용이나 사건, 정보 제시 • 학생의 경험과 다른 역설적인 사실, 믿기 어려운 통계 제시 • 너무 많은 자극이나 주위를 분산시키는 자극은 피함.
탐구적 주의환기	• 스스로 질문을 제기하거나 탐구하도록 함. • 추상적인 자료에서 친숙한 것을 발견하도록 '유추'를 사용 • 낯선 것을 친숙한 것으로, 친숙한 것을 낯선 것으로 '비유'를 사용 • 스스로 문제를 풀어보고 탐구하는 과정을 안내 • 신비감을 주는 문제상황을 제시하면서 부분적인 지식만 제공
다양성	• 정보제시, 연습, 시험 등의 다양한 형태를 적절히 사용 • 강의와 토론식 수업을 혼합 • 일관성을 유지하되 그림, 표, 다양한 글자체 등 변화 추구 • 어떤 방식을 사용하든 교수의 목표·내용·방법은 통합

(2) 관련성(relevance)

관련성은 '내가 왜 이것을 공부해야 하는가?'에 대한 해답제시를 요구하고 있다. 이러한 해답은 첫째, 현재와 미래의 일들을 수행하는 데 현 학습이 도움이 된다는 것을 보여 주는 방식과 둘째로 학습 그 자체에서 즐거움을 찾고 가치를 알도록 도와주는 방식, 셋째로 결과보다 학습의 과정에 초점을 맞추도록 하는 방식이다.

구분	관련성(relevance)을 위한 전략
친밀성	• 이미 알고 있는 정보, 기술, 경험을 바탕으로 새로운 과제 제시 • 개인적으로 친밀한 이름이나 인물 사용 • 구체적이고 친숙한 예문이나 그림 사용
목적지향성	• 학습목표를 예문에 포함시키거나 목적지향적인 학습형태 활용 • 학습목표를 미래의 실용성과 연결하도록 안내 • 스스로 학습 방법 및 순서를 선택하도록 안내
필요한 동기와의 부합성	• 다양한 수준으로 제시하여 능력에 따라 선택하도록 하고 피드백 제공 • 비경쟁적, 협력적 학습을 선택하도록 친화의 욕구 충족

(3) 자신감(confidence)

학생들이 어느 정도의 노력을 한다면 어떤 수준의 성공을 할 수 있다고 인식하게끔 하여 자신감을 형성하도록 한다.

구분	자신감(confidence)을 위한 전략
성공에 대한 기대감 증가	• 학습목표, 수업의 전반적 구조를 분명히 제시 • 평가기준을 분명히 제시하면서 연습의 기회 제공 • 학습자의 성공을 돕기 위해 선수지식, 기술 등을 진술 • 시험문제 수나 그 성격, 시간제한 등을 미리 안내
성공의 기회 제시	• 쉬운 내용에서 어려운 내용으로 조직 • 적절한 수준의 도전감 부여 • 진단평가로 학습자의 수준에 맞는 내용에서 시작
개인의 조절감 증대	• 학습의 끝을 조절할 수 있는 기회 제공 • 학습속도 조절의 기회 제공 • 선택 가능하고 다양한 과제의 난이도 제공
노력이나 능력에 성공을 귀착	• 성공할 때마다 격려하여 책임감과 자발성 개발 • 어려운 문제를 풀면 학생의 노력으로 성공하였음을 공표

(4) 만족감(satisfaction)

만족감은 학습의 초기에 학습자의 동기를 유발시키는 요소라기보다는 일단 유발된 동기를 계속 유지시키는 역할을 하는 것이다.

구분	만족감(satisfaction)을 위한 전략
언어적 칭찬과 정보제공적인 피드백	• 빈번한 외적 보상에 의한 부정적 영향을 줄이기 위해 학습자에게 선택할 수 있는 보상의 종류 제공 • 단순한 긍정적 피드백보다는 학습 진행에 도움이 되는 정보제시 피드백 • 외적 보상이 실제 수업내용보다 더 흥미를 끄는 것이어서는 안 됨
적용의 기회	• 연습문제 제시 • 새로 배운 내용이 후속 학습에서도 적용되도록 수업 설계 • 모의 상황이나 게임을 수업 끝에 첨가시켜 적용의 기회 제공
공정성 강조	• 수업의 목표와 내용이 일관성 있게 제시 • 수업 중 연습한 내용과 시험의 내용 일치

(5) ARCS 동기유발 모델의 구성 범주

ARCS		
구분	ARCS 범주	주요 질문 사항
주의집중	학습자의 흥미 사로잡기 - 학습에 대한 호기심 유발하기	어떻게 하면 이번 학습경험을 자극적이고 재미있게 할 수 있을까?
관련성	학습자의 필요와 목적에 맞추기	이번 학습경험은 어떤 측면에서 학생들에게 가치가 있을까?
자신감	자신의 통제하에 성공할 수 있다고 느끼고 믿도록 도와주기	수업을 통해 학생들이 자신의 성공을 이끌어 낼 수 있도록 어떻게 도와줄 수 있을까?
만족감	보상을 통해 성취를 강화해 주기 - 내적, 외적 보상	자신들의 경험이 좋았다고 느끼고 앞으로 계속 학습하고 싶도록 하기 위해 무엇을 도와줄까?

4. 동영상 매체를 활용한 동기유발

현장 교사들이 수업 준비를 하며 가장 많이 활용하는 자료는 '동영상' 자료이다. 미리 준비한 좋은 동영상 매체의 장점은 역시 무엇보다 교수-학습 활동이 표준화될 수 있다는 점이다. 좋은 질의 동영상 자료가 하나 준비되면, 수많은 교실에서 비슷한 수준의 교육이 진행될 수 있다. 동기유발을 위해서 잘 만들어진 동영상 자료는 이제 막 발령 난 초임 교사의 교실에서도, 경륜 많은 선배들과 비슷한 질적인 교육을 할 수 있도록 도와준다. 물론 어디서 구한 아무 자료가 아니라 2차적인 가공을 통해 꼭 필요한 부분만 수업에 적절하게 활용될 수 있도록 교사의 노력이 필요하다.

1) UCC자료를 모아 동기유발하기

(1) 알쇼(http://altools.co.kr)로 동영상 캡처하기

알집이나 알쇼를 만든 알툴즈 홈페이지에서 무료로 제공하는 알쇼 프로그램은 간단한 동영상이나 영화의 일부분을 캡처하여 아이들에게 교육자료로 제시하려 할 때 사용하기 편리하다.

(2) UCC다바다(http://shkam.tistory.com)로 동영상 받기

UCC다바다 프로그램은 인터넷의 동영상 제공 사이트의 동영상을 쉽게 다운로드할 수 있게 해주는 획기적인 프로그램이다. 대부분의 UCC 동영상은 아래쪽에 퍼가기 주소가 있다. 이 퍼가기 주소를 복사하고 프로그램에 붙이면 바로 다운로드할 수 있다.

2) 동영상 자료를 사용해 동기유발 시 유의점

① 매체를 활용하기 전에 꼭 사전에 점검해야 한다.
② 새롭게 제작한 동영상 자료들은 수업 전이나 수업 후 학급 홈페이지를 통해서 아이들에게 제공되어 발전과 보충의 기회를 제공할 필요가 있다.
③ 여러 동영상 등의 멀티미디어 자료를 활용한 수업을 진행할 경우에는 시나리오가 중요하다.

Ⅲ. 결론 및
제언

　과학수업뿐만 아니라 모든 수업의 성패를 좌우하는 것은 동기유발이라 해도 과언이 아
니다. 학생들의 다양한 관심을 얼마나 충족시키는 동기유발이냐에 따라 학생들의 학업성
취의 도착점이 달라진다고 할 수 있다. 수업의 전 과정을 통한 동기유발을 본론에서 계속
적으로 언급하였듯이 수업의 단계별로 어떤 방법으로 동기를 유발할 것인가 하는 것을
미리 설계하고 수업에 임하여야 한다.

참고문헌

이희애(2001), 「학습동기강화 수업이 아동들의 수학 학업성취도 및 교과에 대한 태도에 미치는 효과」,
　　　동아대학교 석사논문.
신용수(2004), 「국어과 동기유발을 위한 마술매체 개발 연구」 신라대학교 석사논문.
최영주(2006), 「ARCS 동기유발이론을 적용한 실과 수업이 학업성취도와 동기유발에 미치는 효과」,
　　　대구교대 석사논문.
오선옥(2009), 「ARCS모형에서의 학습동기 변인과 학업성취와의 관계」, 부산교대 석사논문.
김혜숙(2003), 「초등영어 교실에서의 동기유발 강화를 위한 효과적인 수업전략」, 한남대학교 석사논문.
이수영(2001), 「ARCS전략을 적용한 수업이 초등학교 학생들의 과학관련 동기유발에 미치는 효과」,
　　　한국교원대 석사논문.
허승환(2010), 『수업 시작 5분을 잡아라』, 테크빌닷컴(주).

Step 03

탐구능력 수업 따라하기

I. 서론

　과학 탐구란? 과학교과가 다른 교과와의 가장 큰 차이점은 '탐구'라고 할 수 있다. 과학 지식은 탐구 방법과 밀접한 연관을 가지고 있으며, '과학을 안다는 것'은 '과학 지식을 아는 것'뿐만 아니라 '과학을 하는 방법'을 아는 것을 의미한다. 흔히 고기를 주는 것보다 낚시하는 방법을 가르쳐 배고픔을 평생 잊게 한다는 비유로 많이 사용되고 있다. 여기서 낚시하는 방법이 탐구 방법이라 할 수 있다.

　탐구 중심의 과학교육은 1960년대의 학문중심 교육 사상에 따라 일어난 교육개혁 운동의 결과이다. 우리나라의 경우에는 제3차 과학과 교육과정에서 학문 중심 과학교육 사상에 따라 탐구 중심 교육과정으로 개정되었다.

　일반적으로 탐구는 기존의 지식과 과학의 과정을 사용하여 새로운 지식을 쌓는 활동을 의미한다. 과학 학습에서는 과학 개념이나 원리를 얻거나 확인하는 관찰과 실험 활동을 포함하는 실제적인 과학 활동이나, 과학 지식을 응용하여 과학적 문제를 해결하는 활동을 넓은 의미에서 보통 탐구학습이라고 한다. 좁은 의미에서는 학생 스스로 탐구 과정을 사용하여 새로운 지식을 얻거나 문제를 해결하는 일련의 탐구 학습으로 보았다.

　1960년대 미국에서 과학교육과정 개혁이 일어나면서 미국과학진흥협회(AAAS)와 교육과정위원회에서 개발한 대표적인 탐구 중심의 초등과학교육 프로그램인 SAPA(Science-A Process Approach)에서는 과학탐구기능을 크게 기초 탐구 기능과 통합 탐구 과정으로 나누어 제시하였다.

SAPA 탐구과정

기초 탐구 기능 (basic process skills)	통합 탐구 기능 (integrated process skills)
① 관찰하기(observing) ② 측정하기(measuring) ③ 시간과 공간의 사용하기(using space/time relationship) ④ 의사 전달하기(communicating) ⑤ 분류하기(classifying) ⑥ 예상하기(predicting) ⑦ 수 사용하기(using numbers) ⑧ 추리하기(inferring)	① 변인 통제하기(controlling variables) ② 자료 해석하기(interpreting date) ③ 조작적 정의하기(defining operationally) ④ 가설 설정하기(formulating hypotheses) ⑤ 실험하기(experimenting)

Ⅱ. 본론

과학적 탐구 능력들 중 [관찰], [분류], [측정], [예상], [추리], [시공간 관계의 사용] 등은 모든 탐구 능력을 이해하는 데 기반이 되며, 좀 더 복잡한 과정을 이루는 구성 요소가 되므로 기초 탐구 기능이라고 한다.

1. 기초 탐구 기능(Basic process skill)

1) 관찰(Observing)

관찰은 사물과 현상에 대하여 정보를 모으기 위해 감각을 사용하는 것이다. 과학 탐구는 관찰로부터 시작되고 관찰을 통해 문제를 발견하고 문제에 관한 정보를 수집하고 처리하여 법칙을 발견한다. 오감을 통해서 물체와 자연현상을 관찰하고, 이를 통해 얻어지는 정보는 주위 환경에 대한 호기심, 의문 등과 같은 과학적 태도를 가지게 하며 더 나아가 조사와 실험을 이끈다.

2) 분류(Classifying)

사물이나 현상을 특성이나 기준에 기초하여 항목으로 묶거나 순서 짓는 것을 분류라고 한다. 우리는 적절한 목적에 따라 유사성, 차이점, 관련성에 의해 물체를 분류한다. 이런 분류는 기본적으로 유용하여야 한다.

3) 측정(Measuring)

측정은 표준 또는 비표준적인 단위를 사용하여 사물이나 현상의 차원을 산정하는 것으로 계측기를 이용하여 관찰한 것을 정량화하는 것이다. 관찰을 수량화하는 활동으로 측정 도구의 선택과 사용, 단위 선택, 측정 범위와 구간, 어림셈, 오차와 정확도, 반복 가능성 등에 대한 정확한 이해가 필요하다.

4) 예상(Predicting)

예상은 현재의 관찰과 측정의 결과에 기초하여 규칙성을 파악하고 앞으로의 결과를 예측하는 활동이다. 구체적인 데이터가 없이도 가능한 추리와는 달리 예상은 일정한 경향성 또는 규칙성을 보이는 데이터를 근거로 이루어진다. 예상은 주의 깊은 관찰에 기초하고, 추론은 관찰된 사건들 사이의 관계로 만들어진다. 추론은 관찰의 해석이나 설명이고, 관찰에 의해 지지된다.

5) 추리(Inferring)

모든 데이터나 정보에 기초해서 사물이나 현상에 대해 근거 있는 추측을 하는 것을 추리 또는 추론이라고 한다. 학생들이 얼음물이 담긴 유리컵 표면에 물방울이 맺힌 것을 보고 공기 중 수증기로부터 온 것이라고 추리할 수 있는 것이다. 사전 지식이 많고 명확할수록, 관련된 단서들을 주의 깊게 관찰할수록 강력하고 정확한 추리를 할 수 있다.

6) 시공간 관계의 사용(Using Space/Time relationship)

모든 사물이 차지하고 있는 공간적 관계와 시간에 따른 변화를 기술하는 과정을 시공간 관계의 사용이라고 한다. 방향, 공간적 배열, 운동과 속도, 대칭, 변화 속도 등을 식별하고 기술하는 과정이다.

2. 통합 탐구 기능(Integrated process skill)

1) 문제인식(Recognizing problem)

문제인식은 해결해야 할 문제를 발견하고 이미 가지고 있는 지식을 활용하여 자신의 언어로 문제를 재구성하는 과정이다. 탐구활동의 시발점이 되는 문제인식은 과학지식과 비교하여 의구심을 갖는 "왜 그럴까?"라는 질문을 통해 얻어진다.

2) 가설설정(Formulating hypotheses)

사실과 개념이나 관찰을 근거로 제기된 문제의 변인 사이의 관계를 실험에서 검증할 수 있도록 진술하는 것이 가설설정이다. 예상은 경험적이며, 가설은 전제에 의존한다. '얼음물이 든 유리컵을 상온에 두면 표면에 물방울이 맺힐 것이다'는 예상이고, '얼음물이 든 유리컵을 상온에 두면 유리컵 표면의 수증기가 물방울로 변할 것이다'는 가설이라고 할 수 있다.

3) 변인통제(Controlling variables)

실험 결과에 영향을 미칠 수 있는 변인을 찾아내고, 독립변인을 조작하는 동안 종속변인 이외의 모든 변인들을 일정하게 유지하는 것을 변인통제라고 한다. 과학적 연구를 수행할 때에는 관련된 변인을 모두 확인하여 완벽하게 통제하고, 자세하게 조절해야 정확한 자료를 수집할 수 있다.

4) 자료변환(Conversion data)

자료변환은 관찰이나 측정의 결과로부터 얻은 자료를 기록하거나 해석을 편리하게 하기 위해 표나 그래프로 조작하거나 변환하는 활동을 말한다.

5) 자료해석(Interpreting data)

자료해석은 자료에 담겨진 의미를 이해하고, 그 의미를 자신의 말로 나타내며, 지식과 관점에 따라 다른 용어로 표현하는 등의 과정이다. 더 구체적으로 말하면, 자료해석은 문장, 표, 그래프, 그림, 사진 등을 읽고 그 의미를 파악하는 과정이다.

6) 결론도출(Concluding)

과학 연구나 실험에서는 수집된 자료를 분석하여 가설의 진위를 판단하고 결론으로 진술한다. 결론은 연구 및 실험의 결과에 대한 요약이 아니라 주제, 문제, 가설에 대한 최종적 해답이며 확정적 설명이 된다. 결론은 가능한 한 간단명료하게 진술한다. 예상과 추리는 연구가설 및 연구에서 직접 관찰한 자료와 관계가 없지만, 결론은 반드시 가설과 관련된 해당 실험에 한정된 진술이어야 한다.

7) 일반화(Generalizing)

구체적인 사례나 검증된 사실로부터 일종의 외삽이나 귀납을 사용하여 좀 더 포괄적인 의미를 이끌어내는 과정이다. 연구의 주제나 문제에 관한 일반적인 진술, 즉 관련이 있는 다른 여러 연구의 결과도 포함하는 포괄적 언명으로 정의된다.

3. 탐구 활동

과학적 탐구는 과학적 방법의 일환으로 문제 진술, 가설설정, 실험설계, 자료수집, 자료분석, 결론도출, 일반화 등의 절차로 구성되어 있다. 과학적 탐구 과정은 탐구가 이루어지는 단계와 절차를 말하며, 탐구 활동은 탐구를 수단으로 하는 교육 활동을 의미한다. 일반적으로 과학자들이 자연 사물이나 현상을 탐구할 때 사용하는 보편적인 과정은 아래의 그림과 같이 나타낼 수 있다.

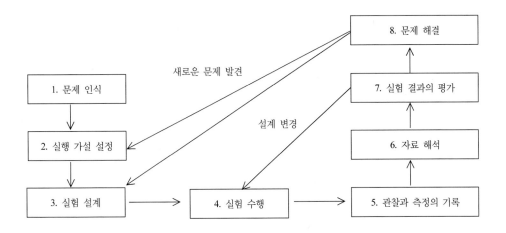

1) 토의

　일반적 의미의 토의는 집단적 상호작용이며 여러 사람들 사이의 의사소통 또는 상호 간의 의견을 교환하는 과정이다. 과학적 탐구 활동으로서의 토의는 현대 과학철학과 사회학에서 중요시하는 과학지식의 형성, 검증과정을 지칭한다. 그리고 참여자로 하여금 주제를 비판적으로 이해하게 해주며, 자기인식과 자기 비판력을 길러주며 피아제의 지능발달 이론에 제시된 것처럼 같은 주제에 다양한 견해가 있음을 인식시켜 사회적 문제에 관한 건전한 행동을 취하게 도와준다. 교사와 학생의 공동관심사에 관한 의문을 확인하고, 다양한 해답을 교환하거나 점검하며, 그 문제에 관한 해답을 위한 지식과 그 이해를 증진할 목적으로 이루어진다. 토의의 주제로는 가치관이 개재된 과학 관련 문제에 관한 인식과 판단, 논쟁거리에 관한 의사결정, 여러 가지 대안적 해결책이 적합하다.

2) 실험

　실험은 문제를 확인하여 진술하고, 가설을 설정하며, 변인을 통제하고 조절할 계획을 세우고, 자료를 수집하고, 자료를 분석하여 해석하고, 결론을 도출하는 등의 절차를 통해 과학지식을 형성하거나 검증하는 수단이 된다. 다른 교과와는 구별되는 독특한 교수방법인 실험은 과학교육에서 거의 200여 년 전부터 학습 방법의 하나로 자리매김하였다. 이처럼 실험은 과학적 연구의 한 가지 수단으로서 과학적 방법과 동의어로 쓰일 만큼 주요한 구성요소이다. 과학수업에서 효과적인 실험활동 이 되기 위해서는 교사들이 가르치고자 하는 것과 실제로 가르치는 것, 그리고 학생들이 실제로 하는 것과 학생들이 실제로 배우는 것이 일관성 있게 제시되어야 하며 학생들이 자신이 배워야 할 것을 분명히 인식하고 있을 때 실험수업의 효과가 높아진다.

3) 조사

조사학습은 직접적인 경험을 통해서 과학적 원리를 학습한다는 원리의 학습전략이다. 조사를 통해 학생들은 실제 사태에 부딪쳐서 문제를 해결하고 실증적이고 현실적으로 학습을 진행해 나가게 된다. 조사학습을 통해서 직접 보고 체험한 것들은 오랫동안 기억되어 과학지식을 획득하고 과학적 태도를 기르는 데도 효과적인 학습 전략이 된다. 조사학습은 학생들의 동기와 자극의 발생에 도움을 주며 관찰하고 지각하는 기능이 개선된다. 또 관련 직업에 관하여 흥미를 가지고 배운 과학지식을 오랫동안 파지하게 하는 특징을 가지고 있다.

4) 견학

견학은 흔히 현장실습, 야외실습, 야외학습, 야외실험 등으로 불리며, 현장연구 또는 현장견학 등과도 혼용되어 사용된다. 학습의 장을 자연이나 현장으로 옮겨서 학생들이 학습목표에 효과적으로 달성할 수 있도록 하는 탐구 수업의 하나의 유형이다. 현장실습은 학습자에게 직접 학습할 기회를 제공하고 흥미를 유발한다. 그리고 주변의 자연환경을 과학적으로 이해하려고 하고 지역사회에 대한 이해도 높아진다. 견학 또한 특성에 따라 그 가치가 달라질 수 있다.

5) 과제연구

과제연구는 학생에 의한 활동중심으로 생활 자체를 교육으로 간주하는 자발적인 학습자의 참여를 강조하는 탐구활동이다. 브루너의 교수이론에 이론적 배경을 두고 시작되었으며 교육과정에 따라서는 자유탐구라고도 불리기도 한다. 논문, 보고서, 모형, 대본 등을 산출하는 독자적이거나 자율적 연구 또는 소집단 연구에 적절한 활동이다. 전체 학급을 대상으로 적용할 수 있으며, 야외조사나 사회적 문제가 연구의 과제로 적절하다. 새로운 정보를 찾아내거나 기존의 정보를 검증하면서 과학의 본성을 이해하고 과학적 연구 및 탐구 기능과 과학의 학습 방법을 습득할 수 있다.

4. 탐구능력 평가

탐구능력의 평가는 탐구의 구성요소에 따라 달라진다. 관찰, 분류, 측정, 예상, 추리, 시공간 관계의 사용인 기초탐구기능과 문제인식, 가설설정, 변인통제, 자료변환, 자료해석, 결론도출의 통합탐구 기능으로 구분될 수 있다. 탐구능력 평가는 실험이나 수행평가가 바람직하나 많은 시간과 실시의 어려움으로 지필평가나 실험 보고서 등으로 평가한다. 여기서는 지필검사로 사용된 탐구능력검사지(TSPS)를 바탕으로 초등학생들이 주로 사용하는 기초 탐구 기능의 목표와 검사 문항의 예를 알아본다.

1) 관찰

① 주어진 그림을 관찰하고 서로 다른 하나를 바르게 찾아낼 수 있다.
② 물체를 보는 방향에 따라 변하는 입체 모양에 상관없이 서로 다른 하나를 찾아낼 수 있다.
③ 사물, 사진이나 사건이 주어졌을 때 여러 가지 감각을 이용하여 올바르게 관찰할 수 있다.

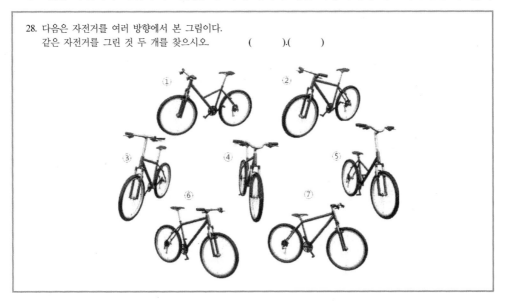

28. 다음은 자전거를 여러 방향에서 본 그림이다.
    같은 자전거를 그린 것 두 개를 찾으시오.   (   ).(   )

2) 분류

① 주어진 여러 가지 사물의 분류된 특징을 관찰하고 복합 특성을 바르게 찾을 수 있다.

② 주어진 여러 가지 사물을 관찰하고 복합 특성에 따라 사물을 분류할 수 있다.

③ 주어진 여러 가지 사물을 관찰하고 한 가지 특성에 따라 사물을 분류할 수 있다.

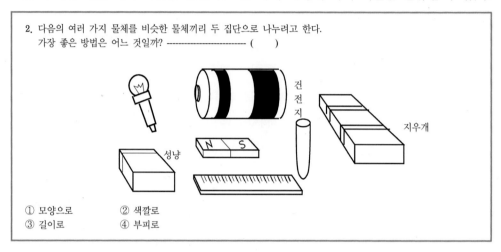

2. 다음의 여러 가지 물체를 비슷한 물체끼리 두 집단으로 나누려고 한다.
   가장 좋은 방법은 어느 것일까? ------------------------ (　　)

① 모양으로　　　② 색깔로
③ 길이로　　　④ 부피로

3) 측정

① 계측기를 바르게 사용하여 액체의 부피를 정확히 측정할 수 있다.

② 막대자를 이용하여 물체를 바르게 잴 수 있다.

③ 모눈을 이용하여 넓이를 계산할 수 있다.

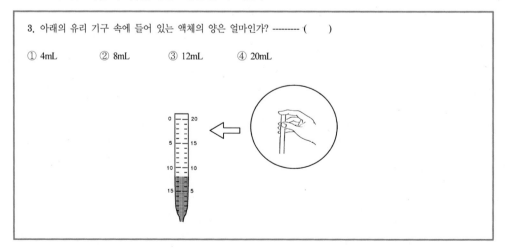

3. 아래의 유리 기구 속에 들어 있는 액체의 양은 얼마인가? --------- (　　)

① 4mL　　　② 8mL　　　③ 12mL　　　④ 20mL

4) 예상

① 어떤 사물의 모양이 시간에 따라 변할 때, 정성적인 관찰에 의해서 아직 일어나지 않은 사건을 미리 생각할 수 있다.

② 시간의 변화에 의해 나타나는 그래프의 규칙성을 찾아, 아직 일어나지 않은 사건을 미리 생각할 수 있다.

③ 어떤 현상이 주기적으로 나타날 때, 정성적인 관찰에 의해서 아직 일어나지 않은 사건을 미리 생각해 볼 수 있다.

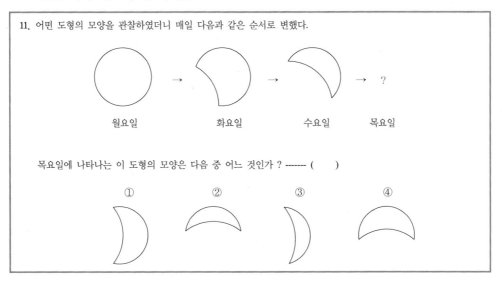

11. 어떤 도형의 모양을 관찰하였더니 매일 다음과 같은 순서로 변했다.

월요일 → 화요일 → 수요일 → 목요일 ?

목요일에 나타나는 이 도형의 모양은 다음 중 어느 것인가 ? ------ (   )

① ② ③ ④

5) 추리

① 어떤 사건이 한 현상으로 주어질 때, 정성적인 관찰에 의해서 이미 일어난 사건을 돌이켜 생각할 수 있다.

② 사건을 시간에 따라, 정량적으로 관찰을 하여 얻어진 자료를 바탕으로 이미 일어난 사건을 돌이켜 생각할 수 있다.

③ 주어진 한 현상을 정량적으로 관찰하여 일어난 사건을 돌이켜 생각할 수 있다.

10. 아침 등굣길에 눈 덮인 운동장에서 그림과 같은 사람 발자국을 보았다. 이것으로 알 수 있는 것은? ------ (   )

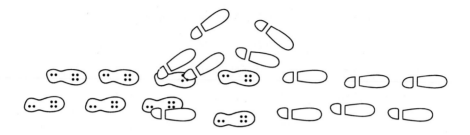

① 두 사람이 줄지어 걸어갔다.
② 두 사람이 서로 번갈아 업고 갔다.
③ 반대쪽에서 온 두 사람이 서로 만났다.
④ 두 사람이 어깨동무하며 걸어갔다.

Ⅲ. 결론

통합탐구기능은 이상에서 살펴본 다섯 가지의 기초탐구기능을 바탕으로 학습자들의 학년이 올라갈수록 보다 폭넓게 인식된다. 이러한 과학적 탐구능력은 학업성취뿐만 아니라 과학적 태도와 창의적 사고, 논리적 사고와도 밀접한 관계가 있다(Klahr & Dunbar, 1988). 탐구기능들은 학습자들로 하여금 과학의 결과적 지식을 얻는 데 중요한 역할을 담당하는 과정적, 중간적 지식을 갖게 한다. 물고기를 얻기 위한 상황에서 물고기가 과학의 결과적 지식이라면 '낚시하는 방법'은 과정적 지식이 된다. 학습자가 미래 사회의 빠른 변화와 방대한 지식의 홍수 속에서 능동적이고 합리적으로 대처할 수 있게 하는 과학적 소양 함양에 탐구기능은 중요한 역할을 담당하게 될 것이다.

참고문헌

강호감 외(2007), 『초등과학교육』, 교육과학사.
권재술・김범기・우종옥・정완호・정진우・최병순(1998), 『과학교육론』, 교육과학사.
권재술・김범기(1994), 「초・중학생들의 과학탐구능력 측정도구의 개발」, 『한국과학교육학회지』, 14(3), pp.251~264.
박유정(2012), 「초등학생을 위한 관찰능력 검사도구 개발」, 한국교원대학교 대학원 박사학위논문.
박승재・조희영(1994), 『학습론과 과학교육』, 교육과학사.
박승재(1985), 『과학교육』, 교육과학사.
우종옥・이항로・구창현(1996), 「과학탐구능력 평가문항 유형변화에 대한 종단적 연구」, 『한국과학교육학회지』, 16(3), pp.314~328.

전성수(2008), 「구체적 조작활동을 통한 초등학생들의 관찰 능력 조사」, 한국교원대학교 대학원 석사
　　학위논문.

조희영·김희경·윤희숙·이기영(2009), 『과학교육의 이론과 실제』, 교육과학사.

Brookfield, S. D. & Preskill, S.(1999), Discussion as a way of teaching: Tools and techniques for democratic
　　classrooms, San Francisco: Josssey-Bass Publishers.

Bybee, R. W., Powell, J. C., & Trowbridge, L. W.(2008), Teaching secondary school science: Strategies
　　for development scientific literacy, 9th ed. Upper Saddle River, New jersey: Merrill.

Callahan, J. F., Clark, L. H., & Kellough, R. D.(2002), Teaching in the middle and secondary school, 7th
　　ed. Englewood Cliffs, New Jersey: Merrill.

Chiappetta, E. l. & Koballa, T. R.(2006), Science instruction in the middle and secondary school, 5th ed.
　　Upper Saddle River, New jersey: Merrill.

Dillon, J. T.(1994), Using discussion in classroom, Buckingham: Open University Press.

Globe Fearon(2003), Unlocking science process skills. Parsippany, NJ: the author.

Levinson, R. (ed.)(1994), Teaching science, London: Routledge.

National Assessment Governing Board(NAGB)(2007), Science framework for the 2005 national assessment
　　of educational progress, Washington, DC: The author, U.S. Department of Education.

Step 04

분류 영역 수업
따라하기

I. 서론

일반적으로 분류에는 자연적 분류와 인위적 분류가 있다. 자연적 분류는 자연현상의 객관적 성질에 근거를 두어 분류가 어느 정도 이미 존재하고 있는 것을 말한다. 예를 들어 화학적 원소들은 그 속성들에 의해 어느 정도 이미 분류되어 있고, 원소의 주기율은 사람이 고안해냈다기보다 원소들 사이의 객관적이고 실제적인 조직 관계에서 자연스럽게 분류가 이루어졌다. 반면에 인위적 분류는 인간의 목적, 편의에 따라 사물, 대상에 임의적으로 질서를 부여하는 원칙을 설정하여 그 기준에 따라 분류하는 것을 의미한다. 이러한 분류에는 이름 분류, 책 분류 등이 있다.

그러므로 분류는 대상의 속성이나 분류하는 사람의 목적에 따라 다양하게 이루어질 수 있으나 범주화한다는 공통점을 가지고 있다. 무엇보다 사람들이 분류를 행하는 목적은 분류를 통하여 일정량의 사물과 대상을 실천적으로 제어하여 질서를 부여하는 커다란 가치를 지니고 있기 때문이다. 이러한 분류를 통하여 얻을 수 있는 여러 가지 장점은 다음과 같다. 첫째, 분류는 많은 대상들을 다루기 쉬운 크기로 묶어준다. 따라서 어떤 대상을 처리할 경우 시간과 노력을 절약할 수 있다. 둘째, 분류 체제들은 새로운 예상을 가능하게 해준다. 규칙에 따르는 새로운 존재를 알아낼 수 있으며, 성질들도 예상할 수 있다. 셋째, 분류는 기억을 돕는 유용한 역할을 한다. 분류는 공통적으로 묶여진 대상들이 갖는 특징을 명확하게 알려주는 구실을 한다. 그러므로 대상이 어떤 묶음에 속한다고 하면, 그 특징을 짐작할 수 있다.

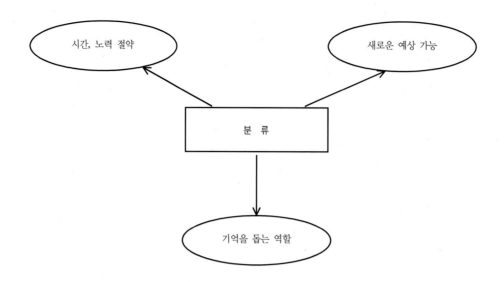

　한편 Piaget의 연구에 따르면, 분류는 학생들의 인지적 발달을 알 수 있는 분명한 지표의 역할을 하고 있다(Adey & Shayer, 1981; Krnel et al., 2003). 분류는 감각 운동기 심리구조에서 발견되어지고, 이러한 심리구조는 점차 내면화되어 정신적인 사고로 발달한다. 결국 분류는 논리-수학적 작용의 하나로서, 성공적인 분류는 구체적 조작기에서 형식적 조작기로 나아가는 지표가 된다(Inhelder & Piaget, 1964; Adey & Shayer 1981). 또한 분류는 과학적 개념 형성 연구에서 교육적으로 사용되고 있다. 유목과 집합을 형성하는 첫째 단계가 식별이고, 이어서 유목이나 집합을 형성하는 특징에 대한 일반화가 이루어지고, 이러한 일반화는 새로운 개념을 형성하는 중요한 작용으로서의 역할을 한다(Inhelder & Piaget, 1964; Ausubel, 1968; Bolton, 1977; Bruner, Oliver, & Greenfield, 1967; Donaldson, 1978; Gagné, 1977; Langford, 1987; Lovell, 1971; Rosch, 1980a; Sokal, 1980; Sutherland, 1992; Vygotski, 1987). 따라서 분류는 학습 과정에서 개념을 얻거나 효과적인 학습이 이루어지기 위하여 반드시 거쳐야 되는 중요한 과정이다. 예를 들어 학생들에게 고양이, 잔디, 개구리, 당근, 비둘기 등을 특징에 따라 분류하도록 한다면, 식물과 동물로 분류할 수 있을 것이다. 이러한 활동을 토대로 동물과 식물의 개념이 형성된다고 볼 수 있다.

II. 본론

1. 분류의 유형

분류 체제는 분류 기준에 따라 2분법, 3분법, 4분법, 다분법 등이 있다. 2분법은 분류 대상을 두 갈래의 하위 범주로 나누어 가는 방식으로서, 물체를 생물과 무생물로 구분하는 것을 그 예로 할 수 있다. 3분법은 양극단적인 개념과 그 중간자를 포함하여 3갈래로 나누는 것으로 상·중·하, 대·중·소 등이 그 예이다. 4분법은 춘·하·추·동, 동·서·남·북과 같이 구분하는 방법을 의미한다. 그리고 다분법은 5가지 이상으로 나누는 것을 의미한다.

여러 가지 분류 체제가 다 옳을 수 있지만, 과학 탐구영역에서는 2분법 분류 체제를 주로 사용한다. 2분법 분류 체제는 대상들의 대립관계를 간단하고 질서 정연하게 보여주는 장점이 있다. 또한 어떤 항목이 주어져도 한 갈래에 속하지 않으면 다른 갈래에 속하게 되어 분류가 용이하다(Howe & Jones, 1999).

분류 체제에는 과거 과학자들에 의해서 쉽게 발견된 어떤 내재적 논리가 있으며, 학교에서 그대로 전수되어야 한다고 생각하는 사람들이 많다. 그러나 실제로 동물, 식물, 암석, 그리고 다른 것들을 명명하고 분류하는 체제는 과학자들이 서로 의사소통을 쉽게 하기 위해 만든 것이다(Howe & Jones, 1999). 따라서 그 범주는 다른 기준에 의해서도 분류될 수 있으며, 과학에서 사물의 명칭과 체제는 동물 자체가 실제로 변화되거나 새로운 지식이 알려질 때 변화되기도 한다.

2. 분류 시 유의사항

분류는 대단히 정밀한 작업으로 규칙에 예외가 없어야 한다. 따라서 분류를 할 때에는 분류의 규칙이 꼭 지켜져야 오류가 발생하지 않게 된다. 간단한 도형을 사용하여 이를 설명하면 다음과 같다.

1) 분류의 기준은 객관적이어야 한다

분류를 할 때에는 객관적인 기준을 선택하여야 한다. 이 원칙을 어기면, 자신이 분류한 것도 다음에 다시 분류할 때 전혀 다른 분류 결과를 얻게 된다. 예를 들어, '예쁜가?', '내가 좋아하는 것인가?' 등은 사람마다 다르기 때문에 좋은 기준이 되지 못한다.

〈기준이 객관적이지 못할 때〉

2) 분류의 기준은 명확하여야 한다

분류의 기준이 명백하지 않을 경우에는 항목을 배치하기 어렵다. 예를 들어, '크기가 큰가?'란 기준은 크기를 표현하는 데 그다지 좋은 용어가 아니다. 명확히 하기 위해서는 측정 단위를 기준으로 크기를 표현하는 것이 훨씬 더 실용적이다. 즉, '한 변이 3cm 이상인 것은?'으로 기준을 정하면 분명해진다. 다만 초등학교 수준에서는 가능한 범위를 알고 있으며 제한된 항목인 경우에 한하여, '진한 색은?', '큰 것은?', '무거운 것은?' 등의 기준도 인정된다.

〈기준이 명확하지 못할 때〉

3) 분류를 할 때는 일관성이 있어야 한다

분류를 할 때는 일관성을 가지고 항목을 배치하여야 한다. 예를 들어, 기준을 '각이 있는 것은?'으로 하였다면, 한쪽 갈래에는 각이 있는 것만으로 분류하고, 다른 쪽에는 각이 없는 것만으로 분류가 이루어져야 한다. 단순 오류일 경우가 많으나 분류 개념이 정확하지 않은 경우 이러한 오류가 자주 나타난다.

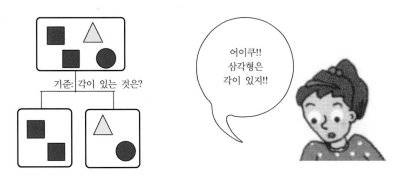

〈일관성이 없는 분류의 예〉

4) 분류된 것은 서로 중복되어서는 안 된다

분류된 각각의 항목은 서로 겹쳐지지 않도록 해야 한다. 이러한 오류는 기준을 분명하게 설정하지 못하였거나 동정하는 과정에서 생겨난다. 초등학교 1~4학년 수준에서 분류 개념이 정확하지 않은 경우 이러한 오류가 자주 나타난다.

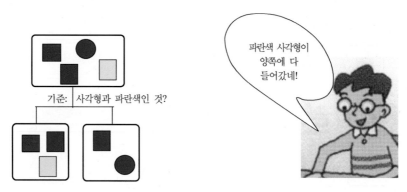

〈중복이 있는 분류의 예〉

5) 분류된 것은 전체와 부합되어야 한다

분류된 각각의 항목을 모두 합치면, 분류 이전의 항목과 일치하여야 한다. 이러한 오류는 전체 항목을 분류할 수 있는 기준을 설정하지 못하였거나 동정하는 과정에서 생겨날 수 있다. 또한 분류 개념이 정확하지 않은 경우 이러한 오류가 나타난다.

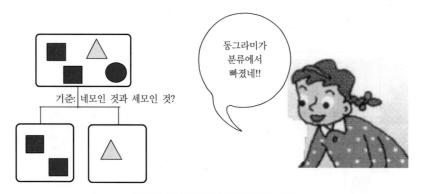

〈분류된 것이 전체와 부합하지 않는 예〉

3. 학습 계열

분류 활동의 수준을 결정할 수 있는 중요한 내용은 분류 대상의 유사성과 상호 관련성, 분류 기준 파악의 용이성, 이삼차 및 다차원적 분류 여부, 분류 개념의 수준, 분류 사고의 순서 등이 중요한 요소라고 할 수 있다. 이러한 복잡한 내용을 모두 고려하기는 어려우므로, 분류 사고의 순서를 바탕으로 학생들의 인지발달 수준에 맞춘 학습 계열은 다음과 같다.

1) 제 I 단계에서는 관찰을 통하여 대상의 특징을 발견하여, 공통점과 차이점을 찾는 것에 대하여 학습한다. Norris(1984)에 의하면, 관찰은 과학적인 탐구활동의 가장 기초적인 활동이며, 특히 분류활동에서는 관찰능력이 전체 분류 체제를 가늠할 정도로 큰 역할을 하고 있다. 이 단계에서는 관찰된 특성을 통하여, 학생들이 분류 대상들의 공통성이나 규칙성 등의 단서를 획득하는 방법을 학습하게 된다. 관찰된 여러 특성 중에서 학생들은 두드러지게 눈에 띄는 특성을 찾아 같은 묶음과 다른 묶음으로 유목을 형성할 수 있게 된다. 그러므로 관찰을 통하여 얻은 정보를 바탕으로 공통점과 차이점을 알아보는 충분한 연습을 통하여, 분류 기능을 익힐 수 있다.

2) 제 II 단계에서는 공통된 특징에 따라 분류 기준을 정하고, 일 단계 분류하는 것을 학습한다. 이 단계에서는 분류 기준을 선택하고 분류 규칙에 맞게 두 묶음으로 동정하는 방법을 익히게 된다. 분류를 할 때에는 양적으로 확인 가능하고, 분명하고 정밀한 기준이 요구된다. 그러나 정성적인 면에서도 초등학생들은 변산성을 반영하여 분류 기준으로 선택한다. 학생들은 대상들에 대한 공통성이나 규칙성을 완전히 파악하고 있어야 기준을 설정할 수 있다. 이러한 기준은 분류 목적에 따라 달라질 수 있으며, 대상의 속성을 고려해서 결정해야 한다. 또한 동정 단계에서 기준에 적합하지 않은 대상이 발견된다면, 관찰의 단계로 돌아가서 추가적인 관찰을 하도록 하고 다시 기준을 선택하도록 한다.

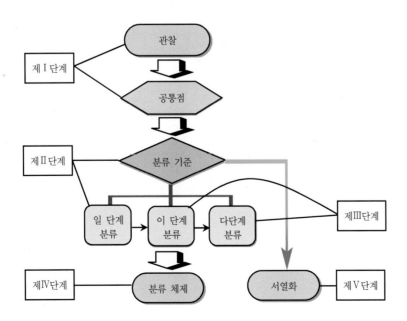

3) 제 III 단계에서는 한 번 분류한 것을 다시 관찰하여 한 번 더 분류하는 것을 학습한다. 즉 한 번 분류된 것을 재분류하는 능력을 기르는 활동이다. 일반적으로 나이가 어린 학생에게 분류하도록 요구하면, 일 단계 분류에 그치는 사례가 많이 나타난다. 그러므로 한 번 분류한 것을 재분류하도록 요구함으로써, 좀 더 구체적인 개념의 획득에 이르는 계기를 갖도록 할 수 있다. 이는 Piaget가 제시한 유목 포함 능력의 발달과도 맥락을 같이한다.

4) 제 IV 단계에서는 주어진 물체들을 대상으로 분류 체계를 만드는 것을 학습한다. 분류 체제의 양 측면은 서로 대칭을 띠는 경우도 있으나 반드시 대칭적이어야 할 필요는 없다. 이 단계에서는 다른 사람이 만든 분류 체계에 대하여 추론을 통하여 확인하는 활동에서 시작하여, 학생들이 직접 분류 체계를 완성하는 단계까지의 연습을 통하여, 분류 방법을 습득하는 연습을 하게 된다. 이 활동에서 주의할 점은 모든 항목이 분류 체계에 들어 있어야 한다는 것이다. 만약 그렇지 않다면, 기준의 설정이나 동정의 단계를 다시 살펴보고 해결해야 할 것이다.

5) 제 V 단계에서는 물체들을 대상으로 순서를 정할 수 있는 성질을 확인하고, 그것에 따라 일련의 순서를 정하는 것을 학습한다. 때때로 우리는 물체들이 나타내는 특별한 성질을 순서대로 나열하는 것이 필요한 경우가 있다. 분류의 목적에 따라 물체들을 크기나 색 등의 성질을 기준으로 순서대로 나열하는 것이다. 철물점에 가 보면 못이 크기대로 나열되어 있다. 과일 가게에는 과일의 크기나 가격에 따라 나열되어 있음을 볼 수 있다. 이 단계에서는 주어진 대상들이 가진 정보를 확인하고, 공통적으로 들어있는 속성을 중심으로 일련의 순서를 정하는 방법을 학습하게 된다.

▶ 학습목표

① 주어진 물체를 대상으로 공통점과 차이점을 찾을 수 있다.

② 주어진 물체들을 대상으로 공통된 특징에 따라 기준을 정하고, 두 묶음으로 나누어 분류할 수 있다.

③ 분류된 것의 공통점을 찾아 이름 짓고, 다른 기준을 사용하여 한 번 더 분류할 수 있다.

④ 주어진 물체들을 대상으로 분류체제를 만들고, 알맞은 이름을 붙일 수 있다.

⑤ 주어진 물체들을 대상으로 순서를 정할 수 있는 성질을 확인하고, 그것에 따라 일련
의 순서를 정할 수 있다.

▶ 단계별 활동 요소와 활동 주제

단계	활동 요소	활동 주제
Ⅰ. 공통점	공통점 찾기	1. 여러 가지 단추의 공통점 찾기
		2. 여러 가지 돌의 공통점 찾기
Ⅱ. 일단계 분류	일단계 분류하기	3. 동전 분류하기
		4. 나뭇잎 분류하기
Ⅲ. 다단계 분류	다단계 분류하기	5. 씨앗 분류하기
		6. 액체 분류하기
Ⅳ. 분류 체제	분류 체제 만들기	7. 외계 생명체 분류하기
		8. 지문 분류하기
Ⅴ. 서열화	서열화하기	9. 라면류 순서 정하기
		10. 동물 족보 만들기

즐거운 분류 수업

제 I 단계: 공통점

주제 1 여러 가지 단추의 공통점 찾기

:: 활동 목표

① 주어진 단추들을 관찰하여 특징들을 말할 수 있다.
② 단추의 특징을 찾아 공통점과 차이점을 말할 수 있다.

:: 학습 개요

| 1. 관찰하기 | • 단추마다 크기, 색깔, 모양 등 여러 가지 특징을 가지고 있다. |

| 2. 공통점 찾기 | • 여러 가지 특징의 유사점, 차이점, 관련성 등을 찾는다. |

| 3. 결과 비교하기 | • 공통점과 차이점을 찾은 결과를 발표하고, 서로 비교한다. |

:: 준비물

활동지, 모둠당 여러 종류의 단추 약 10개, 색연필 또는 크레파스

 지도 예시

❓ 단추의 특징을 찾아서 적어봅시다.

1. 구멍이 4개 있고, 초록색이다. 둥근 원이 한 개 더 있다.
2. 하트모양이고 구멍이 2개 있다. 고동색이다.
3. 영어 글씨가 쓰여 있고, 그림도 있다. 노란색이다.
4. 분홍색이고, 구멍이 4개 있다. 둥근 원이 한 개 더 있다.
5. 독수리 그림이 그려져 있고, 금색이다. 구멍이 없다.
6. 빨간색이고, 구멍이 4개 있다. 둥근 원이 한 개 더 있다.
7. 나뭇잎이 그려져 있고, 구멍이 없다.
8. 사람이 그려져 있고, 구멍 없다. 9개의 작은 점들이 있다.
9. 사각형이고, 구멍이 4개 있다.
10. 한글이 있고, 밖으로 둥근 원이 3개 있다. 구멍이 없다.

❓ 특징에 따라 단추들을 두 개의 원 안에 나누어 넣어봅시다.
분류된 단추들의 모양을 그리고 색칠해봅시다.

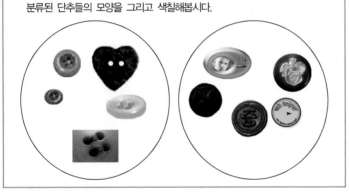

☿ 유의점

☞ 각 모둠에 단추 한 주먹씩
을 나누어 준다(약 10개).

☞ 여러 단추를 비교하여, 유
사점, 차이점, 관련성 등
을 찾도록 한다.

☞ 실물을 두개의 원안에 나
누어 넣는 활동을 반복하
여 실시하도록 한다.

1) 각 묶음의 공통점은 무엇인가?

왼쪽 원 안의 것: 구멍이 있다.
오른쪽 원 안의 것: 구멍이 없다. 여러 가지 문양이 그려져 있다.

2) 두 묶음의 차이점은 무엇인가?

구멍이 있는 점과 없는 점, 문양이 그려져 있는 점과 없는 점

❓ 친구들이 발표한 내용 중에서 새롭게 알게 된 분류 기준을 적어봅시다.

글씨가 쓰여 있는 것
둥근 원이 밖으로 한 개 더 있다.

☞ 다른 모둠이 생각한 독특한
방법을 찾도록 지도한다.

여러 가지 단추의 공통점 찾기

:: **활동 목표**

① 주어진 단추들을 관찰하여 특징들을 말할 수 있다.
② 단추의 특징을 찾아 공통점과 차이점을 말할 수 있다.

◉ 단추의 특징을 찾아서 적어봅시다.

1.
2.
3.
4.
5.
6.
7.
8.
9.
10.

◉ 특징에 따라 단추들을 두 개의 원 안에 나누어 넣어봅시다.

분류된 단추들의 모양을 그리고 색칠해봅시다.

하나도 빠짐없이
나누어 넣어야 해요!

1) 각 묶음의 공통점은 무엇인가?

친구들의 발표를
잘 들어보세요!

2) 두 묶음의 차이점은 무엇인가?

❓ 친구들이 발표한 내용 중에서 새롭게 알게 된 분류 기준을 적어봅시다.

여러 가지 돌의 공통점 찾기

:: 활동 목표

① 주어진 돌들을 관찰하여 특징들을 말할 수 있다.
② 돌의 특징을 찾아 공통점과 차이점을 말할 수 있다.

:: 학습 개요

| 1. 관찰하기 | • 단순 관찰을 한다.
• 조작 관찰을 한다. |

| 2. 공통점 찾기 | • 여러 가지 특징의 유사점, 차이점, 관련성 등을 찾는다. |

| 3. 분류하기 | • 분류 기준을 정하여 분류한다.
• 분류된 돌을 그림으로 나타내고, 기준에 따라 분류되었는지 확인한다. |

| 4. 결과 비교하기 | • 분류 결과를 발표하고, 서로 비교한다. |

:: 준비물

활동지, 여러 가지 암석 표본 또는 수집한 작은 돌, 색연필 또는 크레파스,
동전, 십자드라이버, 돋보기, 사포(#150, #320) 등

 지도 예시

❓ 돌의 특징을 찾아서 적어봅시다.

🌿 유의점

1. 푸른빛이 나고, 십자드라이버에 잘 긁힌다.
2. 진한 노란색이며, 십자드라이버에 잘 긁히지 않는다.
3. 초록색이며, 십자드라이버에 조금 긁힌다.
4. 크기가 크며, 상아색이고 광택이 난다.
5. 하트 모양으로 크기가 크며 광택이 난다.
6. 연분홍색으로 광택이 없고, 드라이버에 잘 긁히지 않는다.
7. 줄무늬가 있고 광택이 나며, 드라이버에 긁히지 않는다.
8. 연노랑 색이며, 광택이 있고 사포에 잘 긁힌다.
9. 자주색이며 돋보기로 보았을 때 알갱이가 크다.
10. 연녹색이며 돋보기로 보았을 때 알갱이가 크다.

☞ 번호를 쓴 스티커를 수집한 돌에 붙여서 나누어 준다.

☞ 단순 관찰(모양, 줄무늬, 색깔, 광택 등)과 조작 관찰(동전으로 긁기, 돋보기 사용, 사포로 문지르기 등)을 하여 돌의 특징을 관찰하도록 한다.

❓ 분류 기준을 정하여, '그런 것'과 '아닌 것'으로 분류하여 봅시다.

분류 기준	그런 것	아닌 것
1. (예)동전보다 단단함	①, ③, ④, ⑤, ⑧	②, ⑥, ⑦, ⑨, ⑩
2. 알갱이가 크다.	③, ⑧, ⑨, ⑩	①, ②, ④, ⑤, ⑥, ⑦
3. 십자드라이버에 긁힘	①, ③, ⑧, ⑨, ⑩	②, ④, ⑤, ⑥, ⑦
4. 사포에 쉽게 문질러짐	①, ⑧, ⑨, ⑩	②, ③, ④, ⑤, ⑥, ⑦

❓ 특징에 따라 돌들을 두 개의 원 안에 나누어 넣어봅시다.
분류된 돌들의 모양을 그리고 색칠해봅시다.

☞ 암석은 각각 고유의 굳기를 가진 여러 가지 광물의 혼합체이므로, 고유의 굳기와 색깔 등을 가지지 않는다. 그러나 이 활동의 목적에 있어서 이러한 특징은 무시될 수 있다.

1) 각 묶음의 공통점은 무엇인가?

왼쪽 원의 것은 광택이 난다.
오른쪽 원의 것은 광택이 나지 않고, 알갱이가 대체로 크다.

2) 두 묶음의 차이점은 무엇인가?

광택이 나는 것과 나지 않는 것

❓ 분류 결과를 발표하고, 서로 비교하여 봅시다.

활동지 | **여러 가지 돌의 공통점 찾기**

:: **활동 목표**

① 주어진 돌들을 관찰하여 특징들을 말할 수 있다.
② 돌의 특징을 찾아 공통점과 차이점을 말할 수 있다.

❓ 돌의 특징을 찾아서 적어봅시다.

1.
2.
3.
4.
5.
6.
7.
8.
9.
10.

❓ 분류 기준을 정하여, '그런 것'과 '아닌 것'으로 분류하여 봅시다.

분류 기준	예	아니오
1. (예)동전보다 단단한가?	①, ③, ④, ⑤, ⑧	②, ⑥, ⑦, ⑧, ⑩

❓ 특징에 따라 돌들을 두 개의 원 안에 나누어 넣어봅시다.

분류된 돌들의 모양을 그리고 색칠해봅시다.

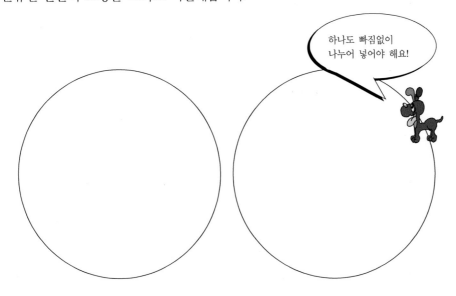

하나도 빠짐없이
나누어 넣어야 해요!

1) 각 묶음의 공통점은 무엇인가?

2) 두 묶음의 차이점은 무엇인가?

❓ 분류 결과를 발표하고, 서로 비교하여 봅시다.

제Ⅱ단계: 일단계 분류

주제 3 동전 분류하기

:: 활동 목표

① 동전들을 관찰하고 공통점을 찾아 묶을 수 있다.
② 분류된 동전들의 공통적인 특징에 따라 알맞은 이름을 붙일 수 있다.

:: 학습 개요

1. 관찰하기	• 동전마다 크기, 색깔, 그림 등 여러 가지 특징을 가지고 있다.
2. 공통점 찾기	• 여러 가지 특징의 유사점, 차이점, 관련성을 찾는다.
3. 분류하기	• 분류 기준을 정하여 분류한다. • 분류된 동전을 그림으로 나타내고, 기준에 따라 분류되었는지 확인한다.
4. 이름 짓기	• 분류된 동전들을 공통적인 특징이 드러나게 이름을 붙인다.
5. 결과 비교하기	• 분류 결과를 발표하고, 서로 비교한다.

:: 준비물

활동지, 모둠별로 동전 약 10개(우리나라 동전과 외국 동전 포함)

❓ 동전의 특징을 찾아서 적어봅시다.

1. 학이 그려져 있고, 한글이 쓰여 있다. 옆에 톱니가 있다.
2. 구멍이 있고, 한자가 쓰여 있다. 테두리에 오돌토돌한 점이 있다.
3. 삼각형의 그림이 있다. 한자와 영어가 쓰여 있다.
4. 굵은 테두리가 있다. 국화꽃 문양이 있다.
5. 커다랗게 '2'가 쓰여 있고, 1980년도에 만들어진 것이다.
6. 탑이 그려져 있고, 한글이 쓰여 있다.
7. 왕관을 쓴 사람이 그려져 있고, 영어가 쓰여 있다.
8. 작고 100이 가운데 적혀있다. 영어가 숫자 둘레에 쓰여 있다.
9. 쌀 그림이 그려져 있다. 한글이 쓰여 있다.
10. 무궁화가 그려져 있고, 한글이 쓰여 있다. 매우 가볍다.

💡 유의점

☞ 각 모둠에 동전 한 주먹씩을 나누어준다(약 10개).

❓ 여러 동전의 공통점과 차이점은 무엇인가?

한글이 쓰여 있는 것, 영어가 쓰여 있는 것, 한문이 쓰여 있는 것
꽃이 그려진 동전, 사람이 그려진 것, 2가 쓰여 있는 것
100이 쓰여 있는 것, 옆에 테두리가 굵은 것
구멍이 없는 것

☞ 임의의 동전 1개를 선정하여 특징을 설명하도록 하고, 그 동전과 특징이 비슷한 동전을 찾는다.

❓ 특징에 따라 동전들을 두 개의 원 안에 나누어 넣어봅시다.
또, 동전들을 공통적으로 부를 수 있는 이름을 지어봅시다.

이름: 외국 동전   이름: 한국 동전

☞ 공통된 특징에 기초하여 창의적으로 이름을 짓도록 한다.

❓ 분류 결과를 발표하고, 서로 비교하여 봅시다.
친구들의 독특한 분류 기준과 이름을 적어봅시다.

한자와 영어가 같이 쓰여 있는 것과 아닌 것
생물이 그려져 있는 것과 아닌 것
은색인 것과 아닌 것

☞ 다른 친구의 결과 발표를 잘 듣고, 창의적인 아이디어를 찾아보도록 한다.

동전 분류하기

:: **활동 목표**

① 동전들을 관찰하고 공통점을 찾아 묶을 수 있다.
② 분류된 동전들의 공통적인 특징에 따라 알맞은 이름을 붙일 수 있다.

❓ 동전의 특징을 찾아서 적어봅시다.

1.
2.
3.
4.
5.
6.
7.
8.
9.
10.

❓ 여러 동전의 공통점과 차이점은 무엇인가?

◉ 특징에 따라 동전들을 두 개의 원 안에 나누어 넣어봅시다.

또 동전들을 공통적으로 부를 수 있는 이름을 지어봅시다.

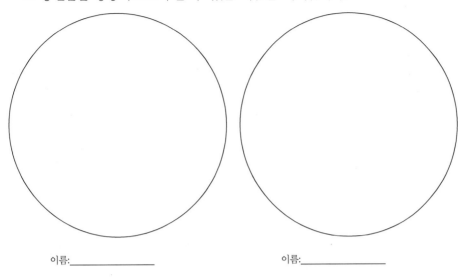

이름:_____   이름:_____

◉ 분류 결과를 발표하고, 서로 비교하여 봅시다.

친구들의 독특한 분류 기준과 이름을 적어봅시다.

특징이 드러나도록
이름을 지어보세요!

나뭇잎 분류하기

:: 활동 목표

① 나뭇잎들을 관찰하고 공통점을 찾아 묶을 수 있다.
② 분류된 나뭇잎들의 공통적인 특징에 따라 알맞은 이름을 붙일 수 있다.

:: 학습 개요

| 1. 관찰하기 | • 나뭇잎은 여러 가지 특징을 가지고 있다. |

↓

| 2. 공통점 찾기 | • 여러 가지 특징의 유사점, 차이점, 관련성을 찾는다. |

↓

| 3. 분류하기 | • 분류 기준을 정하여 분류한다.
• 분류된 나뭇잎을 그림으로 나타내고, 정확히 분류하였는지 확인한다. |

↓

| 4. 이름 짓기 | • 분류된 나뭇잎들을 공통적인 특징이 드러나게 알맞은 이름을 붙인다. |

↓

| 5. 결과 비교하기 | • 분류 결과를 발표하고, 서로 비교한다. |

:: 준비물

활동지, 모둠별로 나뭇잎 약 10개

❓ 나뭇잎의 특징을 찾아서 발표해봅시다.

1. 초록색이고, 7개로 갈라져 있다.
2. 여러 색이 나타나고, 벌레 먹은 자리가 있다.
3. 두 개로 갈라지며, 초록색이다. 끝이 뾰족하다.
4. 7개로 갈라져 있다. 자주색이다.
5. 잎이 넓고, 초록색이다. 잎이 부드럽다.
6. 가늘고 길며, 자주색이다. 잎맥이 8줄이다.
7. 초록색이고 잎맥이 두껍다. 벌레 먹은 자리가 있다.
8. 주로 노란색이고, 벌레 먹은 자리가 있다. 잎맥은 연두색이다.
9. 잎이 둥글고, 긴 잎자루가 달려있다. 자주색이다.
10. 잎맥이 많고, 초록색이다.

❓ 여러 나뭇잎들의 공통점과 차이점은 무엇인가?

초록색이다. 자주색이다. 둥글고 넓적하다. 가늘고 길다.
잎자루가 짧다. 벌레 먹은 자리가 있다.

💡 유의점

☞ 각 모둠에 나뭇잎 약 10개를 나누어준다.

☞ 임의의 나뭇잎 1개를 선정하여 특징을 설명하도록 하고, 그 나뭇잎과 특징이 비슷한 나뭇잎을 찾아보도록 한다.

❓ 특징에 따라 나뭇잎들을 두 개의 원 안에 나누어 넣어봅시다.
또 같은 묶음들을 공통적으로 부를 수 있는 이름을 지어봅시다.

이름: 새봄　　　　　　　　이름: 가을

☞ 공통된 특징에 기초하여 창의적으로 이름을 짓도록 한다.

❓ 분류 결과를 발표하고, 서로 비교하여 봅시다.
친구들의 독특한 분류 기준과 이름을 적어봅시다.

벌레 먹은 것과 아닌 것
잎이 갈라진 것과 아닌 것
잎맥이 굵은 것과 아닌 것

☞ 다른 친구의 분류 결과를 잘 듣고, 창의적인 아이디어를 찾아보도록 한다.

나뭇잎 분류하기

:: **활동 목표**

① 나뭇잎들을 관찰하고 공통점을 찾아 묶을 수 있다.
② 분류된 나뭇잎들의 공통적인 특징에 따라 알맞은 이름을 붙일 수 있다.

❓ 나뭇잎의 특징을 찾아서 발표해봅시다.

1.
2.
3.
4.
5.
6.
7.
8.
9.
10.

❓ 여러 나뭇잎들의 공통점과 차이점은 무엇인가?

● 특징에 따라 나뭇잎들을 두 개의 원 안에 나누어 넣어봅시다.
　또 같은 묶음들을 공통적으로 부를 수 있는 이름을 지어봅시다.

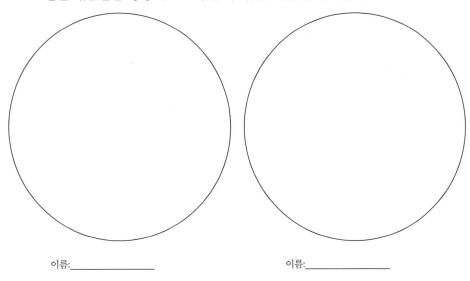

이름:＿＿＿＿＿＿＿　　　　　　　　이름:＿＿＿＿＿＿＿

● 분류 결과를 발표하고, 서로 비교하여 봅시다.
　친구들의 독특한 분류 기준과 이름을 적어봅시다.

특징이 드러나도록
이름을 지어보세요!

제 III 단계: 다단계 분류

주제 5 씨앗 분류하기

:: 활동 목표

① 씨앗들을 관찰하고 공통점을 찾아 묶을 수 있다.
② 분류된 씨앗들을 다단계로 분류할 수 있다.

:: 학습 개요

1. 공통점 찾기

• 여러 가지 씨앗의 공통점, 차이점, 관련성을 찾는다.

2. 일 단계 분류하기

• 분류 기준을 정하여 분류한다.
• 분류된 씨앗을 그림으로 나타내고, 정확히 분류하였는지 확인한다.

3. 다단계 분류하기

• 씨앗들을 재분류하고, 각 분류된 묶음의 특징에 따라 알맞은 이름을 붙인다.

4. 결과 비교하기

• 분류 결과를 발표하고, 서로 비교한다.

:: 준비물

활동지, 여러 가지 씨앗

❓ 특징에 따라 씨앗들을 두 개의 원 안에 나누어 넣어봅시다.

1) 분류된 씨앗들의 모양을 그려봅시다.

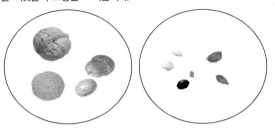

🔆 유의점

☞ 분류 기준에 따라 정확하게 분류되었는지 확인하도록 한다.

2) 각 묶음의 공통점과 차이점은 무엇인가?

큰 것과 작은 것
딱딱한 것과 부드러운 것 등

☞ 각 원 안의 씨앗들의 공통점과 차이점을 알아보도록 한다.

❓ 씨앗들을 그려나가면서 분류하여 봅시다.

일 단계 분류한 기준을 적어봅시다.

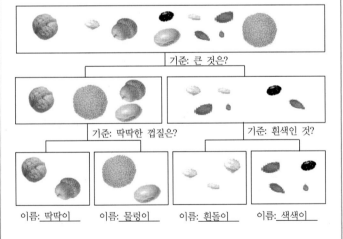

기준: 큰 것은?

기준: 딱딱한 껍질은?　　　기준: 흰색인 것?

이름: 딱딱이　　　이름: 물렁이　　　이름: 흰돌이　　　이름: 색색이

☞ 전체 씨앗을 분류활동지의 맨 위에 위치시키고 분류하도록 한다. 다음 단계로 진행할 때, 겹치거나 빠지는 것이 생기지 않도록 한다.

☞ 공통된 특징에 기초하여 창의적으로 이름을 짓도록 한다.

❓ 한 번 분류한 것을 다시 분류하여 봅시다. 또 각각의 묶음에 알맞은 이름을 지어봅시다.

❓ 씨앗들을 분류한 결과를 발표하고, 서로 비교하여 봅시다.

친구들의 독특한 분류 기준과 이름을 적어봅시다.

씨눈이 보이는 것은?

:: **활동 목표**

① 씨앗들을 관찰하고 공통점을 찾아 묶을 수 있다.
② 분류된 씨앗들을 다단계로 분류할 수 있다.

❓ 특징에 따라 씨앗들을 두 개의 원 안에 나누어 넣어봅시다.

1) 분류된 씨앗들의 모양을 그려봅시다.

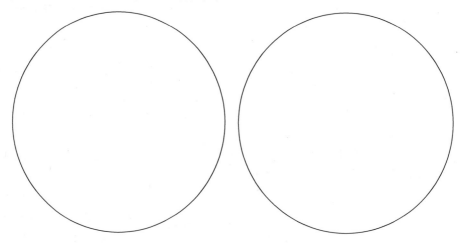

2) 각 묶음의 공통점과 차이점은 무엇인가?

❷ 씨앗들을 그려나가면서 분류하여 봅시다.

먼저 일 단계 분류를 하여 봅시다.

기준:

기준:

기준:

❷ 한 번 분류한 것을 다시 분류하여 봅시다. 또 각각의 묶음에 알맞은 이름을 붙여 봅시다.

❷ 씨앗들을 분류한 결과를 발표하고, 서로 비교하여 봅시다.

친구들의 독특한 분류 기준과 이름을 적어봅시다.

지문 분류하기

:: 활동 목표

분류 체제를 완성하고, 생활에 응용할 수 있다.

:: 학습 개요

❓ 분류할 지문을 준비하여 봅시다.

1) 학생들의 손가락 지문을 색연필이나 크레파스로 골고루 문지른다.

2) 접착력이 강한 투명 테이프 위에 눌러서 지문을 찍는다.

3) 지문 자국이 난 투명 테이프를 종이 위에 붙이고, 순서대로 번호를 붙인다.

❓ 지문의 특징을 찾아 발표하여 봅시다.

1.

2.

3.

4.

5.

6.

7.

8.

9.

10.

◎ 여러 지문의 공통점을 찾아 적어봅시다.

```
┌─────────────────────────────────────────────────────────────┐
|                                                             |
|                                                             |
|                                                             |
|                                                             |
|                                                             |
|                                                             |
└─────────────────────────────────────────────────────────────┘
```

◎ 분류 체제를 완성하여 봅시다. 마지막으로 하나 남은 지문에 이름을 붙여봅시다.

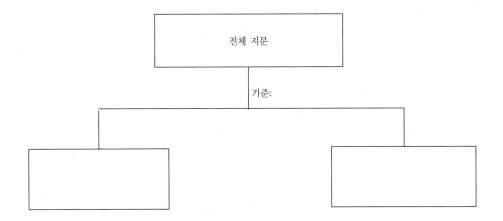

◎ 완성한 지문 분류 체제를 이용하여, 선생님이 제시하는 범인의 지문을 찾아봅시다.

아치형   고리형   나선형

제 IV 단계: 서열화

주제 9 라면류 순서 정하기

:: 활동 목표

① 라면류의 성분표를 관찰하고, 경향성을 파악할 수 있다.
② 성질과 정도에 대한 순서를 정하여, 여러 가지 방법으로 나타낼 수 있다.

:: 학습 개요

1. 관찰하기	• 여러 라면류의 포장지를 관찰한다. • 여러 제품의 성질, 정도를 확인한다.
2. 경향성 찾기	• 다양한 라면류 포장지의 성분표를 보고 경향성을 파악한다.
3. 서열화 하기	• 기준에 따라 라면류를 서열화한다. • 활동지에 성질과 정도를 표시한다.
4. 결과 비교하기	• 순서를 정한 결과를 발표하고, 서로 비교한다.

:: 준비물

활동지, 여러 가지 라면류 포장지(라면류, 칼국수류, 자장면류 등), 가위

❓ 라면류의 포장지를 잘 살펴보고, 여러 제품의 성질과 정도를 비교하여 봅시다.

❓ 여러 제품의 순서를 정할 수 있는 성질을 표시해봅시다.

• 탄수화물 함유량 _____

• 나트륨 함유량 _____

• 칼로리 _____

• 중량 _____

❓ 화살표를 이용하여 나타내고자 하는 성질, 정도를 표시해봅시다.

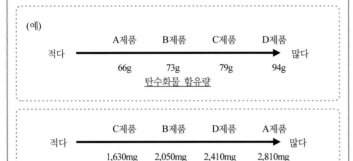

(예)

	A제품	B제품	C제품	D제품	
적다 ←	66g	73g	79g	94g	→ 많다

탄수화물 함유량

	C제품	B제품	D제품	A제품	
적다 ←	1,630mg	2,050mg	2,410mg	2,810mg	→ 많다

나트륨 함유량

❓ 여러 가지 방법으로 나타내고자 하는 성질, 정도를 표시해봅시다.

	C제품	D제품	A제품	B제품	
적다 ←	335kcal	480kcal	520kcal	610kcal	→ 많다

칼로리

	C제품	B제품	D제품	A제품	
적다 ←	98g	117g	120g	140g	→ 많다

중량

❓ 순서를 정한 결과를 발표하고, 서로 비교하여 봅시다.

💡 유의점

☞ 다양한 라면류의 포장지를 준비한다.

☞ 막대그래프, 원그래프 등으로 표현할 수 있으며, 더 나아가 학생들이 독창적인 방법을 고안할 수 있도록 한다.

활동지 **라면류 순서 정하기**

:: 활동 목표

① 라면류의 성분표를 관찰하고, 경향성을 파악할 수 있다.
② 성질과 정도에 대한 순서를 정하여 여러 가지 방법으로 나타낼 수 있다.

❷ 라면류의 포장지를 잘 살펴보고, 여러 제품의 성질과 정도를 비교하여 봅시다.

❷ 여러 제품의 순서를 정할 수 있는 성질을 표시해봅시다.

- _____
- _____
- _____
- _____

❷ 화살표를 이용하여 나타내고자 하는 성질, 정도를 표시해봅시다.

(예)

적다   A제품   B제품   C제품   D제품   많다
          68g   71g   74g   80g

탄수화물 함유량

◎ 라면류의 포장지에 있는 성질과 정도에 대한 순서를 정하여, 여러 가지 방법으로 나타내봅시다.

◎ 순서를 정한 결과를 발표하고, 서로 비교하여 봅시다.

III. 결론

분류란 관찰할 수 있는 공통된 속성, 특성에 기초하여 대상을 함께 묶거나 순서를 정하는 지적 능력이다(임인숙, 1994; 최현동, 2005). 분류를 하려면 먼저 대상을 관찰하여 속성이나 특성을 찾고, 이어서 상호 유사점, 차이점, 관련성을 파악하여 분류 기준을 정하고, 그에 따라 공통적인 것끼리 무리 짓는다. 이러한 분류의 과정은 한 단계 분류로 끝나는 것이 아니고, 분류한 것을 재분류하거나 재분류한 것을 다시 분류하기도 한다.

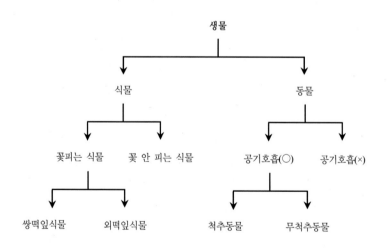

다시 말하면, 분류는 제한된 지적 능력을 지니고 있는 우리가, 개별적으로 다루는 사물과 사건들이 가진 복잡·다양한 성격을 어떤 기준과 틀에 묶어서 좀 더 간명하게 파악하려는 지적 노력이며, 분류활동은 개념들 간의 복잡한 차이들을 간추리고 감소시킴으로써,

우리가 환경에 적절히 대처해야 할 때 뒤따르는 복잡한 인지적・행동적 노력 부담을 덜어준다(임인숙, 1994).

참고문헌

신현정(2002), 『개념과 범주화』, 서울: 아카넷.

이범홍・김주훈・이양락・홍미영・신동희(2000), 「과학과 탐구과정의 하위 요소 추출 및 위계화(연구보고 RR 98-6)」, 한국교원대학교 교과교육공동연구소.

임인숙(1994), 「유아의 인지양식과 분류개념과의 관계」, 『아동교육』, 4(1), pp.158~183.

최현동(2005), 「초등학생 분류능력 발달의 경향성」, 『초등과학교육』, 24(3), pp.281~291.

AAAS(American Association for the Advancement of Science)(1990), SAPA II, New Hampshire: Delta Education, INC.

Adey P. & Shayer M.(1981). Towards a science of science teaching, London: Heinemann Educational.

Ausubel D. P.(1968), Educational psychology a cognitive view, New York: Holt rinehart and Winston.

Bolton N.(1977), Concept formation, London: Pergamon.

Bruner J. S., Oliver R. R., & Greenfield P. M.(1967), Studies in cognitive growth, New York: John Wiley and Sons.

Cohen M. R., Cooney T. M., Hawthorne C. M., McCormack A. J., Pasachoff J. M., Pasachoff N., Rhines K. L. & Slesnick I. L.(1989), Discover science, Glenview: Scott, Foresman and Company.

Donaldson M.(1978), Children's minds, London: Fontana Press.

Gagné R. H.(1977), *The condition of learning*, New York: Holt Rinehart and Wiston.

Howe A. C. & Jones L.(1999), Engaging children in Science, Macmillan Publishing Company.

Inhelder B. & Piaget J.(1964), The early growth of logic in the child: Classification and Seriation, London: Routledge.

Krnel D., Glažar S. S. & Waston R.(2003), The development of the concept of "Matter": A cross-age study of how children classity materials, *Science Education*, 87, pp.621~639.

Langford P.(1987), Concept development in the primary school, London: Croom Helm.

Lovell K.(1971), The growth of basic mathematical and scientific concepts in children (5th ed.), London: Unibools, University of London Press.

Martin, D. J.(2001), Constructing Early Childhood Science, NY: Delmar Publishers.

Norris S.(1984), Defining Observational competence, *Science Education*, 68(2), pp.129~142.

Rosch E.(1980), Principles of categorization, In Rosch E. & Lloyd B. (Eds.), Cognition and categorization, Hillsdale, NJ: Erlbaum.

Sokal R. R.(1980), Concept formation, In P. N. Johnson-Laird & P. C. Wason (Eds.), Thinking, readings in cognitive science. Cambridge, MA: Cambridge University Press.

Sutherland P.(1992), Cognitive development today, London: Paul Chapman Publishing.

Vygotski L.(1987), The collected works of L. N. Vygotski, New York: Plenum.

Step 05

측정수업 따라하기

I. 서론

과학에서 관찰 활동을 할 경우 단순한 관찰로 끝나는 경우도 있지만, 단순한 관찰에서 끝나지 않고 보다 정밀한 측정을 거치는 경우가 많다. 따라서 측정은 외부세계의 경험을 정량화하는 관찰 과정으로 넓은 의미에서 관찰의 한 부분이라고 할 수 있다.

측정에는 측정하는 능력과 측정 도구를 선택하는 능력이 포함되며, 측정의 과정에는 실험의 성격과 부합하는 적절한 정밀도 수준을 정하는 일부터 시작하여 측정값의 유효 숫자 속에서 오차를 확인하는 과정이 포함된다(정귀향과 김범기, 1997). 따라서 측정의 정확도를 높이기 위해서는 측정 도구의 선택과 측정 기능의 숙련도, 측정 태도, 측정 횟수, 측정에 영향을 미치는 변인 통제, 그리고 원리적으로 합당한 측정 방법이나 과정들을 충분히 고려해야 한다. 그러므로 측정은 관찰을 수량화하는 활동이며, 측정 도구의 선택과 사용, 단위 선택, 측정 범위와 구간, 어림셈, 오차와 정확도, 반복 가능성(신뢰성) 등에 대한 이해를 필요로 하는 기능이다(교육 인적 자원부, 2002).

또한 측정 활동이란 어떤 사물을 임의의 도구나 표준 도구를 사용하여 정량화하는 활동을 말한다. 이러한 측정 활동은 학교 과학 실험 목적과 관련하여 학생들이 지식 주장을 할 때 근거가 되는 자료 수집 및 학생들의 표준 실험도구를 사용하는 능력 발달과 직접적인 관계가 있다. 따라서 학생들이 실험설계, 자료분석 및 실험결과 해석을 위해서는 자신의 지식 주장과 자료의 본성에 대한 이해를 충분히 가지고 있어야 한다(Leach, 2002).

우리는 일상생활에서 정밀한 측정을 하지 않고, 어림짐작 측정으로도 충분한 자료를 얻을 수 있는 경우가 있다. 어림짐작 측정을 잘 이용하는 경우 측정에 필요한 시간을 줄이고, 보다 효율적인 탐구를 할 수 있도록 한다. 그러한 판단은 대단히 창의적이고 현장에 필요한 아이디어로서 종합적인 사고력이 필요한 경우라 할 수 있다. 그러나 어림짐작은 정량적 관찰, 비교와 분류, 원활한 의사소통에 어려움을 생겨나게 했다. 따라서 그동안 각 나라에서 사용해 오던 도구와 양의 표현을 미터법으로 통일함으로써 문제를 해결하였다.

측정은 과학 전문가 활동의 중요한 부분으로 어느 분야에서든지 고려의 대상이다. 어떤 분야에서도 일반적으로 실험적 접근을 할 때 양적 관찰인 측정의 단계를 거쳐 자료를 수집한다(Coelho & Séré, 1998). 이러한 측정은 학생들이 체계적인 조사와 실험 활동에서 자료 수집을 위한 탐구의 한 방법이 되고 있다. 만약 과학 수행 과정에서 측정 경험이 부족하면, 잘못된 측정을 통해 잘못된 자료가 수집될 가능성이 많다(Hackling & Garnett, 1995).

과학 탐구에서 의미 있는 결과를 얻으려면, 측정 방법과 측정 도구를 선정하는 능력이 필요하다. 그러나 측정 방법과 측정 도구를 선정하는 것은 대단히 고등한 능력으로 실제 과학의 연구에서는 연구의 성패를 결정하는 중요한 요소이다. 따라서 보다 정확하고 정밀한 측정 방법이나 측정 도구를 고안하는 능력을 기르는 일은 과학교육에서 중요한 부분이다. 그러므로 과학교육에서 학생들에게 측정을 지도할 때에는 지나치게 자세하게 측정 방법을 안내할 것이 아니라 스스로 측정 방법과 기구를 생각해 내어 활동할 수 있도록 하는 자기 주도적인 문제해결 전략이 필요하다. 즉 측정에서 결정할 사항을 학생 스스로 결정하여 문제를 해결하도록 하여야 한다. 그러한 측정 교육을 통하여, 학생들이 탐구 상황에 부딪쳤을 때 그 상황에 맞는 적절한 측정 방법과 측정 기구를 생각해 낼 수 있는 종합적이고 창의적인 사고력을 기를 수 있다.

그러나 측정은 교육 과정 중에서 학생들의 정신적 발달에 민감한 영역 가운데 하나이다. 예를 들면 길이의 보존 개념이 없는 학생들은 어떤 방법으로도 길이를 측정할 수 없다. 무게, 면적, 부피 등 측정될 수 있는 다른 양들도 마찬가지이다. 하지만 학생들이 이러한 양들을 이해할 수 있는 능력을 발달시키는 데에는 너무 많은 시간이 걸린다. 그러므로 측정 활동들이 보존 개념의 습득을 가속화시킬 것인가 하는 점은 논쟁의 여지가 있으나 보존 개념을 획득하기 위한 학생의 측정 활동 계획은 바람직하다고 할 수 있다(Howe & Jones, 1993).

Physical Science Study Committee(1996)에 의하면, 과학적 탐구 활동 중에 자연현상에 대한 관찰 및 측정은 자연 법칙에 대한 과학자의 개념을 검증하여 진보하게 하는 수단이다. 학생들은 실제 상황에서 측정을 경험함으로써, 과학자들이 연구하는 것과 같은 방법을 익혀서 새로운 지식을 밝혀내고 미개척 영역에 대한 이해를 확장한다. 또한 측정 능력에서 우수성을 보인 학생들은 과학 탐구에서도 우수성을 드러낸다는 연구 결과가 있다(Holmes & Neal, 1991). 그러므로 측정 활동과 관련된 양질의 과학교육은 학생들의 탐구능력을 향상시킬 수 있는 밑거름이 된다.

II. 본론

1. 측정의 유형

과학에서 초등학생의 측정 활동에는 길이, 면적, 부피, 무게 혹은 질량, 시간과 온도, 힘 등이 있지만, 여기에서는 길이, 부피, 무게 혹은 질량, 시간과 온도의 다섯 가지 기본 요소만 다룬다.

1) 길이

길이란 두 지점 사이의 거리를 말한다. 테이블의 높이, 천장의 높이, 문의 높이, 두 도시 사이의 거리, 배구공의 둘레 등이 모두 길이의 예가 될 수 있다.

길이는 미터법 단위나 관습법 단위로 측정된다. 길이를 미터법으로 나타낼 때 기본 단위는 m로서, 프랑스 리옹을 통과하는 북극에서부터 적도까지 자오선의 천만분의 1로 정의되었다. 오늘날의 미터는 좀 더 정확하게 빛이 1초 동안에 이동하는 거리의 1/199,792,458로 정의한다.

미터법 단위의 1m는 10cm로, 1cm는 10mm로 나누어진다. 1,000m는 1km가 된다. 관습법 단위에는 우리나라의 자(30.303cm=척), 치(자의 1/10), 간(6자), 장(10자), 리(약 0.4km) 등이 있고, 서양에서는 사람의 신체 부위를 이용한 피트(30.48cm), 인치(2.54cm), 야드(약 91.44cm) 등이 있다.

2) 시간

시간을 측정하는 데는 두 가지 측면이 있다. 시각과 시간이 그것이다. 많은 과학 활동은 시각을 읽는 활동을 포함하는 경우가 많다. 예를 들어, 매일 11시 30분의 실외 온도를 기록하고, 실외의 온도가 매일 어떻게 변하는지를 막대그래프로 그려보아라.

시간의 또 다른 면은 시간의 간격을 측정하는 것이다. 시간 간격에 사용되는 단위는 초이다. 이것은 보편적인 단위로서 관습 단위에서나 미터법에서나 같다. 1초는 원래 평균 태양일(1년에 걸친 낮의 평균 길이)의 1/86,400으로 정의되었다. 오늘날의 1초는 세슘(원자번호 133) 원소에 의해 방출되는 복사선의 진동수를 기준으로 정의하고 있다.

시간의 간격은 초시계 또는 시계의 초침을 사용하여 측정할 수 있다. 모든 측정량과 마찬가지로 시간 역시 추상적 개념이다. 따라서 초등학생들은 시간을 사용하는 것과 관련된 활동을 통해서 시간의 개념을 익혀야 한다.

3) 온도

온도는 섭씨온도(미터 단위) 또는 화씨온도(관습 단위)로 측정할 수 있다. 화씨로 표현되든 섭씨로 표현되든 온도는 같다. 섭씨 체계와 화씨 체계의 주요 차이점은 해수면에서의 물의 어는점과 물의 끓는점이다. 물의 어는점은 섭씨 0도 또는 화씨 32도이다. 물의 끓는점은 섭씨 100도 또는 화씨 212도이다. 섭씨 체계는 물의 어는점과 끓는점이 100등분으로 나누어져 온도를 나타내는 반면에 화씨 체계는 180등분으로 나누어진다.

온도는 학생들이 이해하기에는 어려운 추상적 개념이다. 그러므로 학생들이 자신의 신체와 온도를 비교하도록 하는 것이 편리하다. 컵 안의 물은 뜨거운가? 따뜻한가? 서늘한가? 차가운가? 등으로 설명하면 온도를 이해하기 쉽다.

학생들은 성장함에 따라 온도계 읽는 법을 배우지만, 온도계 읽기 기능은 내삽을 요구하므로 어려울 수 있다. 즉 온도 읽기는 온도계에 표시된 눈금 사이의 개수를 세어 실제 눈금을 내삽해야 한다. 그러므로 학생이 알고 있는 두 점 사이의 거리를 어림할 수 있을 때까지는 어렵게 느껴진다. 디지털 온도계는 정확한 온도를 제공하지만, 학생들이 보통의 온도계를 읽는 방법을 배운 후에 사용하도록 한다.

4) 무게 또는 질량

무게와 질량은 다르다. 무게는 어떤 물질을 중력이 끌어당기는 정도이고, 질량은 물질의 고유한 양을 의미한다. 무게는 중력의 크기에 좌우된다. 달의 중력은 지구 중력의 1/6이다. 사람은 지구에서보다 달에서 더 높이 점프하고 더 넓은 보폭으로 걸을 수 있다. 왜냐하면 끌어당기는 중력이 작기 때문이다. 그러나 사람의 질량은 달에 있든 지구에 있든 동일하다. 무게는 장소에 따라 변하지만 질량은 변하지 않는다.

무게와 질량은 다른 방법으로 측정되며 단위도 다르다. 미터 단위계에서 질량의 가장 보편적인 단위는 kg이다. 킬로그램은 프랑스 파리에서 보관하고 있는 플라티늄과 이리듐의 합금으로 만들어진 실린더의 질량으로 정의된다. 1킬로그램의 질량은 지구상의 평균 해면에서 2.2파운드가 나간다. 1그램은 1/1,000킬로그램으로 순수한 물을 1세제곱센티미터인 정육면체 속에 담은 질량과 같다.

우리나라 관습 단위에서 무게의 보편적인 단위는 근(600g), 관(3.75kg) 등이 있고, 외국에서는 온스(28.35g), 파운드(453.59g) 등이 있다.

5) 부피

어떤 물체의 부피는 그것이 얼마나 많은 공간을 차지하는가를 말한다. 부피는 길이 단위나 혹은 부피 자체의 고유한 단위로 측정된다. 미터 단위계에서 부피의 기본 단위는 리터이다. 1리터는 1,000mL이다. 1mL는 각 면이 1cm인 입방체의 부피를 의미한다. 1L는 1,000cc(cubic cm)와 같다.

우리나라의 관습 단위에는 1평(약 3.31평방미터), 1정보(9,917.4평방미터) 등이 있고, 외국에서는 액체 부피의 기본 단위인 쿼트(quart)가 있다. 쿼트는 8온스 들이 컵 4개의 부피와 같으며, 4쿼트는 1겔론(gllon)이다.

2. 측정 시 유의사항

측정 도구의 사용 시에는 다음과 같은 점에 유의하여 측정하여야 한다.

1) 온도계의 사용

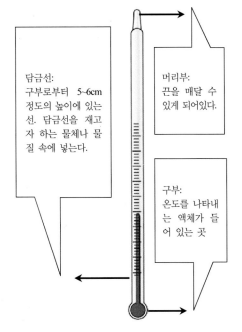

담금선:
구부로부터 5~6cm 정도의 높이에 있는 선. 담금선을 재고자 하는 물체나 물질 속에 넣는다.

머리부:
끈을 매달 수 있게 되어있다.

구부:
온도를 나타내는 액체가 들어 있는 곳

① 손으로 온도계를 잡지 말고 고리에 실을 매달아 잡는다.

② 담금선까지 온도계를 담근다. 담금선이 없는 온도계는 재고자 하는 물체에 액체가 올라간 곳까지 담근다.

③ 빨간색 액체가 멈출 때까지 기다린다.

④ 구부가 바닥에 닿지 않게 한다.

⑤ 온도계의 눈금을 읽을 때는 눈높이를 맞춘다.

⑥ 눈금은 일반적으로 10℃ 간격으로 큰 눈금이 매겨져 있으며, 작은 눈금은 1℃ 간격으로 매겨져 있다. 그러나 온도계마다 다를 수 있으므로 눈금을 확인해야 한다.

⑦ 온도계가 깨졌을 때에는 알코올이나 백등유가 눈에 들어가지 않도록 주의한다. 또한 깨진 유리 조각 등이 위험할 수 있다.

2) 윗접시저울의 사용

① 0점 나사로 수평을 잡는다.

② 물체는 왼쪽 접시에 놓고, 분동을 오른쪽 접시에 놓으며 잰다(사용자가 편한 쪽의 접시에 물체와 분동을 놓아도 무방하다).

③ 분동을 접시에 올려놓을 때는 항상 핀셋을 사용하고, 사용 후에는 제자리에 넣어 둔다.

④ 분동은 무거운 것부터 가벼운 것의 순서로 올려놓는다.

⑤ 화학물질의 질량을 측정할 때는 접시가 더러워지지 않도록 종이를 깐다.

⑥ 측정하고자 하는 물체를 접시의 중앙에 놓는다.

3) 눈금실린더의 사용

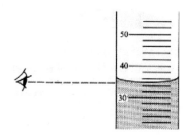

① 재려고 한 양보다 약간 큰 메스실린더를 사용한다.

② 눈금실린더에 액체나 고체를 넣을 때 기울여서 넣는다.

③ 눈금을 읽을 때 평평한 곳에 놓고 용액이 흔들리지 않을 때, 눈높이를 수평으로 맞추어 읽는다.

④ 눈금을 읽을 때에는 초승달 모양 액체의 중간을 읽는다.

⑤ 사용 후에는 깨끗이 씻어서 엎어 놓고 말린다.

3. 학습 계열

측정 활동의 학습 계열을 결정할 수 있는 중요한 요소는 길이, 부피, 무게 혹은 질량, 온도, 시간 등 측정하고자 하는 내용, 측정 방법과 측정 도구를 생각해서 상황에 적절한 측정을 할 수 있는 능력, 어림셈, 오차와 정확도, 적절한 측정 단위의 사용, 반복 측정 가능성, 학생들의 인지적 발달 등이 있다. 이러한 내용을 고려하여, 먼저 측정하고자 하는 내용을 중심에 두고, 순차적으로 측정 능력을 발달시킬 수 있는 학습 계열을 제시하면 다음과 같다.

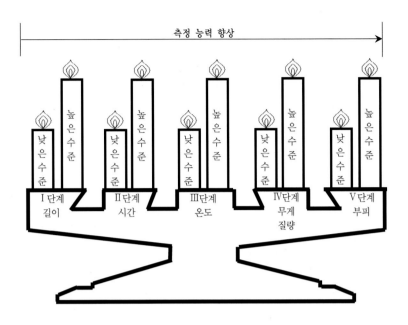

1) 제 I 단계에서는 측정 과정 기능을 발달시키기 위한 첫 번째로 길이 측정 활동이다. 이 단계는 두 수준으로 나누어져 있는데, 먼저 낮은 수준에서는 학생들이 말이나 서술로 길이를 보고하는 정성적 측정을 한다. 예를 들어 신체 부위를 관찰하고 "손보다 발이 더 길다", "입보다 눈이 더 짧다" 등의 말로 정성적인 측정을 한다. 이어서 길이를 비교해서 결정하는 것이 아니라 단일 기준을 설정하여 측정해 가는 과정을 익혀 나간다. 여기에서는 측정하는 것의 길이를 묘사하기 위하여 수를 사용한다. 이때에 클립 등의 단일 기준을 사용한다. 이렇게 해서 학생들은 이것이 저것보다 "2클립 수만큼 짧다"든가 "6클립 수만큼 길다"라고 측정된 길이를 표현할 수 있다. 두 번째로 높은 수준에서는 보다 정확한 측정을 위하여 길이를 재는 표준 도구, 즉 자에 대한 생각으로 사고를 확장시켜 정밀한 길이 측정을 하게 된다. 이 활동을 가르치는 데 있어서 교사는 모든 측정은 약간의 오차를 가지고 있음을 분명히 이해해야 하고, 아무리 주의 깊게 측정을 할지라도 측정 단위의 소수 또는 분수 부분에 대한 가늠이 필요함을 학생들에게 이해시켜야 한다.

2) 제 II 단계에서는 시간을 측정하게 된다. 시계는 세 가지 다른 바늘을 이용하여 우리에게 시간을 알려준다. 한 바늘은 시간을 알려주고, 또 하나는 분을 알려주고, 나머지는 초를 알려준다. 시계는 우리에게 하루의 시간을 알려주며, 과학적 활동에서 초를 셀 수 있도록 도와준다. 먼저 낮은 수준에서는 시계를 사용하여 시각을 말하는 연습과 시각을 시

계에 나타내는 활동을 하여 시간과 시각을 정확하게 읽도록 한다. 이어서 높은 수준에서는 디지털 초시계를 이용하여 진자가 10회 왕복하는 시간을 측정하는 활동을 한다. 디지털 초시계의 최소 단위는 0.01초이므로, 측정결과가 다양하게 나오게 된다. 이때 학생들이 어떤 측정 결과를 선택해야 하는지에 대한 지도가 필요하다. 실제 측정에 있어서는 참값이 존재하기 어렵다. 그러므로 정확한 측정 결과를 얻으려는 것보다 반복 측정을 통한 확률적 사고와 측정 결과의 정밀성에 초점을 맞추어 지도하도록 한다.

3) 제 III 단계에서는 온도를 측정하게 된다. 이 단계에서는 학생들이 다음과 같은 의문을 가지고 측정활동에 임하도록 한다. 첫째, 어떤 상황, 어떤 직업에서 온도를 정확하게 측정하는 것이 필요할까? 둘째, 같은 교실 안이라도 온도가 다른 것은 무엇 때문일까? 이 단계는 두 가지 수준으로 나뉘어져 있다. 첫 번째는 온도를 정확하게 읽는 연습과 여러 곳에 온도계를 약 5분 정도 놓아두고, 온도를 측정하는 활동이다. 두 번째는 백열전구를 켜 놓고 온도계를 같은 간격으로 배치한 다음, 온도의 변화를 그래프로 나타내는 것을 수행한다. 두 번째 단계에서 주의할 점은 온도 측정에 대하여 배우기만 하고 수업을 끝내거나 해석을 하지 않고 그래프로 작성만 하고 활동을 끝내는 것이 아니라, 학생들에게 온도계로 측정을 하여 학생들이 배운 것을 적용할 수 있는 방법을 찾아보도록 한다.

4) 제 IV 단계에서는 무게를 측정하게 된다. 낮은 수준에서는 무게에 따라서 물건을 비교하는 방법을 학습한다. 무게를 비교하는 직접적인 방법은 처음에 그 물건을 들어보고 그다음 대상을 들었을 때 느낀 무게의 순으로 그 물건들을 배열하는 것이다. 그렇지만 두 물건의 무게가 거의 비슷하게 여겨질 때 더 정확한 방법으로 비교를 하는 방법을 찾게 된다. 무게를 정확하게 비교할 수 있도록 양팔 저울을 사용하여, 두 물건을 양쪽 접시에 놓았을 때 평형을 이루는 것을 확인한다. 만약 어느 한 쪽의 물건이 더 무겁다면 평형은 이루어지지 않을 것이며, 한쪽 접시는 내려가고 다른 쪽 접시는 올라갈 것이다. 그렇기 때문에 양팔 저울은 두 물건의 무게가 같은지, 또는 어느 한쪽이 무거운지를 조사하는 데 이용한다. 또한 임의 단위, 즉 바둑알이나 클립을 사용하여 측정할 수 있다. 이러한 측정 결과를 사용하여 학생들은 두 물건의 무게를 정확하게 비교하여 표현할 수 있다. 높은 수준에서는 윗접시저울을 사용하여 질량을 정확하게 표현하는 것을 학습한다. 이 활동에서는 정밀한 측정과 반복 측정을 통하여 학생들이 측정값에 대해 확신을 갖도록 지도한다.

5) 제 V 단계에서는 부피의 측정을 위하여 먼저 낮은 수준에서는 직관적인 비교를 통하여 부피 측정 방법에 대한 지식의 발전을 도모한다. 부피에 대해 비교적인 생각을 하고 부피를 순서 지우는 능력을 터득하는 것은 정확한 부피 측정을 위해 스스로 문제를 해결해 나가는 가치를 지닌다. 이 활동에서는 액체의 부피를 비교하여 보고, 임의 단위인 종이컵 등을 사용하여 부피를 측정하게 된다. 이러한 활동은 학생들에게 같은 양의 물을 다른 모양의 용기에 부었을 때 폭이 넓은 용기에 있는 물과 폭이 좁은 용기에 있는 물이 같다는 것을 확인하는 계기도 될 수 있다. 다음으로 높은 수준에서는 부피 측정의 표준 도구인 눈금실린더를 사용하여 부피에 대한 일반화를 명백하게 한다. 더 나아가 이 활동에서는 고체의 부피를 측정하게 된다. 고체의 부피를 액체를 이용하여 측정함으로써, 측정도구를 응용할 수 있는 능력을 기른다. 또한 이 단계에서는 반복 측정을 통하여 보다 정밀한 측정값을 얻음으로써 학생들이 측정값에 대해 분명한 확신을 갖도록 지도한다.

▶ 학습목표

① 길이, 시간, 온도, 무게 또는 질량, 부피를 직접적인 비교나 임의의 단위를 사용하여 측정하여 상대적인 크기로 나타낼 수 있다.
② 주어진 물체들을 대상으로 알맞은 측정 도구를 선택하여 측정할 수 있다.
③ 주어진 물체들을 대상으로 표준 도구를 사용하여 길이, 시간, 온도, 무게 또는 질량, 부피를 측정할 수 있다.
④ 측정된 결과가 정수가 아닌 경우에도 그 측정값을 이야기할 수 있다.
⑤ 반복된 측정을 통하여 보다 정밀한 측정값을 얻을 수 있음을 안다.

▶ 단계별 활동 요소와 활동 주제

단계	활동 요소	활동 주제
I. 길이	길이 측정하기	1. 신체의 길이
		2. 나무의 두께
II. 시간	시간 측정하기	3. 시각과 시간
		4. 흔들이의 운동
III. 온도	온도 측정하기	5. 온도계 읽기
		6. 측정 온도 이해
IV. 무게 또는 질량	무게 또는 질량 측정하기	7. 학용품의 무게
		8. 과자의 무게
V. 부피	부피 측정하기	9. 액체의 부피
		10. 고체의 부피

제 I 단계: 길이

주제 1 신체의 길이

:: **활동 목표**

① 신체의 길이를 직접적인 비교나 임의의 단위로 측정하여 상대적인 크기로 나타낼 수 있다.
② 길이를 잴 때 표준 측정 도구의 필요성을 이야기 할 수 있다.

:: **학습 개요**

1. 어림하기	• 주어진 대상을 어림하여 측정한다.
2. 어림 방법 말하기	• 어림한 방법을 이야기한다.
3. 측정 방법 고안	• 여러 가지 측정 방법을 고안한다.
4. 임의 단위 측정	• 주어진 대상을 임의 단위로 측정한다.
5. 측정 결과 확인	• 어림 측정한 결과와 임의 단위로 측정한 결과를 비교한다.

:: **준비물**

끈, 클립, 연필

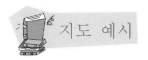
❓ 길이가 가장 긴 것부터 순서대로 적어봅시다.
(가장 긴 것=1, 가장 짧은 것=7)

신체	발	손	머리	코	엄지	목	팔꿈치
순서	3	4	2	6	7	5	1

❓ 어떻게 순서를 정할 수 있었나요?

> 친구의 것과 비교해보았다.
> 직접 대보았다.
> 연필을 이용하였다.

❓ 자가 없을 때, 신체의 길이를 비교할 수 있는 방법을 생각해봅시다.

> 끈과 클립을 이용하여 측정한다.
> 직접 대본다.
> 막대기를 이용하여 길이를 표시한 후, 비교한다.

❓ 끈과 클립을 사용하여 신체의 길이를 측정하여 보고, 순서를 적어봅시다.

신체	발	손	머리	코	엄지	목	팔꿈치
측정	9클립	7클립	19클립	2.5클립	2클립	10클립	17클립
순서	4	5	1	6	7	3	2

❓ 처음에 정한 순서와 실제 측정으로 얻은 순서가 똑같나요? 다르면, 몇 개가 다릅니까? 무엇을 알 수 있나요?

> 5개가 다르다.
> 보는 것과 실제 길이는 다를 수 있다.
> 더 정밀한 측정을 할 수 있는 방법을 알고 싶다.

💡 유의점

☞ 어림 측정을 하는 단계로 이를 통하여 측정도구의 필요성을 가지도록 한다.

☞ 발산적 사고를 요구하도록 하고, 학생들이 대답한 것을 정교화하도록 한다.

☞ 임의 단위 측정을 위해서는 클립이 아닌 다른 것을 사용해도 된다.

☞ 임의 단위 측정을 통하여 보다 정밀한 측정도구의 필요성을 확인하도록 한다.

:: 활동 목표

① 신체의 길이를 직접적인 비교나 임의의 단위로 측정하여 상대적인 크기로 나타낼 수 있다.
② 길이를 잴 때 표준 측정 도구의 필요성을 이야기할 수 있다.

❓ 길이가 가장 긴 것부터 순서대로 적어봅시다.

(가장 긴 것=1, 가장 짧은 것=7)

신체	발	손	머리	코	엄지	목	팔꿈치
순서							

❓ 어떻게 순서를 정할 수 있었나요?

❓ 자가 없을 때, 신체의 길이를 비교할 수 있는 방법을 생각해봅시다.

❓ 여러분이 고안한 방법으로 신체의 길이를 측정하여 보고, 1번의 순서를 적어봅시다.

신체	발	손	머리	코	엄지	목	팔꿈치
측정							
순서							

❓ 처음에 정한 순서와 실제 측정으로 얻은 순서가 똑같나요? 다르면, 몇 개가 다릅니까? 무엇을 알 수 있나요?

나무의 두께

:: 활동 목표

① 측정 대상을 확인하고, 알맞은 길이 측정 도구를 고안할 수 있다.
② 측정 도구를 사용하여 정밀한 길이 측정을 할 수 있다.

:: 학습 개요

1. 측정 대상 확인	• 측정할 대상이 무엇인지 확인한다.
⬇	
2. 측정 도구 고안	• 여러 가지 방법으로 측정할 수 있는 도구를 생각한다.
⬇	
3. 측정 도구 제작	• 측정 대상에 알맞은 측정 도구를 제작한다.
⬇	
4. 대상 측정하기	• 측정 대상에 알맞은 측정 도구를 제작한다.
⬇	
5. 측정 결과 발표	• 측정값을 평균내거나 빈도가 높은 측정값을 말한다.

:: 준비물

할핀, 두꺼운 도화지, 가위, 자(30cm), 펀치, 나뭇가지

❓ 다음 나무를 관찰하여 보자.

나무 기둥을 ①가지, 첫 번째 나온 가지를 ②가지, 두 번째 나온 가지를 ③가지라고 하자.

🔆 유의점

☞ 측정 대상을 정확하게 확인하도록 지도한다.

❓ ①, ②, ③가지의 두께를 측정할 수 있는 방법을 생각해봅시다.

끈을 사용하여 나무의 둘레를 재고, 반지름을 구한다.
나무를 베어서 측정한다.
컴퍼스를 이용하여 직경 측정기를 만든다.

☞ 여러 가지 다양한 측정 도구를 고안하도록 지도하고, 가능한 방법이 있다면 실행에 옮길 수 있도록 한다.

❓ 다음의 방법으로 측정 도구를 제작해봅시다.

① 두꺼운 도화지를 바나나 모양으로 2개 자른다.
② 자른 바나나 모양의 뭉툭한 끝을 겹치고, 할핀의 두 다리가 들어갈 구멍을 펀치로 뚫는다.
③ 뒷면으로 나온 할핀을 접는다.
④ 아래 그림과 같은 방법으로 사용한다.

☞ 측정 도구의 제작에 너무 많은 시간이 걸리지 않도록 유의한다.

❓ 제작한 측정도구를 사용하여, 나무의 두께를 측정하여 봅시다.

	첫 번째 측정	두 번째 측정	세 번째 측정	네 번째 측정
①가지	3.4cm	3.5cm	3.4cm	3.4cm
②가지	2.3cm	2.2cm	2.2cm	2.3cm
③가지	0.8cm	0.6cm	0.5cm	0.6cm

☞ 반복 측정을 통하여 보다 정밀한 측정값을 얻을 수 있음을 주지시킨다.

❓ ①, ②, ③가지의 두께를 말하여 봅시다.

①가지는 약 3.45cm이다. ②가지는 약 2.23cm이다.
③가지는 약 0.64cm이다.

☞ 어떤 측정값을 말할 것인가 토의하도록 한다(평균, 빈도수 등).

활동지 　나무의 두께

:: 활동 목표

① 측정 대상을 확인하고, 알맞은 길이의 측정 도구를 고안할 수 있다.
② 측정 도구를 사용하여 정밀한 길이 측정을 할 수 있다.

❷ 다음 나무를 관찰하여 보자.

나무 기둥을 ①가지, 첫 번째 나온 가지를 ②가지, 두 번째 나온 가지를 ③가지라고 하자.

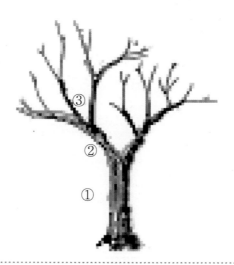

❷ ①, ②, ③가지의 두께를 측정할 수 있는 방법을 생각해봅시다.

❓ 다음의 방법으로 측정 도구를 제작해봅시다.

① 두꺼운 도화지를 바나나 모양으로 2개 자른다.
② 자른 바나나 모양의 뭉툭한 끝을 겹치고, 할핀의 두 다리가 들어갈 구멍을 펀치로 뚫는다.
③ 뒷면으로 나온 할핀을 접는다.
④ 아래 그림과 같은 방법으로 사용한다.

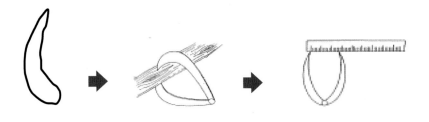

❓ 제작한 측정도구를 사용하여, 나무의 두께를 측정하여 봅시다.

	첫 번째 측정	두 번째 측정	세 번째 측정	네 번째 측정
①가지				
②가지				
③가지				

❓ ①, ②, ③가지의 두께를 말하여 봅시다.

제 II 단계: 시간

주제 3 시각과 시간

:: 활동 목표

시각을 시, 분, 초 단위로 정확하게 읽고, 시계에 표시할 수 있다.

:: 학습 개요

| 1. 시각 읽기 | • 시계에 표시된 시각을 정확하게 읽을 수 있다. |

⬇

| 2. 시각 표시 | • 주어진 시간을 시계에 정확하게 표시할 수 있다. |

⬇

| 3. 시간의 이동 표시 | • 지나간 시간을 시계에 표시할 수 있다. |

⬇

| 4. 시간의 이동 말하기 | • 지나간 시간을 말할 수 있다. |

:: 준비물

모형 시계

❓ 오른쪽 시계를 보고, 다음 질문에 답하여 보자.

① 한 시간은 몇 분인가? (60분)

② 한 시간은 몇 초인가? (3,600초)

③ 오른쪽 시계를 정확히 읽어보자.
(6)시 (18)분 (17)초

💡 유의점

☞ 실물 시계나 모형 시계를 사용하여 지도하도록 한다.

❓ 아래의 시간을 시계에 나타내보자.

① 5:45:20   ② 9:22:05   ③ 2:30:55

☞ 교재에 나와 있는 것보다 더 많은 예시를 모형시계로 제시해 준다.

❓ 아래의 시계에서 초침을 숫자만큼 움직인 것을 표시해보아라.

① 15초 후   ② 23초 후   ③ 36초 후

❓ 오른쪽 시계는 왼쪽 시계보다 몇 초가 지나간 것인가? (26초)

활동지 시각과 시간

:: 활동 목표

❓ 오른쪽 시계를 보고, 다음 질문에 답하여 보자.

① 15초 후   ② 23초 후   ③ 36초 후

❓ 아래의 시간을 시계에 나타내보자.

① 한 시간은 몇 분인가? (   )

② 한 시간은 몇 초인가? (   )

③ 오른쪽 시계를 정확히 읽어보자.
   (   )시 (   )분 (   )초

❓ 아래의 시계에서 초침이 숫자만큼 움직인 것을 표시해보아라.

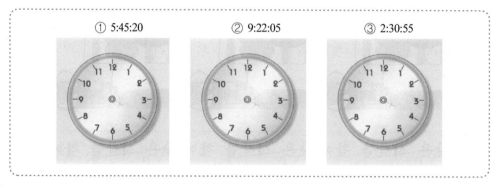

① 5:45:20   ② 9:22:05   ③ 2:30:55

❓ 오른쪽 시계는 왼쪽 시계보다 몇 초 더 지나간 것인가? (   )

주제 4 흔들이의 운동

:: **활동 목표**

진자의 주기를 디지털 초시계로 측정할 수 있다.

:: **학습 개요**

| 1. 측정 대상 확인 | • 측정 대상을 확인한다. |

↓

| 2. 측정 방법 고안 | • 정밀한 측정을 위하여, 측정 방법을 고안한다. |

↓

| 3. 진자의 주기 측정 | • 진자의 10회 왕복 주기를 측정한다. |

↓

| 4. 반복 측정 | • 반복된 측정을 통하여 더 정밀한 측정을 한다. |

:: **준비물**

연필, 금속 고리, 실, 디지털 초시계

❓ 줄의 한쪽 끝을 연필의 끝에 묶는다. 줄의 다른 쪽 끝에는 금속 고리를 묶자. 한쪽 연필 끝을 책상에 고정하고 자유롭게 진자를 운동시켜라.

💡 유의점

1) 진자의 운동을 살펴보고, 무엇을 측정할지 정하여 보자.

> 실의 길이, 진자가 몇 번 움직이는가. 진자가 한 번 왕복하는 데 걸리는 시간 등

☞ 자유로운 관찰을 통하여 측 정 대상을 확인하도록 한다.

2) 진자가 앞으로 나오는 데 걸리는 시간과 뒤로 가는 데 걸리는 시간은 같다. 진자 가 앞 – 뒤 – 앞 – 뒤로 흔들리는 시간을 디지털 초시계로 측정하려면, 어떻게 하 면 좋을지 생각해보자.

> 진자를 뒤로 잡아 당겨서 놓고, 갔다 올 때를 측정한다.
> 종이로 한쪽 면을 가리고 나타났다가 사라지고 다시 나타나는 시간을 측정한다.

☞ 일반 초시계로도 측정할 수 있다.

3) 10회 진자가 왕복하는 시간을 측정하여 보자.

	1회	2회	3회	4회	평균
측정값	16.02초	16.57초	16.33초	17.22초	16.45초

4) 진자를 세게 밀고 다시 한 번 측정하고 결과를 기록해보자.

	1회	2회	3회	4회	평균
측정값	16.55초	16.06초	16.42초	17.45초	17.36초

☞ 반복 측정을 통하여 정밀한 측정이 이루어진다는 것을 이해하도록 지도한다.

흔들이의 운동

:: 활동 목표

진자의 주기를 디지털 초시계로 측정할 수 있다.

❓ 줄의 한쪽 끝을 연필의 끝에 묶는다. 줄의 다른 쪽 끝에는 금속 고리를 묶자. 한쪽 연필 끝을 책상에 고정하고 자유롭게 진자를 운동시켜라.

1) 진자의 운동을 살펴보고, 무엇을 측정할지 정하여 보자.

2) 진자가 앞으로 나오는 데 걸리는 시간과 뒤로 가는 데 걸리는 시간은 같다. 진자가 앞 – 뒤 – 앞 – 뒤로 흔들리는 시간을 디지털 초시계로 측정하려면, 어떻게 하면 좋을지 생각해보자.

3) 10회 진자가 왕복하는 시간을 측정하여 보자.

	1회	2회	3회	4회	평균
측정값	초	초	초	초	초

4) 진자를 세게 밀고 다시 한 번 측정하고 결과를 기록해보자.

	1회	2회	3회	4회	평균
측정값	초	초	초	초	초

제 III 단계: 온도

주제 5 온도계 읽기

:: **활동 목표**

① 온도계를 정확히 읽을 수 있다.
② 여러 장소에 놓아둔 온도계를 읽을 수 있다.

:: **학습 개요**

1. 온도계 읽기 연습	• 온도계를 읽고, 친구들이 읽은 것과 비교한다.
↓	
2. 온도계 읽기	• 교실 여러 곳에 설치된 온도계를 읽고, 비교할 수 있다.

:: **준비물**

온도계 10개, 찬물, 뜨거운 물, 얼음물, 소금, 비커

지도 예시

❷ 다음 온도계를 읽고, 빈칸에 온도를 적어보자.

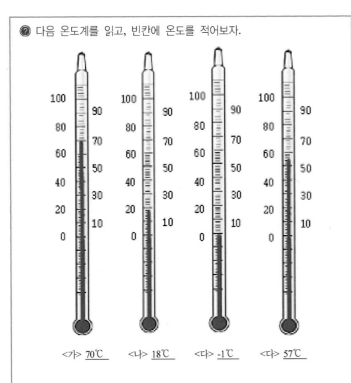

<가> 70℃   <나> 18℃   <다> -1℃   <다> 57℃

❷ 친구들이 읽은 온도와 비교하여 보고, 어떤 방법으로 온도계를 읽으면
좋을지 토의하여 보자.

❔ 유의점

☞ 온도계 읽기를 지도하기
전에, 다음 단계의 지도를
위하여 교실 여러 곳에 온도
계를 미리 설치한다.

☞ 온도를 정확하게 읽도록 지
도하며, 친구들이 읽은 눈금
과 일치하는지도 확인하도
록 한다. 만약 친구들과 다
르다면, 왜 다른지 토의해보
도록 한다.

❷ 다음의 장소에 10분 정도 온도계를 놓아두었다가 온도계를 읽어보자.

장소	온도
① 교실 안의 물	28℃
② 교실 안의 공기 중	26℃
③ 창가	24℃
④ 주먹 안	35℃
⑤ 차가운 물	3℃
⑥ 뜨거운 물	82℃
⑦ 소금을 넣은 얼음물	-12℃

☞ 온도를 확인하기 전에 예상
의 단계를 거치도록 한다.

활동지 **온도계 읽기**

:: 활동 목표

① 온도계를 정확히 읽을 수 있다.
② 여러 장소에 놓아둔 온도계를 읽을 수 있다.

❓ 다음 온도계를 읽고, 빈칸에 온도를 적어보자

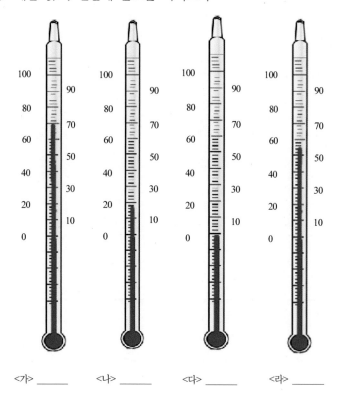

<가> _____   <나> _____   <다> _____   <라> _____

❓ 친구들이 읽은 온도와 비교하여 보고, 어떤 방법으로 온도계를 읽으면 좋을지 토의
   하여 보자.

❓ 다음의 장소에 10분 정도 온도계를 놓아두었다가 온도계를 읽어보자.

장소	온도
① 교실 안의 물	℃
② 교실 안의 공기 중	℃
③ 창가	℃
④ 주먹 안	℃
⑤ 차가운 물	℃
⑥ 뜨거운 물	℃
⑦ 소금을 넣은 얼음물	℃

:: 측정 온도 이해

① 온도를 바르게 측정할 수 있다.
② 측정한 온도를 표와 그래프로 나타내고, 해석할 수 있다.

:: 학습 개요

| 1. 장치 꾸미기 | • 온도의 변화를 알아볼 수 있는 장치를 꾸민다. |

| 2. 온도 측정하기 | • 온도를 반복 측정하여 표를 완성한다. |

| 3. 그래프로 나타내기 | • 측정한 온도를 그래프로 나타낸다. |

| 4. 그래프 해석하기 | • 측정한 온도를 바르게 해석한다. |

:: 준비물

온도계 4개, 백열등, 스탠드, 색연필

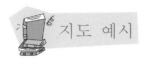

❷ 다음과 같은 장치를 꾸며보자.

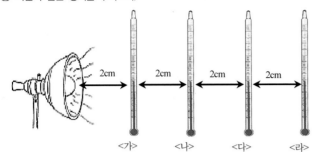

<가>   <나>   <다>   <라>

1) 5분 후 각각의 온도계를 측정하여 표를 완성하여 보자.

온도계	<가>	<나>	<다>	<라>
1회 측정	50℃	45℃	35℃	30℃
2회 측정	51℃	45℃	35℃	31℃
3회 측정	50℃	45℃	35℃	29℃
평균값	50.05℃	45℃	35℃	30℃

2) 측정값을 그래프로 나타내어보자.

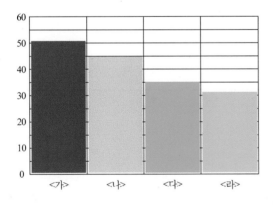

<가>   <나>   <다>   <라>

3) 다음 질문에 답하여 보자.

① 가장 따뜻한 온도계는 어느 것인가? <가>
② 가장 차가운 온도계는 어느 것인가? <라>
③ 만약 <가>와 <나> 사이에 온도계가 있다면, 몇 도를 나타낼까?
   (47℃)
④ 각 2cm 사이에는 몇 도 차이가 나는가? (7℃)

☀ 유의점

☞ 온도계 간격을 일정하게 설
   치하도록 한다.

☞ 반복 측정을 통하여 보다
   정밀한 측정값을 얻을 수
   있음을 이해하도록 한다.

☞ 그래프의 간격이 넓으므로
   측정한 데이터를 그래프로
   정확히 나타내는 방법을
   지도한다.

☞ 측정한 데이터를 다른 방
   법으로 적용할 수 있는 방
   법을 이해시키도록 한다.

:: 활동 목표

① 온도를 바르게 측정할 수 있다.
② 측정한 온도를 표와 그래프로 나타내고, 해석할 수 있다.

❓ 다음과 같은 장치를 꾸며보자.

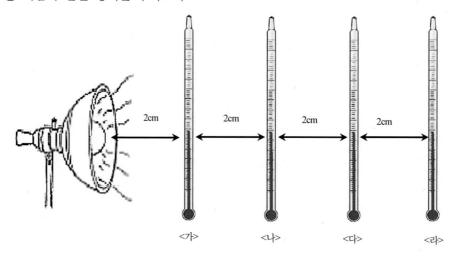

1) 5분 후 각각의 온도계를 측정하여 표를 완성하여 보자.

온도계	<가>	<나>	<다>	<라>
1회 측정	℃	℃	℃	℃
2회 측정	℃	℃	℃	℃
3회 측정	℃	℃	℃	℃
평균값	℃	℃	℃	℃

2) 측정값을 그래프로 나타내보자.

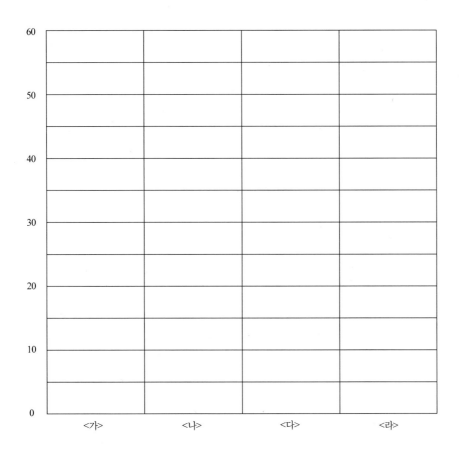

3) 다음 질문에 답하여 보자.

① 가장 따뜻한 온도계는 어느 것인가?

② 가장 차가운 온도계는 어느 것인가?

③ 만약 <가>와 <나> 사이에 온도계가 있다면, 몇 도를 나타낼까?

④ 각 2cm 사이에는 몇 도 차이가 나는가?

제IV단계: 무게 또는 질량

주제 7 **학용품의 무게**

:: **활동 목표**

① 무게를 비교하여 상대적인 크기로 나타낼 수 있다.
② 양팔 저울을 사용하여 대상의 무게를 비교할 수 있다.

1. 어림하기	• 주어진 대상을 어림하여 측정한다.
2. 어림 방법 말하기	• 어림한 방법을 이야기한다.
3. 측정 방법 고안	• 여러 가지 무게 비교 방법을 고안한다.
4. 양팔 저울 사용	• 주어진 대상들을 양팔 저울을 사용하여 무게를 비교한다.
5. 측정 결과 비교	• 어림 측정한 결과와 임의 단위로 측정한 결과를 비교한다.

:: **준비물**

연필, 자, 볼펜, 지우개, 칼, 가위 등

지도 예시

❓ 가장 무거운 학용품부터 순서대로 적어봅시다.
(가장 무거운 것＝1, 가장 가벼운 것＝5)

학용품	연필	볼펜	칼	지우개	자
순서	5	4	1	3	2

❓ 어떻게 순서를 정할 수 있었나요?

크기를 보고 정하였다.
재질을 보고 정하였다.
색깔을 보고 정하였다.

❓ 저울이 없을 때, 학용품의 무게를 비교할 수 있는 방법을 생각해봅시다.

손으로 들어보고 짐작한다.
양팔 저울을 사용한다.
끈으로 묶어서 손가락 위에 올려놓는다.

♀ 유의점

☞ 어림 측정을 하는 단계이다.
이를 통하여 측정도구의 필
요성을 가지도록 한다.

☞ 발산적 사고를 요구하도록
하고, 학생들이 대답한 것
을 정교화하도록 한다.

❓ 양팔저울을 사용하여 학용품의 무게를 측정하고, 상대적인 순서로 나타내봅시
다(가장 무거운 것＝1, 가장 가벼운 것＝5)

학용품	연필	볼펜	지우개	칼	자
순서	4	5	3	1	2

❓ 처음에 정한 순서와 실제 측정으로 얻은 순서가 똑같나요? 다르면, 몇 개가 다
릅니까? 그 이유는 무엇일까요?

4개가 다릅니다.
눈으로 보고 생각한 것과는 다릅니다.

☞ 정밀한 측정도구의 필요성을
확인하도록 한다.

:: 활동 목표

① 무게를 비교하여 상대적인 크기로 나타낼 수 있다.
② 양팔저울을 사용하여 대상의 무게를 비교할 수 있다.

❷ 가장 무거운 학용품부터 순서대로 적어봅시다.

　(가장 무거운 것=1, 가장 가벼운 것=5)

학용품	연필	볼펜			
순서					

❷ 어떻게 순서를 정할 수 있었나요?

❷ 저울이 없을 때, 학용품의 무게를 비교할 수 있는 방법을 생각해봅시다.

◎ 양팔저울을 사용하여 학용품의 무게를 측정하고, 상대적인 순서로 나타내봅시다(가장 무거운 것=1, 가장 가벼운 것=5)

학용품	연필	볼펜			
순서					

◎ 처음에 정한 순서와 실제 측정으로 얻은 순서가 똑같나요? 다르면, 몇 개가 다릅니까?

과자의 무게

:: 활동 목표

① 무게 또는 질량을 측정하는 윗접시저울을 이해할 수 있다.
② 윗접시저울을 사용하여 과자의 무게를 측정할 수 있다.

:: 학습 개요

1. 측정 도구 이해

• 윗접시저울의 명칭과 사용법을 이해할 수 있다.

2. 과자의 무게 측정

• 주어진 과자의 무게를 윗접시저울을 사용하여 측정할 수 있다.

:: 준비물

클립, 여러 회사의 과자, 윗접시저울, 분동

지도 예시

❓ 윗접시저울의 명칭과 사용법을 알아보자.

💡 유의점

☞ 실제 윗접시저울을 사용하여 지도하도록 한다.

1) 윗접시저울의 명칭과 쓰임새를 알아보자.

조정 나사: 바늘이 0점에 오도록 조정하는 나사
접시: 물체와 추를 올려놓는 곳
팔 받침: 팔이 크게 움직이는 것을 막아 주는 역할
분동: 분동을 이용하여 무게를 잰다(100g, 10g, 1g, 500mg, 200mg 등이 있다).

2) 조정나사를 이용하여 바늘을 0점에 맞추어보자. 왜 0점을 맞추어야 하는가?

수평이 된 다음, 한쪽에 물건을 올려놓고 다른 쪽에 분동을 올려서 무게를 재기 위하여

3) 왼쪽 접시에 클립을 올려놓고, 오른쪽 접시에도 클립을 놓아보자. 바늘이 어디를 가리키는가? 두 클립의 질량은 어떠하다고 할 수 있는가?

0점을 가리킨다. 두 클립의 질량 또는 무게는 같다.

4) 왼쪽 접시에 과자를 올려놓고, 오른쪽 접시에 클립을 놓아보자. 어느 것이 더 무거운가? 어떻게 그것을 알았는가?

과자가 더 무겁다. 과자 쪽으로 접시가 기울어졌다. 무거운 쪽으로 기운다.

❓ 윗접시저울을 사용하여 과자의 무게를 측정하여 보자.

과자	A 회사	B 회사	C 회사	D 회사
1회 측정	3.8g	3.4g	6.8g	2.4g
2회 측정	3.8g	3.6g	6.5g	2.5g
3회 측정	3.8g	3.5g	6.5g	2.4g
평균값	3.8g	3.5g	6.6g	2.45g

☞ 반복 측정을 통하여 정밀한 측정값을 얻도록 한다.

:: **활동 목표**

① 무게 또는 질량을 측정하는 윗접시저울을 이해할 수 있다.
② 윗접시저울을 사용하여 과자의 무게를 측정할 수 있다.

❷ 윗접시저울의 명칭과 사용법을 알아보자.

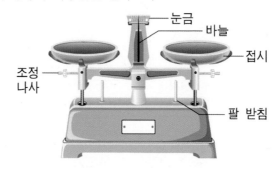

1) 윗접시저울의 명칭과 쓰임새를 알아보자.

2) 조정나사를 이용하여 바늘을 0점에 맞추어보자. 왜 0점을 맞추어야 하는가?

3) 왼쪽 접시에 클립을 올려놓고, 오른쪽 접시에도 클립을 놓아보자. 바늘이 어디를 가리키는가? 두 클립의 질량은 어떠하다고 할 수 있는가?

4) 왼쪽 접시에 과자를 올려놓고, 오른쪽 접시에 클립을 놓아보자. 어느 것이 더 무거운가? 어떻게 그것을 알았는가?

📍 윗접시저울을 사용하여 과자의 무게를 측정하여 보자.

과자	A 회사	B 회사	C 회사	D 회사
1회 측정	g	g	g	g
2회 측정	g	g	g	g
3회 측정	g	g	g	g
평균값	g	g	g	g

제 Ⅴ 단계: 부피

주제 9 액체의 부피

:: **활동 목표**

① 부피를 직접적인 비교나 임의의 단위로 측정하여 상대적인 크기로 나타낼 수 있다.
② 부피를 잴 때 표준 측정 도구의 필요성을 이야기할 수 있다.

1. 어림하기	• 주어진 대상을 어림하여 측정한다.
2. 어림 방법 말하기	• 어림한 방법을 이야기한다.
3. 측정 방법 고안	• 여러 가지 측정 방법을 고안한다.
4. 임의 단위 측정	• 주어진 대상을 임의 단위로 측정한다.
5. 측정 결과 확인	• 어림 측정한 결과와 임의 단위로 측정한 결과를 비교한다.

:: **준비물**

집기병, 막사자발, 삼각 플라스크, 둥근 플라스크, 비커 등 비슷한 부피의 실험 기구

지도 예시

❓ 물이 가장 많이 들어가는 순서대로 적어봅시다.

　(가장 많이 들어가는 것＝1, 가장 적게 들어가는 것＝5)

신체	집기병	막자사발	삼각 플라스크	둥근 플라스크	비커
순서	4	5	2	1	3

❓ 어떻게 순서를 정할 수 있었나요?

용기의 크기를 비교하였다.
물이 들어갔을 때, 용기의 면적을 생각했다.

❓ 실험기구에 들어가는 물의 부피를 비교할 수 있는 방법을 생각해봅시다.

한 실험 기구에 물을 넣어본 다음, 다시 다른 실험 기구에 물을 넣어 본다.
서로 물을 넣어서 넘치는지 확인한다.
구슬을 넣어본다.
작은 종이컵을 이용하여 들어가는 물의 양을 확인한다.

❓ 작은 종이컵을 이용하여 실험기구의 부피를 측정하여 보고, 순서를 적어봅시다.

　(가장 많이 들어가는 것＝1, 가장 적게 들어가는 것＝5)

신체	집기병	막자사발	삼각 플라스크	둥근 플라스크	비커
측정	3컵	4.5컵	7컵	8.5컵	7.5컵
순서	5	4	3	1	2

❓ 처음에 정한 순서와 실제 측정으로 얻은 순서가 똑같나요? 다르면, 몇 개가 다릅니까? 또 알게 된 점을 적어봅시다.

3개가 다르다.
보는 것과 실제 부피는 다를 수 있다.
더 정밀한 측정을 할 수 있는 방법을 알고 싶다.

💡 유의점

☞ 어림 측정을 하는 단계로 이를 통하여 측정도구의 필요성을 가지도록 한다.

☞ 발산적 사고를 요구하도록 하고, 학생들이 대답한 것을 정교화하도록 요구한다.

☞ 부피의 임의 단위는 작은 종류의 용기를 사용한다.

☞ 측정도구의 필요성을 확인하도록 한다.

:: **활동 목표**

① 부피를 직접적인 비교나 임의의 단위로 측정하여 상대적인 크기로 나타낼 수 있다.
② 부피를 잴 때 표준 측정 도구의 필요성을 이야기할 수 있다.

❓ 물이 가장 많이 들어가는 순서대로 적어봅시다.

(가장 많이 들어가는 것=1, 가장 적게 들어가는 것=5)

신체	집기병	막자사발	삼각 플라스크	둥근 플라스크	비커
순서					

❓ 어떻게 순서를 정할 수 있었나요?

❓ 실험기구에 들어가는 물의 부피를 비교할 수 있는 방법을 생각해봅시다.

◉ 여러분이 고안한 방법으로 실험기구의 부피를 측정하여 보고, 순서를 적어봅시다.
(가장 많이 들어가는 것=1, 가장 적게 들어가는 것=5)

신체	집기병	막자사발	삼각 플라스크	둥근 플라스크	비커
측정					
순서					

◉ 처음에 정한 순서와 실제 측정으로 얻은 순서가 똑같나요? 다르면, 몇 개가 다릅니까? 또 알게 된 점을 적어봅시다.

주제 10 고체의 부피

:: **활동 목표**

① 측정 대상을 확인하고, 알맞은 부피 측정 방법을 고안할 수 있다.
② 측정 도구를 사용하여 정밀한 부피 측정을 할 수 있다.

:: **학습 개요**

1. 눈금 실린더 읽기	• 눈금 실린더로 부피를 측정하는 방법을 이해한다.
⬇	
2. 측정 대상 확인	• 측정할 대상을 고무 찰흙을 이용하여 만든다.
⬇	
3. 측정 방법 고안	• 여러 가지 방법으로 측정할 수 있는 도구를 생각한다.
⬇	
4. 대상의 부피 측정	• 측정 도구를 사용하여 반복하여 측정한다.
⬇	
5. 측정 결과 발표	• 측정값을 평균내거나 빈도가 높은 측정값을 말한다.

:: **준비물**

눈금 실린더, 고무 찰흙

❓ 다음 눈금 실린더의 액체의 양은 얼마인가요?

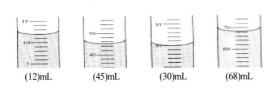

(12)mL   (45)mL   (30)mL   (68)mL

💡 유의점

☞ 액체의 부피 측정을 위한 표 준 도구로서 눈금 실린더를 소개한다.

❓ 고무찰흙으로 여러 가지 모양을 만들어보자(별 모양, 달 모양 등).

☞ 측정 대상을 만드는 것에 많 은 시간이 걸리지 않도록 유 의한다.

❓ 어떤 것이 부피가 클까? 알 수 있는 방법을 생각해보자.

다 같이 동그랗게 만든 후 비교한다.
물이 든 눈금 실린더에 넣었을 때 올라간 물 높이가 물체의 부피이다.

☞ 고체의 부피 측정을 할 수 있는 다양한 방법을 고안하 도록 한다.

❓ 눈금 실린더를 사용하여 고무찰흙의 부피를 측정하여 보자.
(부피가 가장 큰 것=1, 가장 작은 것=5)

고무찰흙의 모양	별 모양	달 모양	정육면체	원기둥	토끼
예상 순서	5	2	1	3	4
측정값	7mL	8mL	6.5mL	7.3mL	4mL
실제 순서	3	1	4	2	5

❓ 처음에 정한 순서와 실제 측정으로 얻은 순서가 똑같나요? 다르면, 몇 개가 다 릅니까? 정확한 측정을 위해 필요한 것을 말하여 봅시다.

5개가 다르다.
보는 것과 실제 부피는 다를 수 있다.
눈금 실린더를 사용하여 정확하게 부피를 측정할 수 있었다.

:: **활동 목표**

① 측정 대상을 확인하고, 알맞은 부피 측정 방법을 고안할 수 있다.
② 측정 도구를 사용하여 정밀한 부피 측정을 할 수 있다.

⑦ 다음 눈금 실린더의 액체의 양은 얼마인가요?

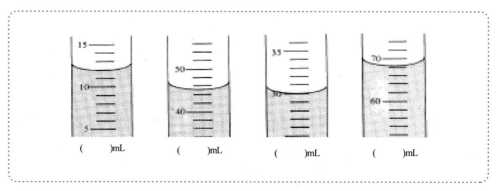

( )mL ( )mL ( )mL ( )mL

⑦ 고무찰흙으로 여러 가지 모양을 만들어보자(별 모양, 달 모양 등).

⑦ 어떤 것이 부피가 클까? 알 수 있는 방법을 생각해보자.

❓ 눈금 실린더를 사용하여 고무찰흙의 부피를 측정하여 보자.

(부피가 가장 큰 것=1, 가장 작은 것=5)

고무찰흙의 모양	별 모양	달 모양			
예상					
측정값	mL	mL	mL	mL	mL
실제 순서					

❓ 처음에 정한 순서와 실제 측정으로 얻은 순서가 똑같나요? 다르면, 몇 개가 다릅니까? 그 이유는 무엇일까요?

III. 결론

　과학에서 관찰 활동을 할 경우 단순한 관찰로 끝나는 경우도 있지만, 단순한 관찰에서 끝나지 않고 보다 정밀한 측정을 거치는 경우가 많다. 따라서 측정은 외부세계의 경험을 정량화하는 관찰 과정으로 넓은 의미에서 관찰의 한 부분이라고 할 수 있다.

　측정에는 측정하는 능력과 측정 도구를 선택하는 능력이 포함되며, 측정의 과정에는 실험의 성격과 부합하는 적절한 정밀도 수준을 정하는 일부터 시작하여 측정값의 유효 숫자 속에서 오차를 확인하는 과정이 포함된다(정귀향과 김범기, 1997). 따라서 측정의 정확도를 높이기 위해서는 측정 도구의 선택과 측정 기능의 숙련도, 측정 태도, 측정 횟수, 측정에 영향을 미치는 변인 통제, 그리고 원리적으로 합당한 측정 방법이나 과정들을 충분히 고려해야 한다. 그러므로 측정은 관찰을 수량화하는 활동이며, 측정 도구의 선택과 사용, 단위 선택, 측정 범위와 구간, 어림셈, 오차와 정확도, 반복 가능성(신뢰성) 등에 대한 이해를 필요로 하는 기능이다(교육 인적 자원부, 2002).

　또한 측정 활동이란 어떤 사물을 임의의 도구나 표준 도구를 사용하여 정량화하는 활동을 말한다. 이러한 측정 활동은 학교 과학 실험 목적과 관련하여 학생들이 지식 주장을 할 때 근거가 되는 자료 수집 및 학생들의 표준 실험 도구를 사용하는 능력 발달과 직접적인 관계가 있다. 따라서 학생들이 실험 설계, 자료 분석 및 실험 결과 해석을 위해서는 자신의 지식 주장과 자료의 본성에 대한 이해를 충분히 가지고 있어야 한다(Leach, 2002).

참고문헌

교육 인적 자원부(2001), 『초등학교 교사용 지도서 과학』, 4-1~6-2, 교육인적자원부.

이범홍·김주훈·이양락·홍미영·신동희(2000), 「과학과 탐구과정의 하위 요소 추출 및 위계화(연구보고 RR 98-6)」, 한국교원대학교 교과교육공동연구소.

정귀향·김범기(1997), 「초등학생들의 측정 수행 능력 평가」, 『한국과학교육학회지』, 17(2), pp.127~137.

AAAS(American Association for the Advancement of Science) (1990), SAPA Ⅱ, New Hampshire: Delta Education, INC.

Coelho S. & Séré M. G.(1998), Pupil's reasoning and practice during hands-on activities in the measurement phase, *Research in Science & Technological Education*, 16(1), pp.79~96.

Cohen M. R., Cooney T. M., Hawthorne C. M., McCormack A. J., Pasachoff J. M., Pasachoff N., Rhines K. L. & Slesnick I. L.(1989), Discover science, Glenview: Scott, Foresman and Company.

Funk H. J., Fiel R. L., Okey J. R. & Jaus H. H.(1985), Learning science process skills, Kebdall/Hunt Publishing Company.

Hackling M. W. & Garnett P. J.(1995), The development of expertise in science investigation skills, *Australian Science Teachers Journal*, 41(4), pp.80~86.

Howe A. C. & Jones L.(1999), Engaging children in Science, Macmillan Publishing Company.

Holmes & Neal J.(1991), Teach Measurement in elementary school science, Washington DC: NSTA.

Leach J.(2002), Student's understanding of the nature of science and its influence on labwork, In Psillos D. & Niedderer H. (Eds.), Teaching and Learning in the Science Laboratory(pp.41~48), Netherlands: Kluwer Academic Publishers.

Martin D. J.(2001), Constructing Early Childhood Science, NY: Delmar Publishers.

Ostlund K. L.(1992), Science process skills: Assessing hands-on student performance, Addison-Wesley Innovative Division.

PSSC 번역위원회 역(1996), 『PSSC 물리』, 탐구당, pp.189~198.

[원전: Physical Science Study Committee, PSSC 물리, USA: PSSC.]

Step 06

자유탐구기법
따라하기

Ⅰ. 서론

과학은 실험실 안에서 연구하는 과학자들만을 위한 것이 아니다. 일부 학생들은 과학을 때때로 지루한 과목으로 여기고, 일부 교사들은 과학을 가르치는 것을 어렵게만 생각하는데 이는 과학의 의미를 정확하게 이해하지 못하고 있기 때문이다. 또한 현행 과학교과서에 제시된 탐구 활동은 대부분 부분적으로 탐구활동을 경험할 수 있도록 구성되어 있어서 학생들이 호기심을 바탕으로 의문을 만들고, 탐구를 설계하고, 수행, 결과 해석 및 결론 도출 등 종합적으로 탐구하는 기회를 갖기 어렵게 되어 있다. 또한 교사들의 잘못된 인식은 학교에서 이루어지는 실험 활동에서 단순히 실험방법적인 면과 지적 내용을 강조하여 학생들이 탐구에 흥미를 잃게 하며, 실험은 단순히 이론이나 결과를 확인하기 위한 활동으로 여겨져 참다운 의미의 탐구가 이루어지기 어렵다. 이러한 점에서 2007 개정 교육과정에서는 학생들의 과학적 탐구의 장을 학교 실험실 상황에서 가정, 야외, 현장으로 확대하여, 학생들이 과학에 흥미를 가지고 탐구하고 싶은 주제를 선정하여, 자기 주도적인 일련의 탐구과정을 경험할 수 있는 '자유탐구'가 반영되었다.

자유탐구의 효과적인 지도를 위해서는 학생들이 과학적 탐구에 대해 바르게 이해할 수 있도록 교사가 먼저 과학적 탐구에 대해 바르게 인식할 필요가 있다. 과학은 삶과 죽음, 바다와 지구, 식물과 동물을 공부하는 학문이다. 과학은 아주 작은 물질에서 하는 것이 과학부터 아주 넓은 우주에 이르기까지 연구한다. 현대 사회에서 과학은 일상생활의 첨단 기술들의 근원이 되고 있다. 운동선수들이 장대를 이용해 아주 높이까지 점프할 수 있는 이유와 야구에서 변화구를 타자가 정확하게 맞추기 어려운 이유에 대해 설명을 하는 것도 과학으로 설명할 수 있다. 우주 비행사가 우주 공간에서 탐사할 수 있는 것도 과학 연구의 발전 때문이다. 과학은 왜 우리 아이들이 우리를 닮게 되는지 혹은 우리를 닮지 않는 부분이 생기는지에 대한 답을 쥐고 있다. 과학 연구는 끔찍한 질병을 치료하거나 예방하는 역할을 해왔다. 과학은 우리를 돕기도 한다. 또한 과학은 우리의 후손들에게 물려줄 지구를 안전하고 아름답게 지켜내기 위한 방법을 결정할 수 있게 돕는다. 많은 사람들은 "창의적"이라는 단어를 과학보다는 미술, 음악, 무용, 시, 소설 같은 예술적인 면에 사용한다. 하지만 혜성의 경로를 어떻게 나타낼 것인지와 같은 과학적인 문제해결에 있어서도 창의적인 생각이 필요하다. 예술가가 캔버스에 채색을 하는 방법에서 발휘할 수 있는 창의력의 범위보다 과학에서 창의적인 면을 발휘할 수 있는 논리적인 사고의 범위가 더 넓으며, 정해진 한계가 없다. 창의적인 사고가 없다면 과학은 아주 미비하게 발전했을 것이다.

이처럼 과학은 창의적인 생각으로 인류 발전에 기여해 왔고, 앞으로 인류가 살아갈 희망이기도 하다. 따라서 학생들이 과학을 통해 창의적 산출물을 만들어가는 과정은 미래사회를 위한 소중한 경험이다. 하지만 현재 과학수업을 생각해보면 우리는 지식을 잘 전달하기 위해서만 다양한 수업 방법과 전략을 사용하고 있는 것은 아닌지 생각해볼 필요가 있다. 과학수업시간에 무심코 하는 교수 행동들이 얼마나 진지한 고민과 노력을 통해 쌓아온 것인가? 과학수업시간에 의례적으로 교과서를 펴고, 내용 지식을 설명하고, 요리책처럼 실험활동을 안내하고 있지는 않은가? 과학을 어떻게 가르쳐야 하는지에 대한 이해와 노력 없이 과학을 가르치고 있는 것은 아닌가? 또는 과학 내용을 어떻게 하면 잘 전달할 수 있을지에 대해서만 고민하고 있지는 않은가?

이러한 점에서 학생들이 주변의 세계에 대해 의문을 갖고, 탐구 주제를 선택하여 설계하고 결론을 이끌어내는 탐구의 전 과정을 경험해보도록 하는 것은 매우 중요하다. 자유탐구를 통해 학생들 스스로 장기간 탐구함으로써 종합적인 탐구 능력을 기를 수 있고, 학생들이 스스로 문제를 발견하고 해결해가는 참다운 과학의 과정을 배울 수 있는 소중한 기회가 될 것이다. 하지만 실제 현장에서는 학생들이 스스로 자유탐구의 주제를 선정하고 계획을 수립하여 실천하기에 어려움을 겪고 있으며, 교사들은 자유탐구 지도방법의 안내 부족, 지도 방법에 대한 이해 부족, 장기간 학습 지도 등에 어려움을 겪고 있다. 여기서는 교사들이 자유탐구를 효과적으로 지도하기 위해 필요한 과학과 탐구의 의미와 학생들이 발견해가는 과정을 경험해보는 자유탐구 방법에 대해 살펴보고자 한다.

II. 본론

1. 어린 학생들이 과학(자유탐구)을 할 수 있을까?

아이들에게 어떻게 실험을 계획하고 데이터를 분석하는지 그 방법을 보여주는 것은 미래 과학의 발전들을 이해하고 면밀하게 살펴볼 수 있는 안목을 기르는 데 도움을 줄 것이다. 과학에 대한 긍정적인 태도를 갖는 것은 자신의 논리적 사고 기능을 점검해볼 수 있는 기회를 가져다준다. 과학은 어려운 과목이다. 세상에 알려져 있는 대부분의 흥미로운 것들, 도전, 그리고 중요한 문제들은 전문적인 과학자들이 연구해 놓은 것들이다. 그러나 과학은 어느 단계 수준에 있는 아이들도 과학적인 연구를 할 수 있다. 너무 복잡한 설명으로 겁을 주지 않더라도 아이들은 분석적인 사고의 아름다움, 자연의 완벽함, 조사할 때 느끼는 스릴에 대해 기쁨을 느낄 수 있는 방법을 배울 수 있다. 과학수업시간은 아이들이 과학을 통해 재미를 느끼고, 과학을 이해할 수 있으며, 유용하고, 흥미롭다는 사실에 대해서 대화를 나누는 시간이다. 학생들이 꼭 로켓을 연구하는 과학자가 되어서 실험을 할 필요까지는 없다. 단지 마음을 열고 문제를 해결하려는 욕구만 있으면 된다. 또 학생들이 할 수 있는 과학은 학생 수준에 맞는 정보면 충분하다. 과학을 위해 조사활동이 필요한 것은 분명하지만 "연이 어떻게 해서 하늘을 날 수 있는 것일까?"를 해결하기 위해 아이의 실험 설계를 돕기 위해 힘들게 대학 물리 전공 서적까지 통틀어서 조사할 필요까지는 없다. 다음은 어린 학생들이 어떻게 자유탐구를 할 수 있는지 몇 가지 예를 통해 살펴보도록 하자.

1) 학생들은 문제에 대한 다양한 변인을 생각할 수 있다.

```
┌─────────────────────────────────────────────────────────┐
│              의문: 연이 어떻게 하늘을 날 수 있을까?              │
└─────────────────────────────────────────────────────────┘
                          ↓              (다양한 변인의 복합적 작용)
┌─────────────────────────────────────────────────────────┐
│                  다양한 변인들을 생각해낼 수 있다.               │
│        (연의 모양, 크기, 무게, 연의 구성 재료, 조정 능력)         │
└─────────────────────────────────────────────────────────┘
```

- 다양한 변인들의 한 가지 한 가지가 탐구를 위해 고려될 수 있다.
- 연의 모양, 크기, 무게, 연을 구성하는 물질, 연을 조정하는 능력과 관련하여 조사 할 수 있는 모든 실험을 생각해보아라.

2) 문제를 해결하기 위해 수준에 맞는 정보(개념)를 찾을 수 있다.

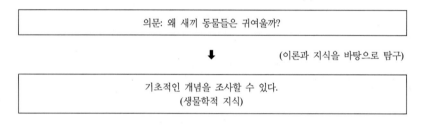

```
┌─────────────────────────────────────────────────────────┐
│                의문: 왜 새끼 동물들은 귀여울까?                 │
└─────────────────────────────────────────────────────────┘
                          ↓              (이론과 지식을 바탕으로 탐구)
┌─────────────────────────────────────────────────────────┐
│                  기초적인 개념을 조사할 수 있다.                 │
│                      (생물학적 지식)                         │
└─────────────────────────────────────────────────────────┘
```

"왜 새끼 동물들은 귀여울까?"라는 의문에 대해 5학년 학생들이 과학적인 방법으로 탐구하려고 한다. 먼저 어떻게 다윈의 이론을 어린 동물들에게 적용할지 생각해본다. 귀여움은 생존하기 유리하다. 부드러운 털과 푹신푹신한 깃털은 어린 동물이나 새들이 따뜻하게 지낼 수 있도록 도와준다. 새끼 사슴의 점은 포식자로부터 숨을 때 위장술이 되기도 하고, 얼룩말 새끼의 긴 다리는 태어나자마자 자신의 무리와 함께 뛰어갈 수 있도록 해준다. 어린 동물들이 놀고 있는 동안, 그들은 뛰거나 사냥하는 것과 같은 생존에 중요한 기술들이 발전한다. 물론 세부적인 생물학적인 시스템도 연구되어져야 하겠지만 많은 세부적인 견해를 가지려면 기초적인 개념이 있어야 한다. 기초적인 개념도 없이 실험만 하는 것은 참다운 탐구라고 할 수 없다. 학생들은 문제를 해결하기 위해 기존에 쌓아놓은 지식을 스스로 찾아보고 그것을 바탕으로 문제를 해결할 수 있다.

3) 의문을 직접적으로 알아볼 수 있는 실험을 계획할 수 있다.

의문: 어떻게 악기에서 소리가 만들어지는 것일까?

↓   (실험을 통해 탐구)

소리를 낼 수 있는 장치를 제작할 수 있다

"어떻게 악기에서 소리가 만들어지는 것일까?"라는 의문에 어린이들은 소리의 파동(음파)과 떨림에 대한 생각을 검토하면서 어떻게 악기가 소리를 만들어 내는지에 대해 알아낼 수 있는 실험을 고안해 낼 수 있다. 우리가 소리를 들을 때 떨림을 지각하게 된다. 우리가 귀를 통해서 감지하는 떨림은 음파의 형태로 공기 중에서 전달된 것이다. 느린 진동은 낮음 음을 만들어 내고, 빠른 진동은 높은 음을 만들어 낸다. 이것은 실험을 고안하기 위한 기반이 된다. 고무 밴드를 당겨서 튕기거나, 각각 다른 양으로 물을 채운 병을 두들기거나, 막혀져 있는 유리병의 가장자리 주변을 물에 젖은 손으로 비비거나, 종을 울리는 등의 여러 가지 방법으로 진동을 가진 소리를 만들어 낼 수 있다. 만약 학생들이 "어떻게 악기에서 소리가 만들어지는 것일까?"라는 자유탐구 주제에 대해 탐구하면서 방향을 잃는다면 교사가 힌트를 주어 방향을 바로잡을 수 있도록 지도할 필요가 있다.

2. 어떻게 자유탐구를 지도해야 할까?

학생들에게 여러 가지 방법으로 자유탐구의 주제를 선정하도록 할 수 있다. 먼저 아이들이 과학에 대해 품게 되는 질문으로부터 시작하는 방법이 있다. 그런 다음 학생들은 자신들의 질문에 대한 답을 찾기 위해 실험을 구성할 것이고 나타난 데이터들로부터 분석하는 방법을 배울 것이다. 따라서 모든 학생들은 질문하도록 독려 되어서야 한다. 실험통제는 과학을 모방하는 것이기도 하다. 그래프를 그리고 실험 노트를 준비하고 과학 포스터를 창조하는 데 도움이 될 각 조언들은 그 어떤 실험에도 적용이 가능한 것들이다. 무엇보다도 가장 중요한건, 아이들 스스로 실험에 대한 개인적인 관점을 갖는 것이다. 아이들은 본래 호기심이 많고, 과학은 그들 자신의 세계에 대해 배울 수 있는 방법이 된다. Dr. Bruce Alberts(President of the National Academy of Sciences)는 "과학을 학습한다는 것은 학생들에게 과학을 가르쳤다는 것을 의미하는 것이 아니라, 학생들이 과학을 하고 있다는 것을 의미한다"라고 말하였다. 학생들이 실험을 직접 하는 것뿐만 아니라, 그들이 처음 갖게 되는 아이디어 발상, 그들의 발상 정리, 실험 계획 세우는 것, 실험 통제를 수행하는 것, 분석하는 것, 결과를 제시하는 것 모두가 과학에서 다루어져야 한다. 하지만 이와 같이 학생들이 과학을 이해하고 스스로 탐구하도록 하는 일은 쉬운 일이 아니다. 학생들이 어떻게 자연현상에 대해 질문을 갖고 스스로 탐구하도록 할 수 있을까?

1) 아이들이 궁금해 하는 과학 질문으로 시작해라

우리를 둘러싸고 있는 세상은 매우 매혹적이며, 아이들은 그들 자신 스스로에 대해서, 그들의 환경에 대해서 자연적으로 호기심을 가지고 있다. 교사는 그 호기심에 문을 두드리기 위해 학생들로부터 다양한 질문들을 받아야 한다. 질문들은 주제에 따라서, 영역에 따라서, 난이도에 따라서 분류하도록 한다. "우리 교실은 얼마나 넓을까"와 같이 어떤 질문들은 쉽게 답을 찾을 수 있는 것도 있고, "암을 치료할 수 있는 약은 없을까?"와 같이 쉽게 해결할 수 없지만, 나중에 노벨상을 받을 만큼 가치가 있는 중요한 문제들의 힌트가 되는 것들도 있을 것이다. 학생들의 의문이 너무 쉽다고, 또는 너무 어려워 불가능하다고 호기심을 가지고 의문을 만들어내는 것을 막아서는 안 된다. 학생들이 여러 가지를 열거하고 분류하는 과정에서 스스로 매혹적이면서 지금 할 수 있는 문제들을 찾도록 지도하면 된다. 이와 같이 학생들 스스로 물어보는 질문들과 함께 시작함으로써, 우리는 그들의 동기(흥미)와 함께 시작할 수 있다.

2) 어떻게 질문이 실험으로 바뀌게 되는지 시범 보여라

학생들은 아직 과학적 탐구의 경험이 없기 때문에 스스로 실험을 설계하기는 어렵다. 따라서 먼저 여러 개의 예를 들어 어떻게 질문들이 뚜렷해지고, 세련되어지는지 보여줄 필요가 있다. 앞에서 분류되고 정제된 질문들은 실험의 핵심이 된다. 물론 모든 질문들이 실험으로 연결되지 않아도 된다. 하지만 만약 충분히 괜찮은 질문을 골랐다면, 분명 거기에 꼭 맞는 실험이 있을 것이다. 안내자 역할을 할 어른(학부모)을 섭외하여, 소그룹의 아이들과 함께 실험 모델을 세워서 실험할 수 있다. 하지만 여기서 학부모는 탐구가 어려움에 겪었을 때 도움을 주는 안내자일 뿐 절대 주도적으로 나서서는 안 된다. 자유탐구를 시작하기 전 질문에 가능성이 있는 답을 제시하고, 생각이 옳았는지를 알아 볼 수 있는 방법을 생각해보도록 한다.

3) 통제할 수 있는 실험을 계획해라

자유탐구는 통제할 수 있는 실험을 이용하면 더욱 간단해진다. 실험 통제는 종종 초등 과학 수준에서는 주의 깊게 다루지 않고 지나치기도 하지만, 통제는 결과를 더욱 의미 있게 해 준다. 통제는 탐구과정에서 논리적인 주장에 뼈대가 되기도 한다. 실험이 진행되는 동안 대조군은 기준이 되는 자료를 제공해주며, 실험군은 분석할 자료가 된다. 실험군과 대조군에 관련된 많은 실례들은 왜 그렇게 실험을 설계해야 하는지를 알기 쉽게 설명해 줄 것이다. 만약 실험이 완벽하게 계획되었다면 산출된 데이터를 분석하는 것이 더 쉬워 지게 된다. 통제된 실험의 결과는 정확한 답변을 짚어내기 마련이다.

다음 사례를 통해 살펴보도록 하자.

어느 초등학교에서 매년 운동회 때 줄다리기 경기를 한다고 하자. 팀은 청군과 백군으로 나뉘어 있다. 경기가 끝나자 한 5학년 백군 학생이 매우 격분하며 의아해 했다. "왜 매년 청군이 이기는 거죠?" 어른 들은 이것이 매우 간단하게 우연히 발생한 결과라는 것을 알고 있다. 하지만 과학실험을 하기 위해서는 이와 같이 오해할만한 요인이 발생하는 것을 사전에 제거하는 것이 매우 중요한 일이다. 그렇다면 어떻게 이런 우연성을 제거할 수 있을까? 가장 좋은 방법은 바로 실험을 완벽하게 통제하는 것이다.
① 청군과 백군을 두 팀으로 놓고, 충분한 횟수(적어도 6번 내지 8번)의 경기를 갖는다.
　- 여러 번에 걸친 경기는 나날이 변하는 경기 수준을 "평균내기"에 도움을 줄 수 있다.
② 각각의 팀은 청군과 백군 유니폼을 번갈아 가면서 입어야 한다. 아마 실험의 막바지에 이르러서 경 기에 이기는 것과 유니폼의 색과는 상호 관련성이 없다는 결론이 나올 것으로 생각된다.
　- 만약 모든 경기자가 청군 유니폼이 행운을 준다고 믿는다면, 자신감을 더해주기 때문에 경기 결과 에 영향을 줄 가능성도 있다. 가장 좋은 실험은 "청군 승리 이론"에 대해서 전혀 알지 못하는 경 기자들을 투입시킨 실험이다.
③ 만약 실험이 완벽하게 통제되어 있다면, 데이터로부터 정확한 결론을 도출하기 쉬워진다.

4) 실험하기

실험을 하고 데이터를 수집하는 활동은 실험 설계 단계에서 가장 재미있는 부분이다. 데이터들은 반드시 조직적이고, 주의 깊은 태도로 수집되어야 한다.

5) 무엇을 공부했는지 찾아봐라

어린학생들은 실험을 통해 얻은 많은 결과자료들을 어떻게 처리해야 할지 모르는 경우가 많다. 많은 수의 결과자료들은 학생들을 당황하게 만들고, 숫자로 나타낼 수 없는 값들 또한 혼란스럽게 한다. 초등학생들에게 자유탐구에 있어 가장 어려운 부분이 실험 결과를 정리하는 일일 것이다. 하지만 실험 결과와 데이터들의 값들이 일치하게 하는 일은 재미있고 가치가 있는 일이다. 이는 그래프 그리기, 실험적인 오류, 질적인 분석들, 그리고 데이터를 제시하기를 포함한다. 이러한 주제들은 어린 아이들이 직접 실험하는 데에 유용할 수 있도록 도움이 될 수 있게 지도해야 한다.

3. 자유탐구의 실제

1) 주제 선정하기

(1) 좋은 질문이란?

무엇인가가 이미 알고 있던 것과 맞지 않았을 때, 해결하기 어려운 어떤 문제에 직면을 했을 때 사람들은 질문을 하게 된다. 자유탐구에서 좋은 질문은 문제를 해결하기 위해 조사, 혹은 실험과 같은 방법을 제안할 수 있는 것을 말한다. 좋은 질문은 구체적이고, 실험 가능한 생각을 자세히 묘사한다. 좋은 질문은 정보를 제공하는 답변을 가지고 오며, 모호성이 없는 것이어야 한다. 좋은 질문은 원하는 답변을 얻을 수 있는 도구이기도 하다. 좋은 질문은 문제를 분명하게 드러내게 해주고, 관련 있는 생각을 소개해준다.

(2) 자유탐구를 위한 적절한 질문 찾기

① 조사를 통해 연구 시작하기

주제와 관련해서 책을 통해 읽거나, 다른 사람에게 들은 내용들은 '이 지역에서는 어떤 동물들이 살까?', '태양계에는 어떤 행성들이 있나?'와 같은 질문이 생길 수 있게 해준다. 교육 비디오를 보거나, 인터넷을 통해 조사를 하는 것 또한 도움을 줄 수 있다.

② 일생생활의 경험이나 자연에서 궁금한 것 찾기

아이들을 통해 집으로 전달하거나, 집에서 눈에 잘 띄는 장소에 붙여 놓을 수 있는 안내장을 준비해라. 과학(또는 구체적인 과학 주제)과 관련된 아이들의 질문을 요청해라, 그리고 질문거리가 생각날 수 있도록 아이들에게 며칠 시간을 준다. 그것에 대해서 어떤 생각이 들었는지 기록해 놓을 것을 제안한다.

③ 자신이 좋아하는 것이나 이미 알고 있는 것에 관심 갖기

(3) 실험을 위해 질문 다듬기

질문이 처음에는 매우 막연하고, 확실하게 정의가 내려지지 않는 용어를 사용했을 것이다. 이러한 질문은 아마도 우리가 원하는 해결을 가져다주지 못할 것이다. 질문을 다듬는 과정은 여러 번의 시도가 필요하다. 여러 명의 아이들이 눈 내리는 겨울에 썰매를 타고 있는 장면을 상상해보자. 아이들은 각기 다양한 형태의 썰매를 가져왔고, 서로 바꿔 타며 놀고 있다. 문제는 어떻게 하면 가장 재밌게 탈 수 있는지를 알아내는 것이다. 재밌다(fun)는 것은 사람에 따라 다른 의미를 가질 수 있는 모호한 용어이다. '언덕을 빠르게 내려가는 것'을 '재미'라는 상황으로 정의해보자. '어떻게 하면 빠르게 썰매를 탈 수 있을까?'로 질문을 다시 표현할 수 있다. 또는 '어떤 썰매가 가장 빠르게 나를 언덕 아래로 미끄러져 내려갈 수 있게 해줄까?'가 더 나을 수도 있다. 이제 구체적인 질문으로 바뀌었고, 그 질문은 어떤 실험을 해야 하는지를 분명하게 보여준다. 아이들은 각각의 썰매가 언덕 아래까지 내려가는데 얼마나 걸리는지 측정할 수 있다. 그들은 각각의 썰매가 걸린 시간을 비교하여 어떤 썰매가 가장 빠른지 결정할 수 있다.

(4) 자유탐구를 위한 적당한 질문 고르기

우리는 어떤 썰매가 언덕을 가장 빠르게 내려올 수 있나를 실험해 볼 수 있지만, 티라노사우루스의 피부 색깔이 무엇이었는지를 알아내기 위한 실험을 설계할 수는 없다. 실험에 적합한 질문을 얻을 수 있는 기회를 늘리는 방법은, 많은 수의 질문을 수집하는 것이다. 학생들은 앞으로 실험이 가능한 질문을 뽑기를 희망할 것이다. 다수결에 의해서 질문을 뽑으면 모둠원 모두가 흥미를 유지하는 데 도움을 줄 것이며, 다수의 모둠에서 각자 부분적으로 가지고 있는 문제에 대한 생각을 수집하여 몇 가지의 질문을 고를 수 있게 해준다. 조원들의 경쟁의식을 충족시켜주는 또 다른 방법으로는 한 가지의 주제를 몇 가지 다른 방법으로 조사하게 하는 것이다. 어떤 한 모둠원의 아이가 썰매의 속력을 비교하는 실험을 고안할 때, 다른 모둠원은 썰매 조종 기능에 대해서 조사할 수 있다.

TIP. 모든 질문을 꼭 실험으로 해결할 필요는 없다(자유탐구를 위해서는 적절하지 않음).

- "어떤 보석이 세상에서 제일 가치가 있나요?" '가치'는 대부분 돈과 같은 값어치, 또는 산업 용도에 가장 유용한 것으로 정의될 수 있다. 어느 경우에건, 다이아몬드가 답이 될 수 있다. 만약에 질문이 "어떤 그림이 가장 가치있을까?"라고 해석이 된다면, 조사활동이 필요하다. 또한 이 연구를 하기 위해서 다이아몬드를 구매할 수 없기 때문에 우리는 보석의 값어치를 공식적으로 평가해 놓은 것을 받아들일 수밖에 없다.

- 어떤 질문들은 조사적 접근만이 유일한 방법이기도 하다. "원시인은 어떤 옷을 입고 다녔나요?" 이 질문은 다듬을 필요가 없다. 우리는 원시인을 대상으로 직접 실험을 할 수가 없다. 우리가 가지고 있는 유일한 정보는 화석에서 초기 인류에 대한 것이다. 거기에는 물론 확신할 수는 없지만 그들이 옷을 만들어 입었다는 증거를 찾을 수가 없다. 이를 알기 위해서는 다양한 문헌에 근거하여 원시인을 분류하고, 살았던 지역과 기후를 바탕으로 원시인이 입었던 옷들과 왜 그러한 옷을 입었는지 추론해야 한다.

- "왜 나뭇잎은 녹색인가요?" 이것은 굉장히 복잡한 질문이지만, 문헌연구를 통해서 답할 수 있다. 잎들이 녹색인 이유는 엽록체라고 불리는 화학성분을 포함하고 있기 때문이다. 엽록소는 붉은 빛을 흡수하고 녹색 빛을 반사시킨다. 이를 알기 위해서는 첫째, 빛에 대해서 공부를 해야 답할 수 있다. 빛은 프리즘에 의해서 분산되는데 그래서 서로 다른 색깔을 볼 수 있게 되는 것이다. 둘째, 엽록소, 광합성, 어떻게 식물이 빛과 물, 이산화탄소를 이용하여 설탕(sugars), 녹말, 산소를 만들어내는지에 대한 공부가 이루어져야 한다.

- 새롭고 독창적이어야 한다.
- 실용적이어야 한다.
- 많은 사람들이 관심을 가질 수 있어야 한다.
- 탐구자의 수준에 맞는 현실 가능한 탐구여야 한다.
  ex) 어떤 흙에서 강낭콩이 가장 잘 자랄까?

(5) 조별활동을 통해 질문을 분석하고 주제선정하기

"재미있다는 것은 무슨 뜻이지?", "아, 재미있다는 것은 썰매가 빨리 내려간다는 뜻이구나!"의 의미에 대해서 어떻게 생각하느냐를 한 사람에게 맡기면 안 된다. 왜냐하면 그 단어에는 한 가지 이상의 여러 가지 해석이 있을 수 있기 때문이다. 만약 재미의 의미를 언덕 아래에 있는 가시덤불을 피하는 것이라는 의미로 해석한다면, 조정 기능을 증가시킬 수 있는 썰매의 형태가 어떤 것인지를 찾는 형태의 실험으로 구상될 것이다. 용어를 재정의 내리는 일에 모든 구성원들을 참여시키면, 명확한 질문으로 더 나아가는 데 도움이 될 것이다.

전체 모둠원을 포함시키는 것을 유지하는 이 방법은 브레인스토밍 하는 데 도움을 준다(3장과 관련됨). 브레인스토밍할 때 모둠 구성원 전체를 참여시키라고 조언한다. 모든 아이디어들이 수집된 후에, 그것들은 분석되어진다. 첫째, 아이들의 창의적인 생각을 마음껏 뛰어놀게 하여라. 그런 다음 그들의 제안들을 선별한다.

TIP. 자유탐구 주제 선정을 위해 고려할 점

- 탐구 주제가 자유탐구 성격과 부합하는가?
- 탐구 주제가 실현 가능한가?
- 탐구 주제가 독창적인가?
- 탐구 동기 및 목적이 흥미로운가?
- 탐구 동기 및 목적이 구체적인가?
- 탐구 주제를 선정하는 데 주체적, 적극적으로 참여하는가?

TIP. 자유탐구 주제 선정을 위해 고려할 점

- 탐구 주제가 자유탐구 성격과 부합하는가?
- 탐구 주제가 실현 가능한가?
- 탐구 주제가 독창적인가?
- 탐구 동기 및 목적이 흥미로운가?
- 탐구 동기 및 목적이 구체적인가?
- 탐구 주제를 선정하는 데 주체적, 적극적으로 참여하는가?

<적합하지 않은 주제>
⇨ 주제의 범위가 너무 넓다. ex) 빗물의 재활용
⇨ 구체적이지 않아 실험과정으로 이끌어내기 어렵다. ex) 지하철 용수철 활용

<적합한 주제>
⇨ 얼린 물을 야외에서 오랫동안 시원하게 마시는 방법 탐구
⇨ 비상시 빗물을 먹는 물로 만들어 먹는 방법 탐구

2) 탐구 계획하기

(1) 탐구계획 수립을 위한 체크리스트

사람들이 새롭거나 복잡한 문제에 부딪혔을 때, 질문들은 수면 위로 떠오른다. 최초의 질문은 모호하고, 실험할 수 없는 형태를 가지고 있을지도 모른다. 분명한 언어를 사용함으로써, 질문은 명료해지고 이것은 조사활동 또는 실험의 기초가 될 것이다. "썰매타기를 어떻게 하면 가장 재미있게 탈 수 있을까?"라는 문제로부터 시작하는 예이다. '재미'가 속도와 같은 의미라면, "어떤 썰매가 언덕을 가장 빨리 내려갈까?"로 질문이 결정되고, 실험이 정의될 것이다.

학생들은 종종 곧바로 실험에 뛰어들려는 시도를 한다. 하지만 만약 처음부터 실험이 주의 깊게 계획된다면 결과는 좀 더 깊은 의미를 지닐 것이다. 실험을 계획할 때 반드시 다음과 같은 질문에 답을 포함하고 있어야 한다. Ann(2001)은 다음과 같이 실험 계획 수립을 위한 체크리스트와 예를 제시하였다.

〈실험계획 수립을 위한 확인사항, Ann(2001)〉

정보를 모으는 단계에서 확인할 점	• 조사된 정보는 실험에 어떻게 이용되는가? • 조사 내용이 이 실험을 위해서 주는 시사점이 무엇이니? • 조사된 정보가 실험에서 작용할 것이라고 생각하니?
문제를 해결하기 위해 확인할 점	• 조사된 정보 이외에 실험에서 작용하는지에 대한 또 다른 가능성은 없나? • 가설은 실험이 가능한 것인가? • 어떻게 그 가설을 실험할 것인가? • 우리들의 가설과 다른 가설을 구별 지을 수 있는 실험 결과가 나올 것인가? • 반증 가능한 가설은 없는가? • 실험 속에 들어있는 잠재적인 문제는 무엇인가? • 실험 결과 속에 있는 잠재적인 문제는 무엇인가?

이러한 확인사항은 기술적이고 어려워 보이지만 만약 질문에 답하는 학생들의 용기를 북돋아 주기 위해 브레인스토밍을 사용한다면, 이 체크리스트들을 창의적인 방법으로 다룰 수 있다. 교사나 학부모들은 자유탐구 실험설계 단계에서 이 체크리스트를 통해 아이들을 지도할 수 있다. 그리고 강압적인 방법을 쓰지 않더라도 정보의 필요성을 생각하게 할 수 있다. 이때 브레인스토밍을 한 번에 하는 것보다 여러 번에 나누어서 실행하는 것이 더욱 도움이 될 것이다. 학생이 지치게 되면 브레인스토밍 하는 데 아무런 도움이 되지 못하기 때문이다. 다른 한편 매우 열정적인 학급에서는 브레인스토밍을 나누어 하는 것이 오히려 학생들의 창의적인 생각의 흐름을 단절시킬 수도 있다. 브레인스토밍을 계속해서 진행할 것인지, 다른 활동으로 전환할 것인지는 아이들의 행동과 학급 상황에 따라 결정되어야 한다. 어려운 문제는 종종 하룻밤 지나고 나서 생각하는 것이 오히려 더 도움이 될 때가 있다.

TIP. 브레인스토밍 기법

1. 특징
① 토의를 위한 회의에서 벗어나기 위해 생각나는 대로 발언하는 자유 연상법
② 짧은 시간 내에 방대한 아이디어를 얻기에 효과적임

2. BS의 4가지 기본 규칙
① 판단 보류(Deferment-of-Judgment)
   - 판단은 차후로 미루고, 아이디어를 내는 것에만 집중을 함
② 자유 분방(Free-Wheeling)
   - 누구나 자유롭게 생각하는 대로 말할 수 있음
③ 질보다 양(Quantity yield quality)
   - 비판, 평가는 뒤로 하고 대량의 아이디어를 내놓는 것이 관건
④ 결합 개선(Combination and Improvement)
   - 내 아이디어를 다른 누군가가 개선시키고 발전시키는 것

3. 기법의 전개
① 주제는 구체적인 것을 선택함
② 참가자 전원의 얼굴이 보이도록 책상과 의자를 배치함
③ 모조지 또는 화이트보드 등을 준비함
④ 분위기를 잘 조성하는 사람을 진행자로 선택함
⑤ 참가자는 다른 분야의 전문가로 구성함
⑥ 발언을 전부 기록하고, 키워드로 요약함
⑦ 발상 시간은 1시간 정도, 그 이상이면 휴식 시간을 가짐
⑧ 브레인스토밍의 결과 평가는 하루 정도 지나고 나서 실시함

(2) 탐구계획 수립의 전략의 구체적 사례

① 조사된 정보는 실험에 어떻게 이용되는가?: 왜 썰매는 눈 덮인 언덕에서 아래로 내려오는 것일까?

- 미끄럽기 때문에: 마찰력과 관계됨

- 중력의 힘 때문에

⇨ 좋아. 썰매는 눈이나 얼음 위에 있어서 마찰이 적고, 중력이 아랫방향으로 끌어당기고 있기 때문에 아래로 내려오는 거야. 나에게 마찰과 관련된 책이 있어 모두가 이 책을 봤으면 좋겠다. 우리는 적어도 마찰력과 관련된 사실을 정복했으면 좋겠어.

② 조사 내용이 이 실험을 위해서 주는 시사점이 무엇이니?

⇨ 학급 구성원들은 마찰력과 관련된 조사를 통해 다음과 같은 정보들을 준비한다.
- 어떤 한 물질이 다른 물질에 반하여 스칠 때 마찰력이 발생한다.
- 발생하는 마찰력의 크기는 얼마나 세게 다른 물건에 반하여 스치는가에 따라 비례한다.
- 거칠게 두 물건을 스치는 것에 비해 두 물질이 부드럽게 스치게 되면 적은 양의 마찰력이 발생한다.
- 만약 마찰력이 너무 많다면 절대 두 개의 물체는 움직이거나 미끄러질 수 없어.
- 마찰력은 열을 발생시켜
- 윤활유는 마찰력을 감소시켜

③ 조사된 정보가 실험에서 작용할 것이라고 생각하니?

⇨ 얼음과 썰매 바닥 사이에 얇은 물막을 형성했기 때문에 썰매는 언덕 아래로 미끄러져 내려갈 수가 있어. 물은 윤활유 역할을 한 것이야. 얼음이나 눈이 마찰력 때문에

열이 가해지게 되면 녹아서 물이 만들어지는 거야. 아주 추운 날에는 눈이 녹기 어려워서 썰매는 빠르게 내려가지 못할 것이야. 지금 우리가 사용하려는 썰매를 시험해보자.

④ 조사된 정보 이외에 실험에서 작용하는지에 대한 또 다른 가능성은 없나?

⇨ 혹시 가능한 다른 방법이 있지 않을까? 마찰력 또는 마찰력의 부족은 썰매타기에 중요한 부분인 것처럼 보인다. 누가 어떤 썰매가 가장 빠를지 가설을 제안해보지 않을래?

- 제 생각에는 플라스틱 바닥을 가진 썰매가 가장 빠를 것 같아요. 가장 매끄러운 바닥을 가졌기 때문이에요.

- 나는 가장 가벼운 것이 제일 빠를 것이라고 생각해요.

- 저는 빨간색 썰매가 가장 빠를 것이라고 생각해요.

이와 같은 생각을 가설로 정리하면 다음과 같다. 가설로 정리하면 실험은 더욱 명확해진다.

- 가설 1: 바닥이 제일 부드럽기 때문에 플라스틱 썰매가 제일 빠를 것이다.
- 가설 2: 제일 가볍기 때문에 플라스틱 썰매가 제일 빠를 것이다.
- 가설 3: 빨간색이기 때문에 플라스틱 썰매가 제일 빠를 것이다.

---

⑤ 가설은 실험이 가능한 것인가?

- 3가지 가설 모두 실험하는 것이 가능하다.

⑥ 어떻게 그 가설을 실험할 것인가?

- 눈이 오는 날 썰매를 가지고 직접 확인한다.

- 썰매가 내려오는 시간을 직접 재어본다.

⇨ 이 단계에서 브레인스토밍을 통해 실험에 영향을 미칠 수 있는 요인을 찾고 변인들을 통제해야 한다.

〈실험에 영향을 미칠 수 있는 요인 찾기〉
• 썰매를 잘 타는 사람이 실험에 영향을 줄 수 있다.
• 썰매가 내려오는 길의 경사가 모두 다르다.
• 언덕에 어떤 부분은 미끄럽고 어떤 부분은 덜 미끄럽다.

⑦ 실험 속에 들어있는 잠재적인 문제는 무엇인가?

- 실험 결과에 영향을 미칠 수 있는 잠재적인 문제들을 미리 생각해서 실험 방법에 적용해야 한다.

〈실험 조건을 어떻게 통제할 것인가?〉
• 같은 썰매를 같은 실험자가 타도록 한다.
• 한 번보다는 각각의 썰매를 3회씩 타서 평균을 낸다.
• 다른 조건들은 갖게 하고 한 실험에 1가지씩 차이를 나타내도록 한다.
• 똑같은 길이를 미끄러져 내려오게 한다.
• 내려오는 순서를 번갈아 가면서 실험한다.
• 적어도 2명 이상이 스톱워치를 이용해 시간을 재 평균으로 시간을 구한다.

(3) 탐구 주제 및 실험 아이디어 사례

① 탐구 1: 개미들은 서로서로 따라갈 때 어디로 가야 하는지 어떻게 알까?

- 실험 아이디어: 개미가 음식을 찾을 때, 집에서 음식이 있는 곳까지 페로몬 흔적을 뿌려 놓아 다른 개미가 음식을 찾을 수 있도록 한다. 작은 사과 조각이 개미(페로몬) 흔적 가까이 있는 종이 위에 올려져 있다. "개미는 사과 조각을 향해 차례차례 행군한다." 실험자는 사과 조각이 종이의 다른 장소로 이동되면 개미는 사과조각이 옮겨진 새 장소에 가기 전까지는 계속 처음에 사과가 놓여있던 자리로 가는 것을 관찰한다.

② 탐구 2: 일상생활에서 사용하는 치약이나 콜라와 같은 물질들의 산성도 탐구

- 실험 아이디어: 산성/염기성 지시약은 붉은 양배추를 끓는 물에 넣어 걸러냄으로써 준비할 수 있다. 만들어진 보라색 액체는 산성/염기성 지시약으로 사용할 수 있는데, 그 이유는 그 액체는 산성과 섞일 때 분홍색으로 변하고, 염기성과 섞일 때는 초록색으로 바뀌며, 중성물질과 섞이면 보라색으로 남아있기 때문이다. 이 지시약을 이용하여 일상생활에서 쓰이는 치약, 콜라, 아스피린, 차 등이 산성인지 염기성인지를

알아볼 수 있다.

③ 탐구 3: 자석의 원리를 이용한 나만의 나침반 만들기

- 실험 아이디어: 지구의 자북극은 다른 자석을 당긴다. 만약 자석의 회전이 공중에 떠 있는 나침반 바늘처럼 자유롭다면, 자석은 자북극에 끌려가서 북쪽을 가리킬 것이다. 바늘은 강한 자석으로 30회 정도 문지름으로써 자석의 성질을 띠게 될 수 있다 (자화). 자석의 한쪽 끝을 이용하여 바늘을 같은 방향으로 계속 문지른다. 물이 담긴 그릇에 작고 동그란 종잇조각을 띄우고 바늘 자석을 그 위에 얹어라. 바늘이 움직이는 것을 멈출 때, 그것이 가리키는 곳은 북쪽일 것이다.

④ 탐구 4: 식물에 물을 줄 때, 어떻게 물은 식물로부터 먼지를 털어낼까?

- 실험 아이디어: 과학도서나 인터넷 자료들을 통해 어떻게 식물이 줄기를 통과하여 잎까지 물을 운반하는지를 조사할 수 있다. 샐러리 줄기는 아랫부분에서 시작하여 부분적으로 나뉘어 있다. 이를 바탕으로 샐러리 줄기의 한쪽은 푸른색 식용색소를 몇 방울 넣은 물에 담그고, 다른 쪽은 붉은색 식용색소를 몇 방울 넣은 물에 담근다. 몇 시간 후, 샐러리의 반은 푸른색, 반은 붉은색이 된다.

3) 실험하기

실험하는 동안 실험 공책을 적는 것은 실험자에게 실험 전반에 걸쳐 통제해야 할 내용을 제공하며, 믿을만한 결론을 확실히 하는 데 도움을 준다. 실험 결과와 실험적 오류들을 기록해 두어야 한다. 실험 공책을 어떻게 사용할 것인가? 무조건 모두 기록해라. 학생들은 모든 것을 기록하도록 격려하고, 기억을 믿지 말라고 한다. 완성된 실험 공책은 실수 없이 실험을 할 수 있게 도와준다. 데이터를 분석하는 데 용이하게 해주고 결과를 발표하는 데 도움을 준다.

<실험 결과 정리하기>
① 데이터: 실험이 실시될 때 데이터를 기록해라.
② 제목: 실험이 질문에 답을 찾기 위해 계획된다. 질문이 제목으로 이어지게 해라.

③ 실험 설계를 위해 고려할 점을 기록해라.

- 조사한 내용
- 가설: 학생은 그 시스템이 어떻게 작용할 것인지를 진술해야 한다.
- 실험적인 일관성을 고려하기: 썰매 실험에서 경주자의 타이밍, 모든 썰매에 같은 사람이 운전해야 한다는 것, 모든 썰매들이 세 번씩 테스트를 하는 것을 기록해 놓아라.
- 실험을 위해 통제된 내용들

④ 재료와 방법: 실험을 위해서는 무엇이 필요한가? 어떤 과학자는 실험 공책에서 필요한 모든 재료와 방법과 관련된 정보를 찾을 수 있도록 실험과 꼭 같은 내용이 들어가야 한다고 하기도 한다. 썰매 실험을 하기 위해 필요한 모든 재료의 목록을 기술하고, 썰매의 모양을 그려 넣고, 스톱워치나 계산기와 같은 실험에 필요한 기타 측정 도구도 기록해 놓았다. 실험 공책의 '방법' 부분에서는 실험이 어떻게 진행이 될 것인지 세세하게 기록을 해야 한다고 한다. 썰매 실험과 관련된 실험 공책은 어떻게 썰매 실험을 준비했는지, 썰매 조정하는 친구의 이름, 썰매를 밀어줄 사람의 숫자와 이름, 언덕의 길이, 타이밍이 어떠했는지 등등을 설명해 놓은 부분까지 포함되어야 한다.

⑤ 산출물: 데이터는 어떤 실험이냐에 달려 있다.

- 표와 숫자 - 썰매 실험에서 각각의 썰매가 완주하기까지 걸린 시간을 비교할 수 있는 데이터가 필요하다.
- 질적 분석 - 더러운 진흙과 세제 실험에서 브랜드 A제품은 별점 ++를, 브랜드 B제품은 별점 +++
- 세세한 묘사: 실험 공책에 얼룩 용해 실험은 커피필터의 모습을 그림으로 묘사할 수 있다. 점들이 얼마나 멀리 이동을 했는지, 커피 성분이 분리될 때 색깔이 변했는지를 그릴 수 있다.
- 사진 또는 그림: 빤 양말과 안 빤 양말의 결과를 분명하게 설명하는 방식으로 사진을 찍어 보여줄 수 있다.

⑥ 실험에 대한 기록: 데이터를 분석하는 데 관련 있는 어떤 정보도 반드시 포함시켜야 한다. 예를 들면 학생들은 썰매 실험을 하는 동안 한 썰매가 조종하기가 너무 어려워서 완주를 못했을 경우에도 기록을 해야 한다. 아마도 세제가 양말을 노랗게 만들었거나 구멍이 나게 할 수도 있다. 실험하는 동안 발생한 어떤 문제도 반드시 실험

공책에 기록이 되어야 한다.

⑦ 데이터 분석: 실험 공책은 계산, 표, 그래프들을 포함해야 한다.

⑧ 결론: 질문에 답이 되었는가? 우리가 배운 것은 무엇일까?

⑨ 미래 실험 기록: 실험을 하다가 또 다른 질문들이 생겼나? 어떻게 우리는 그 질문에 답을 할 수 있을까?

4. 학생들에게 자유탐구를 지도할 때 주의해야 할 점

1) 과학윤리에 대한 지도

과학은 셀 수 없을 정도로 많은 훌륭한 발견들을 이끌어낸다. 미디어(media)는 최근의 몇 개의 새로운 발견들에 센세이션을 일으켰다. 복제양 돌리(Dolly)는 DNA가 제거된 미수정란에 젖샘 세포를 합성하여 "복제"되었다. 돌리의 존재는 복제 기술에 대한 윤리성과 관련된 문제 때문에 대중들의 강력한 항의와 논쟁들을 야기했다. 여러 종류의 동물들의 복제가 성공하는 동안, 전통적인 방법에 비해 인간 복제는 실현 가능성이 적으며 효율성이 떨어진다는 기술적인 어려움이 아직 남아 있다. 대중 소설에서는 종종 과학자들을 나쁜 목적이 있는 사악한 음모들을 꾸미고 있는 나쁜 사람들로 묘사하기도 하지만, 실제 현실 속 과학자들의 연구는 아주 주의 깊은 통제(규제)를 받고 있다. 화학약품, 방사성 동위원소, DNA 유전조합, 인간 유기 조직 등의 사용은 엄중히 규제를 받고 있다. 일반적인 규제에 따르지 않는 실험실은 실험을 지속할 수가 없다.

2) 정교성

실험은 반드시 가능한 주의 깊게 이루어져야 한다. 조그마한 오류도 데이터에 큰 변동을 주는 결과를 가지고 올 수 있다. 실험을 수행할 때 기능적인 요소와 훌륭한 데이터들의 산출은 개인적인 만족을 준다. 물론 경험이 적은 손은 특히 자신들의 실험에 들뜬 나머지 실수를 할 수도 있다. 실수를 한다고 해서 세상이 끝나는 것은 아니다. 학생들에게 데이터를 진지하게 수집하라고 이야기는 하겠지만, 대부분 어떤 실험도 다시 되풀이할 수도 있고, 반복함으로써 더 나아질 수도 있다.

3) 안전

안전은 언제나 아이들과 과학실험을 할 때 언급되는 말이다. 강한 산이나, 산과 같은 위험한 화학 약품은 어른이 다루도록 한다. 실험할 때 위험성이 있는 화학약품을 다루는 모든 실험자들은 반드시 보안경, 고무장갑, 실험복을 착용해야 한다. 불꽃, 열, 전기적인 것들이 요구되는 실험은 어른이 가까이에서 모니터링을 해주어야 한다. 깨진 유리제품이나 다른 날카로운 물건은 다칠 위험이 있다. 대부분의 경우 상식적으로 실험이 안전하고, 교육적이고, 재미있는 것이라고 확신할 수 있어야 한다.

〈안전사고 사례〉

01.12.6	서울 ○○초	과학실험실에서 촛불이 들어있는 용기에 알코올을 석회수로 오인한 담임교사가 이를 들이부어 갑자기 타오른 불이 튀어 주변에서 이를 지켜보던 김 모 군의 얼굴에 전치 12주의 3도 화상을 입음
02. 6월	서울 ○○초	두부 만들기 활동 중 믹서기 칼날을 멈추고 손을 넣었다가 잘못 버튼을 눌러 작동하는 바람에 엄지손가락 열한 바늘을 꿰매는 사고가 있었음
03.6.4	인천 ○○초	과학실에서 실험 실습 후 더러워진 비커를 씻던 중 비커가 깨지면서 검지 부분의 손등이 파열되어 인대가 절단돼 수술을 했으며 상당기간 물리치료를 받았으나 그 후유증에 시달리고 있음
03.6.4	거제 ○○중	2학년 강 모 군은 현미경으로 세포를 관찰하는 실험을 마치고 전기플러그를 뽑다 감전되어 손에 화상을 입었음

과학 자유탐구 시 안전수칙

① 자유탐구 활동에 집중하고 장난을 하지 말아야 한다.
② 실험 및 관찰은 교사 및 어른의 지도를 받아야 하며 무리한 실험을 하지 않는다.
③ 화학물질 및 모르는 물질은 맛보지 않는다.
④ 탐구한 장소는 정리정돈을 잘한다.
⑤ 젖은 손으로 전기기기 및 전기배선에 접촉하지 않는다.
⑥ 냄새를 맡을 때는 팔 거리 정도에서 손을 부채질하여 냄새를 맡아야 하며, 직접 코를 대고 냄새를 맡지 않는다.
⑦ 가열장치를 사용 중에는 절대로 자리를 떠나지 않는다.
⑧ 어떤 물질이든 완전히 밀폐된 용기에 넣고 가열하지 않는다.
⑨ 활동 중에는 가능한 실험복, 보안경, 마스크 등 안전장구를 착용한다.
⑩ 탐구에 사용한 물질은 라벨을 붙여 구분하여 별도의 안전한 장소에 보관한다.
⑪ 화재가 발생한 경우 침착하게 소화기를 사용하여 초기진압을 한 후 119에 신고한다.

---

4) 일관성

일관성을 유지해라. 어떤 질문을 했었는지 기억하고, 어떤 실험을 테스트할 것인지를 떠올려라. 그 어떠한 요소들도 실험적인 시도에 변화를 주어서는 안 된다. 썰매 실험에서는 썰매들의 차이를 비교하기 위해서 설계되었다. 그래서 썰매들이 달리고 달리는 것 사이에 가능한 비슷한 조건을 만들어 주어야 한다. 동일한 조종자가 운전을 하고, 썰매를 매번 같은 방식으로 밀어 주어야 하며 경주하는 길이도 꼭 같아야 한다. 실험자들은 눈의 상태가 실험이 진행될 때마다 바뀔 것이라고 예상했다. 그래서 모든 썰매들은 세 번씩 테스트를 하게 되고, 모든 썰매들은 눈이 덮여 있을 때 실험할 수 있게 된다.

5) 실험 통제

아이들을 위한 가장 좋은 실험은 한 번에 한 가지씩 실험하는 것이다. 콩을 기르는 실험은 서로 다른 토양에서 비교되게 된다. 따라서 모든 식물은 같은 양의 물과 빛, 자라기에 딱 알맞은 온도, 그리고 같은 양의 흙을 담을 수 있는 그릇이 주어져야 한다. 동전을 밝게 만드는 실험에서는 녹을 동전으로부터 모두 제거하기까지 얼마나 많은 시간이 걸리는지를 조사하는 것이다. 일관성을 확인하기 위해서 모든 동전들은 처음 시작할 때 같은 색을 가지고 있어야 하고, 떨어트리는 주스 속에 들어있는 레몬은 같은 데서 온 것이어야 한다. 실험이 기대하고 있는 모든 양상이 같아지려고 노력하려면 실험 주제가 테스트되거나 통제되어야 한다.

III. 결론 및
제언

- 실험 수행에 흥미를 갖는다. 실험은 무엇인가를 배울 수 있는 기회가 되며, 지적 능력을 시험해보는 것이 결코 아니다. 모든 사람이 실수를 한다. 똑똑한 사람도 그것을 통해 배운다.

- 주의 깊게 계획을 세우면 실험이 더욱 쉽고 안전해진다. 통제를 사용하는 것은 데이터 분석을 더욱 간편하게 해준다. 실험할 때 오직 한 가지를 한 번에 테스트해야 한다는 사실을 유념해라.

- 좋은 실험 공책은 실험의 수행과 데이터 분석을 모두 포함한다. 진보된 계획세우기는 실험이 부드럽게 진행되는 것을 돕는다. 실험 공책에서 꼭 필요한 정보가 빠진 것을 확인하게 되면 실망스럽다. 과학 수행을 통해 발견했던 것들이 하룻밤 지나고 잊히기 전에 기록을 해두어야 한다. 실험을 다시 반복할 수 있는 시간이 있는 동안에는 실험 공책을 다시 살펴보고 데이터를 분석해라.

- 실패한 실험은 다시 수정될 수 있다. 양의 통제는 실험적인 설계의 흐름을 분명히 하는 데 도움을 준다.

- 좋은 실험 기술은 이점이 되겠지만 실수는 발생한다. 반복된 실험은 그것을 개선할 수 있는 기회를 제공해 준다.

- 모든 실험으로부터 데이터는 변할 수 있다. 오차가 있어도 괜찮다. 더 많은 시도와 더 많은 샘플들로 반복되면 실험이 간단해질 수 있다.

- 데이터는 무엇인가 말을 하고 있다. 만약 모델이 틀렸다는 것을 데이터가 증명하고 있다면, 더 많은 조사가 필요하다. 만약 실험 자체가 '작동'하지 않는다면 거기에는

반드시 이유가 있다. 브레인스토밍을 해서 가능한 실험과 대체할 수 있는 실험을 생각해보아라.

참고문헌

교육과학기술부(2008), 『2007년 개정 초등학교 교육과정 해설(4)』, 수학·과학·실과, 한솔사.

교육과학기술부(2010), 『과학 3-1 교사용 지도서』, 한국과학창의재단 국정도서편찬위원회.

김영학(2009), 『나만의 과학수업 만들기』, 교육과학사.

박종선·송영욱·김범기(2011), 「초등학생들이 선정한 자유탐구활동 주제 분석」, 『한국과학교육학회지』, 31(2), pp.143~152.

서울특별시과학전시관(2009), 2009초등학교 과학탐구토론 지도자료.

양일호(2010), 『한 권으로 끝내는 초등과학 자유탐구』, 아울북.

이형철·이정화(2010), 「자유탐구 수업이 초등학생의 과학적 태도 및 과학탐구능력에 미치는 영향과 지도교사들의 자유탐구에 대한 인식 조사」, 『과학교육연구지』, 34(2), pp.405~420.

장병기·윤혜경(2011), 『참다운 과학수업을 위해 초등과학교육에 뛰어들기』, 북스힐,

한국교원대학교 과학교육연구소(2009), 초등 3, 4학년용 자유탐구 지도 자료.

Finkelstein Ann(2001), Science is Golden: A Problem-Solving Approach to Doing Science with Children, Michigan State University Press.

William D. Romey(1968), Inquiry Teaching for Teaching Science, Prentice Hall.

Step 07

과학 평가
따라하기

I. 서론

교육은 학습목표를 달성하기 위해 학습자에게 인위적으로 행하는 모든 부분을 말한다. 그중 평가는 교육적 활동의 목표에 대한 설정과 과정에 대한 점검, 결과에 대한 확인 등에 매우 중요한 역할을 하는 부분임은 부인할 수 없다. 따라서 평가는 교육을 통한 학습의 극대화를 이루는 데 그 역할을 하여야 하며, 이를 위해 많은 교육자들이 평가라는 교육활동을 끊임없이 되풀이하고 있다.

평가는 評價라는 한자의 뜻을 헤아리거나 e-value-ation이라는 영어의 조어 상태를 보면 "가치를 드러내는 것", "가치를 매기는 것"과 같은 활동이라는 것을 알 수 있다. 특히 교육에서의 평가는 학습자가 학습목표에 도달하는 정도를 측정하는 데 널리 사용되고 있는 활동이다. 교육평가 분야의 이론과 실천의 발전에 지대한 영향을 끼친 바 있는 R. Tyler(1930)는 교육적 평가라는 용어를 처음 사용하면서 교육적 평가란 목표 달성을 위한 학습자의 도달 상태를 평가하는 절차로 정의하였다. 이처럼 우리는 교육적 측면에서 일반적으로 평가라고 함은 현재의 지식 기반을 평가하는 것으로 정의내릴 수 있을 것이다.

하지만 이와 같은 교육적 평가의 목적에 충실한 나머지 현재의 교육적 평가들은 학생 성장의 정도만을 사정하는 데 초점을 두고 있다는 비판이 계속되고 있다(Mayer et al., 1982). 학생들이 학습내용을 어느 정도 암기하고 있는지, 혹은 평가의 도달점의 맹목적인 확인만으로 평가가 교육이라는 상위 개념을 넘어선 목적이 되어가고 있는 것이 현실이다. 그러나 성태제(1996)는 평가의 가장 본질적인 목적인 교육 학습과정에 최대한 도움을 주어 학습을 극대화시키는 것임에도 불구하고, 이런 교육 평가의 본질적인 목적을 외면한 채 오히려 평가가 수단이 아닌 목적이 되어 교육 현장을 비교육적인 형태로 만들어 가고 있음을 지적하였다.

또한 학습자가 스스로 지식을 재구성한다는 구성주의 입장에서도 교육에서 평가는 단지 학습자의 성장을 사정하는 것이 아니라, 훌륭한 학습 도구의 전략으로 사용할 수 있는 측면에서 볼 때, 학생의 학업이 이루어지는 전 과정에 영향을 줄 수 있는 평가의 역할에 대한 고찰이 필요한 실정이다. 학교 현장에서는 평가를 대비하거나 학업성취 수준을 높이기 위해 문제풀이식 수업과 기출문제를 통해 학습을 진행하는 경우가 많이 있다. 따라서 학습과정에 도움을 준다는 평가의 본질적인 목적에 부합하여 평가 자체로도 학습에 도움을 줄 수 있다는 것이다.

학습자는 학습을 위한 입력 기계가 아닌 다양한 사고와 활동을 하는 유기체이다. 이런 학습자가 올바르게 교육받아야 하며 평가받아야 함은 당연하다. 따라서 우리는 이 장에서 과학학습 평가의 다양한 유형과 그 실제를 토대로 올바른 과학 평가에 대한 새로운 인식을 나누고자 한다.

II. 본론

앞서 말한 것처럼 평가는 다양한 방법으로 행해오고 있다. 이런 평가의 정확한 개념을 교육자가 인지하고 이를 활용함으로써 평가의 본질적인 의미에 부합되는 평가를 이용할 수 있을 뿐만 아니라 새로운 평가방법도 고안할 수 있을 것이다.

1. 평가의 유형과 타당도, 신뢰도

과학평가는 평가시기에 관련해서 진단, 형성, 총괄 평가로 나뉠 수 있다.

진단평가는 보통 학년이나 학기가 시작되는 시기나, 각 단원을 배우기 시작하기 전에, 학습자가 가지고 있는 지식의 정도나 올바르지 않은 개념을 확인하기 위해 실시하는 평가이다. 즉 학습자의 개념학습 정도를 파악하기 위한 평가방법이다. 형성평가는 교수-학습 과정이 진행되는 과정에서 학습자가 교육 목표에 잘 도달할 수 있는 상황인지, 목표에 대한 방향이 올바른 것인지를 알고 교수 학습 상황을 조절하기 위해 실시하는 학습을 위한 평가(assessments for learning)이며, 총괄 평가는 교육 목표에 대한 교수 학습이 끝난 후에 그 실현 정도를 파악하여 더 나은 학습을 촉진하기 위해 학습 과정을 진단하고 다음 활동을 결정하기 위해 행해지는 학습의 평가(assessments of learning)이다.

평가의 질을 점검할 때 우리는 흔히 타당도와 신뢰도를 그 기준으로 삼는다. 타당도는 "무엇을 측정하는가?"로서 평가하고자 한 내용을 정확하게 평가하였는가를 의미한다. 신뢰도는 "측정하려는 대상을 얼마나 잘 측정하는가?"라는 질문으로 측정의 일관성과 오차의 크기를 나타낸다. 타당도와 신뢰도가 높은 평가도구일수록 평가결과의 전문성이 높아져 다음 교수와 학습 활동의 개선에 긍정적인 영향을 미칠 수 있다. 그리고 문항을 분석할 때 "몇 명이나 옳은 답을 선택할 수 있을까?"와 같은 질문은 문항의 곤란도라고 하며 "총점이 높은 학생이 낮은 학생보다 옳은 답을 선택할 확률이 더 높을까?"라는 질문은 문항의 변별도라고 한다.

2. 무엇을 평가할 것인가?

과학교육은 과학적 소양을 함양하는 것이다. 과학지식뿐만 아니라 과학적 탐구 능력과 태도도 과학적 소양에 포함된다. 즉 아래 표에서 보듯이 개념, 과정, 응용, 태도, 창의성, 과학의 본성의 6가지 영역 속의 평가내용들이 과학적 소양을 평가하는 중요한 내용요소임을 예거는 주장하였다.

〈과학적 소양 평가틀 영역과 내용 요소〉

평가영역	평가내용 요소
개념	과학적 사실, 법칙 또는 원리, 이론, 내면화된 지식
과정	관찰, 측정, 공간과 시간 관계 이용, 의사소통, 분류, 예상, 수의 이용, 추론, 변인통제, 자료해석, 조작적 정의, 가설설정, 실험
응용	비판적 사고의 이용, 개방적 질문의 이용, 과학적 과정을 이용한 일상적 문제의 해결, 과학의 통합, 다른 분야와 과학의 통합, 과학지식을 이용한 개인적 문제에 대한 의사결정, 과학의 발달에 관한 대중매체 보도의 이해와 평가, 과학적 지식과 과학적 탐구 과정을 이용한 과학기술문제 해결, 과학기술 산물에 포함된 과학과 과학기술의 원리 이해
태도	감정의 탐색, 개인적 느낌의 건설적 표현, 개인적 가치에 대한 의사결정, 사회적·환경적 논쟁거리에 대한 의사결정, 과학일반에 대한 적극적 태도 개발, 자신에 대한 적극적 태도 개발, 다른 사람에 대한 감성과 존경
창의성	시각화·정신적 영상, 발산적 사고, 개방적 질문, 대안적 견해 고려, 비상례적 관념의 생성, 은유 사용, 독창성, 문제해결, 설계, 의사소통 방식
과학의 본성	연구문제 또는 질문 형성, 과학적 연구의 방법, 협동, 경쟁 측면, 과학·기술·경제·정치·역사·사회학·철학 사이 상호작용, 과학적 관념의 역사

3. 어떻게 평가할 것인가?

과학을 교육하고 평가하는 방법은 그 영역과 목표에 따라 달라진다. 과학적 내용을 평가할 것인지, 탐구 과정을 평가할 것인지에 대한 평가방법도 서로 다르다. 과학교육 평가에서 일반적으로 사용되는 방법은 다음과 같다.

1) 관찰법

과학교육 평가방법 중 관찰법은 교사가 학습자의 정보를 자연스럽게 수집하는 중요하고 기본적인 방법이다. 특히 관찰법은 수업 중에 이루어지는 형성적 평가에서 유용하게 사용될 수 있다. 특수한 장치나 설정이 없더라도 교사의 즉각적인 판단을 통해 피드백이 가능해질 수 있는 방법이기 때문이다. 하지만 수업 전에 교사가 평가 시점과 평가 영역 및 목적을 계획하여야 보다 효과적인 관찰평가가 이루어질 수 있을 것이다.

관찰평가에서 그 결과는 일화기록, 부호기록, 평정표시, 점검표(checklist), 등위표시 등으로 나타낼 수 있다(변창진 외, 1998). 일화기록은 행동이 일어난 상황, 방식, 순서를 그대로 기록하는 것이고, 부호기록은 행동이 일어난 빈도와 계열 등을 부호로 나타내며, 평정표시는 평가의 준거로 설정된 탐구 기능을 미리 결정한 평어나 평점으로 나타내며, 점검표는 관찰한 사상, 행동, 조건, 상황, 실태 등을 열거하고 일어난 여부를 표시하고, 등위표시는 관찰할 행동이나 현상을 차례로 배열한 다음 등수를 매기는 방법이다(조희영 외, 2005).

관찰방법은 손쉽게 행해질 수 있는 방법이기는 하나 주관적인 요소가 삽입될 여지가 다분하다. 따라서 정확한 관찰을 위해서는 관찰 계획을 구체적이고 면밀하게 세워야 할 것이다. 도구나 기구를 이용한다든지, 두 번 이상의 관찰을 통해 오차를 줄여나가며, 그 결과는 즉시 기록하고 요약하여야 한다.

2) 질문법

교사의 관찰로 수집하기 어려운 정보는 질문을 통해서 보다 효과적으로 수집할 수 있다. 교실에서 이루어지는 전형적인 질문과 반응의 형식은 교사의 질문→학생의 반응→교사의 반응으로 나뉜다. 교사는 결과보다 과정을 묻는 질문을 하여야 폐쇄형 질문에서 벗어나 학생들의 다양한 응답을 얻을 수 있다. 그리고 주제나 지식 중심이 아닌 학습자 중심으로 질문을 하여야 학생 스스로 모른다는 인식보다는 자신의 생각을 말할 수 있는 질문형태가 될 수 있는 것이다. 즉 학습자 중심으로 이야기하는 것은 옳고 그름을 묻는 것보다 학습자의 생각을 물어보는 형태로 진행되는 것이다. 그리고 학생의 질문을 요구하는 질문을 교사는 할 필요가 있다. 교사의 질문보다 학생의 질문이 훨씬 더 가치 있는 것이 된다. 학생 스스로 질문을 통해 학생 내면의 부분을 스스로 표현해 냄으로써 교사의 질문에 대한 한계를 극복시킬 수 있는 것이다. 학생의 반응 다음 나오는 것이 교사의 반응인데 이 부분은 그 어떤 것보다 학생들의 인식에 중요한 역할을 한다. 학습자의 응답이나 반응이 가치 없거나 어리석어 보이지 않도록 인식시켜야 하며, 그렇지 않을 경우 교사가 원하는 바에 맞추려고 노력하는 수동적인 학생들로 바뀌어갈 것이다.

3) 면접법

면접법은 피면접자와의 토의나 대화를 통하여 피면접자의 생각의 과정과 추리 능력을 파악하는 데 효과적이다. 면접의 종류에는 조사면접, 임상면접, 평가면접 등으로 나뉜다. 피아제가 자녀들을 대상으로 행한 임상적 면접법은, 문제의 상황을 제시하고 피면접자가 그 문제해결의 한계에 봉착하면 다시 적절한 상황을 제시하는 것이므로 인지구조와 사고 과정을 모두 깊게 파악할 수 있는 특징이 있다. 특히 면접법은 지필평가가 어렵지만 자신의 생각을 솔직하게 표현하는 어린 학습자에게 특히 적절하다. 하지만 면접은 면접자의 영향에 의해 피면접자의 반응을 왜곡시킬 가능성이 많으며, 신뢰도와 타당도가 면접자와 상황에 따라 크게 달라질 수도 있는 문제점을 안고 있다. 하지만 세밀한 계획, 주제와 순서, 허용된 분위기, 면접 결과의 기록과 녹화, 면접자의 전문적 능력 향상을 통해 극복해 낼 수 있을 것이다.

4) 구술법

학교의 입학시험과 각종 취업시험에서 면접의 한 형태로 구술시험을 치른다. 학생들이 과학대회나 교사들의 연구 발표 역시도 구술시험을 치르고, 수업시간에는 실험·실습 및 야외조사 과제의 수행결과도 구두로 발표한다. 즉 발표자의 인지 능력과 기능의 평가를 종합적으로 파악할 수 있는 고차원적 기능의 평가에 특히 효과적이다. 발표자와 평가자 사이의 즉각적인 상호작용이 빠르고 효율적이기 때문에 방대한 양의 자료나 심층적인 결과를 평가할 때는 구술평가가 보다 적절하다. 구술발표도 미리 작성한 평가기준을 가지고 객관적으로 평가하여야 하며, 이를 위해 점검표를 작성해두는 것도 좋은 방법이다.

5) 보고서법

보고서는 학습자가 자신의 생각을 구조적으로 정리해서 평가자에게 실질적으로 나타내는 문서이다. 보고서는 연구 및 탐구의 목적, 도구 및 재료, 방법과 절차, 결과 및 분석, 결론 등의 일정한 형식을 따르기는 하지만 정해진 틀은 없다. 학습자의 주장을 표현하기 위해 적합한 방법을 취하면 되는 것이다. 하지만 일반 글쓰기와 달리 과학적 글쓰기를 통한 객관적인 논거와 주장이 제시되어야 함은 물론이다. 보고서는 야외조사, 문제해결, 과제수행 등의 결과를 제시하는 데 주로 사용되며 이 보고서를 더욱 객관적으로 평가하기 위해서는 그 양식과 형태를 미리 학생들에게 알려줄 필요가 있다.

6) 포트폴리오법

포트폴리오(portfolio)는 학생들의 성장, 그룹이 이룬 학습 및 탐구의 성과, 그에 관한 장비와 자료를 모은 서류철, 서류함, 디스켓, 상자 등의 모음으로써(Hart, 1994) 평가와 교수-학습을 통합하는 기능을 한다(Shores & Grace, 1998). 포트폴리오의 내용은 그 한계가 없어 다양하지만, 크게 제작물, 복사물, 증명서, 산물의 네 가지 기준으로 나뉜다. 과제를 수행함으로써 생기게 되는 제작물과 학교 밖에서 수집한 자료들, 각종 시험지나 성적표 등은 증명서로 분류된다. 산물은 포트폴리오를 수행하면서 자신의 생각이나 그 진술, 각 증거에 대해 붙인 표제 등 학생들이 단지 포트폴리오만을 위해 만든 것을 총칭한다. 포트폴리오는 과학지식의 평가에는 다소 응용의 어려움이 있지만, 자기반성, 비판적 사고, 메타인지적 기능, 의사결정력 등과 같은 고차원적인 과학적 사고나 과학적 탐구 기능의 평가에는 효과적인 자료가 될 수 있다.

과학교육 평가의 하나의 효율적인 도구로서 사용되는 포트폴리오는 과학교사뿐만 아니라 학생, 부모, 동료 등에 의해서도 평가될 수 있다는 큰 장점이 있다. 교사와 학생들이 부단히 계속되는 학습에 관하여 의견을 나눌 수 있는 기회, 학생들의 학습을 실제의 상황에 관련시켜 검토, 학생들 스스로의 협력적 분위기 조성이 가능하다는 장점도 있지만 많은 시간과 노력이 필요하다는 단점도 있을 수 있다.

7) 논술평가

논술형은 주어진 질문과 지시에 따라 학생들의 생각을 자유롭게 쓸 수 있도록 하는 문항 형태이다. 다양한 수준의 인지 능력을 평가할 수 있고, 문항 제작이 용이하며, 출제자와의 의사소통이 가능하고, 표현력을 학습할 기회를 제공하는 장점이 있다. 따라서 논술형 문항은 학습자가 서로 다르게 해석하지 않도록 문제를 명확하게 지시하며, 학생들에게 형식, 배점 등의 기준을 명확히 제시하여 이에 준비할 수 있게 하는 것이 좋다.

8) 개념도(Concept map)법와 흐름도(Flow-map)

개념도는 인지 구조와 교수-학습의 결과를 도해적으로 보여주기 때문에 과학 지식의 평가에 유용한 도구가 될 수 있다. 개념변화와 메타인지, 고차원적 사고 등의 평가에 효과적인 것이다(Doran, Chan, & Tamir, 1998). 노박과 고윈은 개념도를 이용한 평가에 적용할 채점기준과 채점방법을 연관(1점), 위계관계(5점), 교차연결(10~2점), 실례(1점)로 더하여 표점 개념도의 점수를 나누고 100을 곱하면 된다.

흐름도는 학습자와의 자유응답적인 면접을 통해 학습자의 개념 흐름을 파악하는 방법이다. 학습자에게 문제 상황을 제시하고 그 답을 구한 다음, 보다 자세히 그 답을 설명하도록 한다. 그리고 학습자가 말한 대답들을 개념의 흐름에 맞추어 다시 한 번 정리하게 하여 그 시간과 개념들의 관계를 통해 학습자의 인지능력과 인지구조를 파악하는 것이다.

9) KWL차트

KWL차트(Ogle, 1986)는 K(Know)는 학습할 주제에 대해 학습자가 이미 아는 내용, W(Want)는 학습자가 이 주제에 대해 알고 싶은 내용, L(Learnt)은 그 주제에 대해 학습한 내용을 기록하는 양식이다. 학습자가 기존에 알고 있던 내용과 수업이 끝날 때 아동이 학습한 내용을 확인해 봄으로써 학습한 내용을 평가할 수 있는 것이다. 개인별 차트에서 모둠별, 학급별 차트로도 사용할 수 있다.

4. 과학교육 평가 제작

1) 지필평가

과학교육평가에서 일반적으로 널리 사용되는 지필평가의 유형은 아래의 표와 같다. 교수·학습의 목표와 수준에 맞게 문항을 선택하여야 하며, 다양한 문항 유형을 통한 평가가 바람직하다. 서답형 문항이 학습자의 개념 획득과 수준을 파악하는 데 용이하다는 최근의 연구가 진행되는 있는 점도 고려해볼 만하다.

Mehrens & Lehmann (1975)	Gronlund(1989)
선택형문항(selection-type) ├── 진위형(true-false form) ├── 선다형(multiple choice form) └── 연결형(matching form)	선택형문항(selection-type) ├── 진위형(true-false form) ├── 선다형(multiple choice form) └── 연결형(matching form)
서답형문항(supply-type) ├── 논술형(essay) ├── 단답형(short-answer form) ├── 괄호형(cloze form) └── 완성형(completion form)	서답형문항(supply-type) ├── 단답형(short-answer form) ├── 제한된 논술형(essay: restricted response form) └── 논술형(essay: extended response form)

2) 수행평가

과학교육평가에 대한 연구가 진행되면서 특히 최근에 지필 평가, 특히 선다형 문항유형에 대한 반성으로 나온 수행평가의 연구가 많이 진행되었다. 전통적인 선다형 문항보다 더 실제적이고 효과적이라는 연구 결과가 나타났다.

수행평가는 전통적 평가와는 달리 탐구 기능을 적용할 기회, 개방적 질문을 통한 탐구 기회를 제공한다. 비판적 사고와 학생들의 능력에 대한 직접적인 근거, 창의성 함양에 좋은 평가도구로 사용된다. 물론 채점자의 주관과 시간과 노력의 소요, 채점의 수월성에 대한 단점이 많이 지적되고 있지만, 적은 양의 문항으로서 보다 심층적인 평가가 이루어질 수 있다는 점에서 교육현장에서 많이 활용되고 있다.

작품(product)	수행(performance)	과정 중심(process focused)
· 논술형(essay)	· 구두발표	· 구두질문
· 연구논문(research paper)	· 과학실험실 시범	· 관찰
· 이야기/극본	· 토론	· 면접
· 연구과제(project)법	· 수업실시(teach-a-lesson)	· 회의(conference)
· 실험보고서(lab report)	· 연극	· 과정 기술(description)
· 포트폴리오(portfolio)	· 읽기	· 소리 내어 생각하기(think aloud)

Ⅲ. 결론 및
제언

　구성주의의 학습관에서는 학습자의 능동적인 개념 구성이 학습을 이루어 낸다. 즉 학습자는 다양한 방법을 통해 외부의 환경으로부터 자극을 받아들여 이를 재구성한다는 것이다. 학습의 방법이 다양하다는 것을 안다면 이를 평가하는 방법도 다양한 유형을 사용해야 할 것이다. 물론 평가도구의 타당성과 신뢰성이 확보되어 모든 학습자에게 공평한 평가의 기회를 주고 학습자의 지식 배경을 분석해낼 수 있겠지만, 오히려 특정 유형과 평가도구에 우수한 학습자가 있을 수도 있고, 평가도구의 일반화는 학습자와 교육 목표의 획일적 대응을 가져올 수 있다는 우려가 나타난다. 이에 저자는 앞서 평가의 유형과 그 적정성, 다양한 평가의 제작에 대해 간략하게 언급하였다. 평가에 대한 많은 연구와 학자들의 주장이 다양하게 제시되어 있는 상황에서 평가를 행하는 주된 주체인 교사가 평가에 대한 올바른 신념과 지식을 가져야 함은 당연하다고 볼 수 있겠다.

참고문헌

강호감 외(2007), 『초등과학교육』, 교육과학사.
김영천(2007), 『현장 교사를 위한 교육 평가』, 문음사.
박정·홍미영(2002), 「문항 유형에 따른 과학 능력 추정의 효율성 비교」, 『한국과학교육학회지』, 22(1), pp.122~131.
박정(2003), 「문항 유형과 학생 성취와의 관계 분석」, Korean Journal of Education Research, 41(4), pp.71~86.

신동희·김동영(2003), 「평가방법에 따른 성취도에서의 성차이」,

우종옥·이항로·구창현(1996), 「과학탐구능력 평가문항 유형변화에 대한 종단적 연구」, 『한국과학교육학회지』, 16(3), pp.314~328.

윤창경·박종원(2006), 「과학 학습에서 개념적 이해의 평가를 위한 문항 유형의 개발」, 『교과교육학연구』, 10(2), pp.387~405.

이인제·김범기(2004), 『과학과 교사의 학생평가 전문성 신장 모형과 기준』, 한국교육과정평가원.

전성수(2008), 「구체적 조작활동을 통한 초등학생들의 관찰 능력 조사」, 한국교원대학교 대학원 석사학위논문.

조희영 외(2009), 『과학교육의 이론과 실제』, 교육과학사.

정미라·이기영·김찬종(2004), 「초등학교 학생들의 과학 선다형 문항 풀이 과정에서의 오류 분석」, 『초등과학교육학회지』, 23(4), pp.332~343.

Chun Yen Chang, Ting-kuang Yeh & James P. Barufaldi(2010), The Positive and Negative Effects of Science Concept Tests on Student Conceptual Understanding, International Journal of Science Education, 32(2), pp.265~282.

Gay L. R.(1980), The comparative effects of multiple-choice versus short-answer tests on retention, Journal of Educational Measurement, 17(1), pp.45~50.

Kolstad R. K., Wagner M. J., Miller E. G. & Kolstad R. A.(1983), The failure of distrators on complex multiple-choice items to prevent guessing, Educational Research Quarterly, 8(2), pp.44~50.

Mintzes J. J., Wandersee Jame H., Novark Joseph D.(2001), Assessing understanding in biology, Journal of Biological Education, 35(3), pp.118~124.

Roediger H. L., Ⅲ & Marsh E. J.(2005), The positive and Negative Consequences of Multiple-choice Testing, Journal of Experimental Psychology-Learning Memory and Cognition, 31(5), pp.1155~1159.

Rollnick M. S. & Mahooana P. P.(1999), A quick and effective way of diagnosing student difficulties: The tier from simple multiple choice questions, South African Journal of Chemistry-Suid-Afrikaanse Tydskrif Vir Chemie, 52(4), pp.161~164.

Zimmermann D. W. & William R. H.(2003), A new look at the influence of guessing on the reliability of multiple-choice test, Applied Psychological Measurement, 27(5), pp.357~371.

Step 08

영재 교수-학습모형을
적용한 수업 따라하기

I. 서론

　세계화, 국제화 속에서 국가 간 생존경쟁은 그야말로 치열하다. 우리나라의 경우도 국가전략 측면에서 과학경쟁력을 가지기 위해 부단히 노력하고 있으며 특히 과학 영역의 영재교육이 활성화되고 있다. 영재교육진흥법 시행으로 영재교육이 교육정책의 한 영역으로 자리 잡은 이래 양적·질적 성장기반을 마련하여 체계적으로 추진되고 있는 것이다. 하지만 아직도 소수의 인원만이 영재교육과정을 접하고 있으며 일반적인 과학교육과 과학영재교육은 다소 별개의 지도 과정이라 생각하는 경향이 많다. 과학과 교육과정은 창의성을 추구하는 교육과정이다. 즉 미래사회 핵심능력을 길러주고 사회에서 요구하는 인재로 만들어주는 것이 과학교육의 중요한 목표인 것이다. 이를 구현하기 위해 탐구활동을 강조하고 개별화, 개방적 과제 제시를 통한 프로젝트형 탐구를 하도록 하는 것은 영재교육모형과 별반 다르지 않은 것이다. 따라서 영재수업모형과 일반적인 과학수업모형을 분리하지 않고 서로의 장점을 보완하여 수업한다면 이러한 과학교육의 목표도 쉽게 달성하면서 즐거운 과학수업을 이끌어낼 수 있을 것이다.

Ⅱ. 본론

1. 영재 교수－학습모형이란?

영재교육 대상자들의 특징은 아주 활동적이며 자기 주도적인 학습을 선호하기 때문에 개별 또는 모둠별 프로젝트를 즐기는 공통된 특성을 지닌다. 일반적으로 자신이 선호하는 주제에 대해 흥미를 가지며 높은 과제 집착력으로 오랜 시간 동안 그 주제를 해결하려 한다. 따라서 영재 교수-학습모형들은 이와 같은 영재의 특성을 고려하여 많은 부분에서 자기 주도적인 학습능력과 산출물 제작을 통한 창의성을 향상시키기 위한 요소들을 포함시키고 있다.

2. 교수－학습모형

1) 렌줄리(Renzulli)의 삼부심화학습모형

렌줄리의 모형은 세 고리 영재 개념에 기초하여 개발되었고 여러 영재교육 교수－학습모형 중 가장 널리 활용되고 있다. 기본원리는 학생 개개인의 흥미 개발의 기회를 부여하고 학습 선택의 자율권을 존중하며 개별화 교수-학습의 환경을 제공하는 것이다. 1부 심화는 일반적 탐색활동(General exploratory activities)으로 이는 다양한 자료를 제시하여 학생들로 하여금 광범위하고 다양한 주제를 접하게 함으로써 장차 3부 심화활동에서 관심 주제에 대해 깊이 있게 연구할 수 있도록 도와주는 과정이다. 2부 심화단계는 집단 훈련

(Group training activities)으로 인지적·정의적 훈련, 학습방법의 학습, 사고력 및 문제해결력, 학습 및 연구기능, 다양한 의사소통 기능 등을 계발한다. 마지막 3부 심화단계는 개별적(소집단 활동) 실제 문제의 탐구(Individual & Small group investigations of real problems) 단계로 삼부심화 3단계 모형 중 가장 핵심적인 과정이며 자신이 습득한 지식과 기능을 적용하며 산출물 발표의 기회를 가지게 된다.

2) 트레핑거(Triffinger)의 자기 주도적 학습모형

자기 주도적 학습모형의 기본개념은 자신의 관심분야를 직접 계획하고 수행하고 평가할 때 그들의 잠재능력과 재능이 최대로 개발된다는 것이다. 이를 위해 교수-학습활동을 4단계로 구성하는데 교사주도의 학습단계, 1차 자기 주도적 단계, 2차 자기 주도적 단계, 3차 자기 주도적 단계가 그것이다. 교사 주도의 학습단계는 쉽게 말해 교사 중심의 수업 방식으로, 교사가 학생들에게 무엇을 어떻게 해야 할지를 정해준다. 1차 자기 주도적 단계에서는 교사가 학생들에게 다양한 선택권을 제공하고, 2차 자기 주도적 단계에서는 학생들의 학습활동이나 목표에 좀 더 능동적으로 참여하고 의사결정한다. 마지막으로 3차 자기 주도적 단계는 학생 스스로 학습할 내용과 목표를 정하고 평가하며 교사는 조력자의 역할을 담당하는 것이다.

3) 베츠(Betts)의 자율적 학습모형

이 모형에서는 학생들이 자발적으로 자신의 학습을 조직, 수행, 평가할 수 있다고 가정한다. 이를 위해 오리엔테이션, 자기개발, 심화학습활동, 세미나, 심층연구의 5개 차원으로 구성하고 학생들의 의사를 적극적으로 존중 반영한다. 오리엔테이션에서는 프로그램과 학생의 역할을 소개하고 자기개발에서는 다양한 학습기능을 배우고 각자에게 적합한 교육과정을 개발한다. 심화학습활동에서는 학습자 중심의 내용 선정에 초점을 두어 주제와 관련된 영역 탐구, 집단활동을 하며 세미나에서는 3~5명으로 조직된 소집단의 학생들이 그동안 연구한 주제를 세미나 형식으로 발표한다. 마지막으로 심층연구에서는 개인 또는 2~3명의 소집단을 조직하여 자신의 관심사를 심도 있게 연구하게 된다.

4) 창의적 문제해결모형(Creative Problem Solving: CPS)

Osborn-Parnes의 창의적 문제해결 모형은 문제를 이해하고 아이디어를 생성하여 행동을 위한 계획을 수립하는 단계를 거친다. 문제의 이해단계에서는 관심영역 및 자료, 문제를 발견하고, 아이디어 생성 단계에서는 문제해결에 도움이 될 만한 다양한 아이디어 중 한 개 또는 몇 개의 아이디어를 선택한다. 마지막으로 행동을 위한 단계에서는 선택된 아이디어를 체계적으로 발전시키고 최종적으로는 선택한 아이디어를 현실에서 실현시키기 위한 구체적인 행위 계획을 수립한다.

5) 퍼듀(Purdue)의 3단계 심화학습모형

이 모형은 확산적·수렴적 사고능력의 신장인 1단계, 창의적 문제해결력 개발인 2단계, 독립적 학습능력의 개발인 3단계로 구성된다. 단계 1에서는 각 영역에서 적합한 내용과 기본 기능을 교수하며, 2단계에서는 프로젝트 활동에서 활용할 수 있는 더욱 복잡하고 실용적인 전략을 강조한다. 마지막 3단계에서는 단계 1에서 획득한 사고 기능과 단계 2에서 학습한 전략을 사용하여 자기 주도적인 학습 프로젝트를 경험할 수 있는 기회를 제공한다.

3. 영재 교수-학습모형을 활용한 수업방법

이상에서 제시한 영재 교수-학습모형 외에도 많은 수업모형이 있으나 가장 대표적인 내용들을 정리한 것에 불과하다. 그 특징들을 정리해보면 자기 주도적, 자율적 학습자가 되도록 도와주며 창의적 아이디어를 산출할 수 있도록 한다는 공통점이 있다. 즉 학생들이 탐구 프로젝트를 수행해 나갈 수 있도록 하되 처음에는 교사가 주도하여 가르치다가 점차적으로 학생이 주도하는 학습으로 바꾸어 나가는 것이며 마지막에는 학생들이 창의적 결과물을 서로 공유하게 된다. 이러한 영재 교수-학습모형의 특징을 살려 과학수업을 구조화·재구성하여 지도하게 된다면 학생들로 하여금 재미있게 학습할 수 있는 기회를 제공하게 되고 보다 자기 주도적으로 공부하는 좋은 수업환경을 제공할 수 있는 것이다.

4. 영재 교수-학습모형을 활용한 수업의 실제

본 장에서는 과학과수업에서 에너지 단원을 재구성하여 지도할 수 있는 예시를 제공하고자 한다. 주제는 신재생에너지로서 최근 정부의 핵심정책이며 안정적 미래사회를 열어갈 대안으로 급부상하고 있는 내용이다.

1) 학습목표

① 신재생에너지의 개념 및 활용에 대해 이해할 수 있다.
② 풍력에너지 및 발전기의 개념을 이해하고 직접 풍력발전기를 제작할 수 있다.
③ 태양에너지의 개념을 이해하고 태양열 조리기, 태양광 자동차를 만들 수 있다.
④ 무공해 연료전지의 개념과 원리를 이해하고 숯전지 및 무공해 연료전지를 만들 수 있다.
⑤ 주어진 주제에 대한 창의적 탐구 결과를 발표하고 산출물을 서로 공유하면서 새로운 정보를 얻을 수 있다.

2) 학습내용

① 지구온난화의 문제점 파악 및 해결방안인 신재생에너지에 대해 알기
② 발전기의 원리 이해 및 풍력 발전기 제작하기
③ 태양에너지의 이해 및 태양광자동차, 태양열조리기 제작하기
④ 무공해 연료전지의 개념, 원리 이해 및 숯전지, 무공해 연료전지 제작하기
⑤ 창의적 산출물 제작 및 발표하기

3) 관련교육과정

① 쾌적한 환경(6학년 2학기, 3단원)
② 환경과 생물(5학년 2학기, 1단원)
③ 에너지(5학년 2학기, 8단원)
④ 열의 이동과 우리 생활(4학년 2학기, 8단원)

4) 지도의 중점

(1) 계획수립단계

지구온난화로 인한 기후변화의 심각성을 이해하고 지구온난화를 야기하는 원인에 대해 생각해보게 한다. 경제 발전을 도모하면서 지구환경을 지킬 수 있는 에너지자원 활용방안인 신재생에너지의 필요성과 그 개념에 대해 이해하게 함으로써 자연스럽게 신재생에너지 탐구에 대한 흥미와 필요성을 가지게 한다.

(2) 지식 및 기능습득

직접 조작하고 체험하는 활동(풍력발전기 만들기, 태양광자동차 만들기, 태양열 조리기 만들기, 무공해 연료전지 및 숯전지 만들기)을 통해 신재생에너지를 좀 더 쉽고 재미있게 공부하도록 하며 이를 통한 자연스러운 개념형성을 유도한다.

(3) 산출물 수행 및 발표

산출물 발표의 결과보다는 산출물 발표준비의 과정을 중요시하고 모둠별 상호협력이 잘 이루어지도록 한다. 또한 서로의 생각을 나누어보도록 한다.

5) 교수-학습지도 계획

단계	주제명	주요내용	수업방법	차시
계획 수립	신재생에 너지	• 기후변화 동영상 시청 • 지구온난화 브레인라이팅 • 녹색성장 관련 스크랩 • 신재생에너지 자료 수집 • 신재생에너지 프로젝트 학습을 위한 모둠별 탐구 및 토의활동	조사 자료수집 토의/토론 비디오시청	1, 2차시 (80분)
지식 및 기능 습득	풍력 에너지	• 화석에너지의 문제점 파악(Fishbone diagram) • 발전기의 원리 • 풍력발전기 제작 • 전기를 많이 생산하는 조건	관찰 조사 토의/토론 제작	3, 4차시 (80분)
	태양 에너지	• 태양에너지의 활용방법(SWOT분석 활용) • 태양광과 태양열에너지 차이점 이해(마인드맵) • 태양광 자동차 제작 • 태양열 조리기 제작	토의/토론 조사 제작	5, 6차시 (80분)
	무공해 연료전지	• 무공해 연료전지의 개념 및 원리(브레인라이팅) • 숯전지 만들기 • 무공해 연료전지 만들기	토의/토론 조사 제작	7, 8차시 (80분)

산출물 수행 및 발표	신재생에 너지가 답이다	• 창의적 산출물 주제 확인하기 • 창의적 산출물 발표 • 창의적 산출물 게시 및 관람 • 창의적 산출물 관람소감 더하기 • 창의적 산출물에 나타난 결과 발표하기	산출물 제작 발표	9, 10차시 (80분)

6) 차시별 교수-학습활동

(1) 신재생에너지(1∼2차시)

주제명	신재생에너지	차시	1∼2차시
학습목표	• 지구온난화와 이에 따른 기후변화의 문제점을 설명할 수 있다. • 신재생에너지의 개념 및 활용에 대해 이해할 수 있다. • 모둠별 탐구활동을 통해 프로젝트 학습 준비를 할 수 있다.		
준비물	• 기후변화 관련 동영상, B4용지, 포스트잇, 신문 및 잡지, 자기반성 학습지		
창의학습 활동	• 지구온난화로 인한 기후변화에 자신이 미친 영향에 대해 생각해보고 정리해보는 시간을 가짐으로써 에너지 자원의 절약과 환경보존의 필요성을 적극적으로 생각해보게 한다. • 브레인라이팅 기법을 활용한 모둠 토의활동을 함으로써 주제에 대한 개념정리를 명확하게 하고 모둠 별 협동 활동을 원활하게 이끈다.		

학습단계	교수-학습활동	시간	유의점
도입	• 흥미로운 동기유발 　- '지구가 뜨거워지고 있어요' 동영상 시청을 통해 지구온난화 　　문제의 심각성 인식 　- 환경문제의 심각성과 '성장' 자체의 문제에 대해 생각해 볼 　　수 있는 기회 제공 • 개념의 확장시도 　- 지구온난화 문제를 적극적으로 해결할 수 있는 대안인 '녹색 　　성장' 문제 언급 • 학습활동 안내 　- 신재생에너지의 개념 및 활용방법에 대해 알아보고 프로젝트 　　학습을 준비	10'	• 녹색성장에 대해 언급 할 때에는 본활동의 개 념확장에 자연스럽게 연 결되도록 한다. • 동영상 시청 후 적절한 질문을 통해 본수업의 동 기를 유발한다.
본활동	• 지구온난화 브레인라이팅(활동 1) 　- 지구온난화와 관련한 주제에 대해 생각열기 　- 모둠별 브레인라이팅 결과 공유하기 • 녹색성장 관련 스크랩(활동 2) 　- 개념의 확장 및 해결방안 도출 • 개인의 삶 돌아보기(활동 3) 　- 환경적, 생태적 관점에서 자신의 삶 돌아보기 • 신재생에너지 자료수집(활동 4) 　- 자료수집 전 신재생에너지 개념 정리하기 　- 인터넷 정보검색을 통해 신재생에너지 자료수집하기 • 신재생에너지 프로젝트 학습을 위한 모둠별 활동(활동 5)	60'	• 다양한 활동을 통해 주 제에 자연스럽게 접근 하도록 한다. • 모둠별 토의/토론 활동 에서는 활발한 상호작 용이 이루어지도록 조 언한다.
정리	• 학습정리 　- 신재생에너지의 개념 및 필요성, 활용방안 정리하기 • 차시예고	10'	• 학습 준비물 예고 및 사 전과제 인식

★ 1, 2차시 학생활동 ★

학생활동	• 흥미로운 동기유발   〈'지구가 뜨거워지고 있어요' 시청〉 • 지구온난화 브레인라이팅 활동   〈개인생각 정리하기〉　　　　〈같은 종류로 분류하기〉   〈모둠별 발표 활동〉 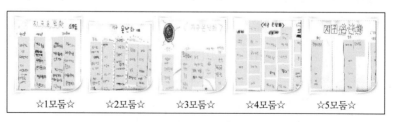 ☆1모둠☆　☆2모둠☆　☆3모둠☆　☆4모둠☆　☆5모둠☆ 〈모둠별 브레인라이팅 결과물〉

• 녹색성장(신재생에너지 포함) 스크랩 활동

〈관련기사 찾기〉

〈필요기사 잘라내기〉

〈생각 더하기〉

〈스크랩 활동 자료〉

학생활동

〈자신의 생활 되돌아보기 활동〉

〈자신의 생활 되돌아보기 학습지〉

(2) 풍력 에너지(3~4차시)

주제명	풍력 에너지	차시	3~4차시
학습목표	• 발전기의 원리에 대해 이해할 수 있다. • 풍력발전기를 직접 제작해보고 시연할 수 있다.		
준비물	• 풍력발전 관련 사진자료, B4용지, 풍력발전 만들기 자료, 마인드맵 학습지		
창의학습 활동	• 풍력발전에 따른 에너지생산의 긍정적 측면의 부각을 위해 현재 사용하고 있는 화석에너지의 여러 가지 문제점들을 Fishbone diagram으로 나타내고 이에 대한 해결방안으로 제시되는 여러 가지 방법들에 대해 생각해본다. 특히 그 대안 중 대표적인 예인 풍력발전에 대해 다시 한 번 더 생각해보는 기회를 가진다. • 학습과 풍력발전기 제작이 다 끝난 후에 심화활동으로 전기를 더 많이 생산할 수 있는 조건들에 대하여 마인드맵을 이용해 사고 확산을 하도록 돕는다.		

학습단계	교수-학습활동	시간	유의점
도입	• 흥미로운 동기유발 - 풍력발전 사진(산 전체가 풍력발전기로 덮여있는 장면)을 제시하면서 자연스럽게 학습문제에 접근함 - 풍력발전기가 많이 설치되어 있는 이유에 대해 서로 묻고 답하는 활동을 함 • 화석에너지 사용의 문제점 파악 - Fishbone diagram을 이용하여 화석에너지 사용의 문제점을 제시하고 그 문제의 주요원인을 카테고리화함. 주요원인의 카테고리를 검토하여 자연스럽게 신재생에너지, 특히 풍력에너지의 필요성을 알게 함 - 문제점에 대한 해결방안을 모색함	20'	• 이유를 묻고 답하는 활동에서 자연스러운 발표 분위기를 조성한다. • Fishbone diagram 활동 시 각 원인과 원인과의 관계들을 이해하면서 토의·토론이 되도록 한다.
본활동	• 발전기의 원리 및 구조 파악(활동 1) - 발전기의 기본원리인 운동유도기전력 파악 - 발전기의 구성(고정자, 회전자, 여자기, 베어링 및 급유장치, 통풍 및 냉각장치) 알기 • 풍력발전기 제작(활동 2) - 모둠별 발전기 제작도 구상 - 발전기 제작 및 시연 • 전기를 많이 생산하는 조건 알아보기(활동 3) - 개인 마인드맵을 활용한 브레인스토밍을 하여 다양한 조건에 대해 생각해보고 향후 프로젝트 활동에 활용되도록 함	55'	• 활동 1에서 PPT를 활용하여 개념 설명을 한다. • 풍력발전기 제작 전에는 미리 제작도를 구상하여 정확히 제작이 되도록 한다.
정리	• 학습정리 - 풍력발전의 개념 및 원리 정리하기 • 차시예고	5'	• 학습준비물 예고

학생활동

• 화석에너지 사용의 문제점 파악

| 생각 모으기 | 토의·토론 | 모둠별 발표 1 | 모둠별 발표 2 |

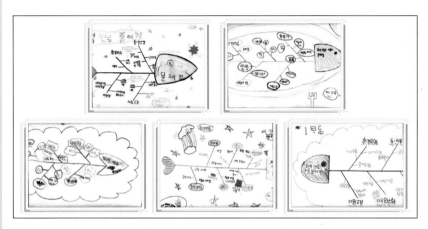

〈모둠별 Fishbone diagram 결과물〉

• 풍력발전기 제작

〈풍력발전기 제작 활동〉

• 전기를 많이 생산하는 조건 알아보기

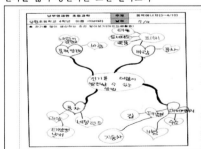

〈전기를 많이 생산하는 조건 마인드맵 활동〉

(3) 태양 에너지(5~6차시)

주제명	태양 에너지		차시	5~6차시
학습목표	• 태양에너지의 개념을 이해하고 태양열과 태양광에너지의 차이점을 인식할 수 있다. • 태양에너지의 효율적 활용방법을 말할 수 있다. • 태양광 자동차를 직접 제작하여 시연할 수 있다. • 태양열 조리기를 직접 제작하여 시연할 수 있다.			
준비물	• 태양열에너지 자동차 동영상 자료, SWOT분석 학습지, 마인드맵 학습지, 태양광 자동차 제작자료, 태양열 조리기 제작자료			
창의학습활동	• 미래 신재생에너지의 핵심인 태양광에너지의 특징과 효과적인 활용방법을 알아보기 위해 모둠별로 SWOT를 제작한다. 이를 통해 각 모둠에서 최상의 활용방법을 제시하게 된다. 예를 들면 '기회를 잘 활용하여 태양에너지의 강점을 살릴 수 있는 방법은?', '태양에너지의 강점으로 태양에너지의 위기를 극복하는 방법은?' 등과 같은 것이다.			

학습단계	교수 – 학습활동	시간	유의점
도입	• 흥미로운 동기유발 - 한 스위스 교사가 '솔라택시'로 직접 이름을 붙인 자신의 태양열 자동차를 타고 17개월간 세계 일주한 동영상을 활용함 • 태양에너지 활용방법 - 모둠별 SWOT분석을 실시 (모둠별로 S/O, S/T, W/O, W/T의 방법 중 한 가지 방법을 선택하여 발표함) - 태양에너지의 특징 파악 (태양열, 태양광에너지의 차이점 인식. 마인드맵)	30'	• SWOT활동 시 다양한 의견이 제시되도록 분위기를 조성한다. 모둠별 발표활동을 통해 서로의 정보를 공유한다.
본활동	• 태양열 조리기 설계하기(활동 1) - 학습지를 활용하여 모둠별 아이디어 구상, 설계 • 태양열 조리기 제작(활동 2) - 모둠별 협동 제작, 시연 • 태양광 자동차 설계하기(활동 3) - 학습지를 활용하여 모둠별 아이디어 구상, 설계 • 태양광 자동차 제작하기(활동 4) - 모둠별 협동 제작, 시연	65'	• 날씨에 따라 시연결과가 달라질 수 있음을 상기시키고 날씨가 흐릴 경우를 대비하여 밝은 전구를 준비한다.
정리	• 학습정리 - 태양에너지의 특징, 개념, 활용방법 정리하기 • 차시예고	5'	• 학습준비물 예고

★ 5, 6차시 학생활동 ★

• 흥미로운 동기유발

〈'솔라택시' 동영상 자료 시청 모습〉

• 태양에너지 활용방법

| 개인별 분석 | 모둠 SWOT 작성 | 모둠별 발표 |

학생활동

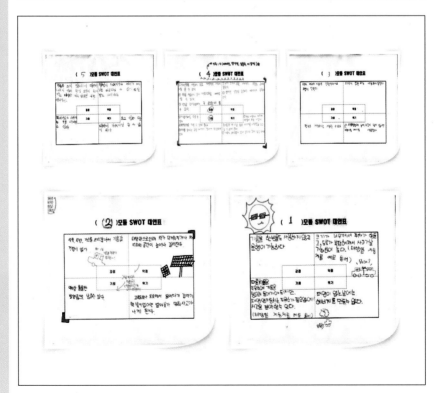

• 태양열 조리기 설계하기

〈태양열 조리기 설계하기〉

• 태양열 조리기 제작활동

〈태양열 조리기 제작활동〉

학생활동

• 태양광 자동차 설계하기

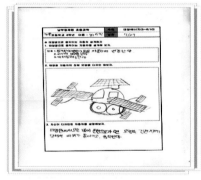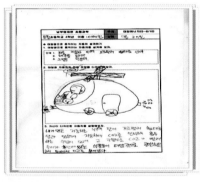

〈태양광 자동차 설계하기〉

• 태양광 자동차 제작활동

〈태양광 자동차 제작활동〉

(4) 무공해 연료전지(7~8차시)

주제명	무공해 연료전지	차시	7~8차시
학습목표	• 무공해 연료전지의 개념과 원리에 대해 이해할 수 있다. • 숯전지를 만들어보고 그 원리를 이해할 수 있다. • 무공해 연료전지를 만들어보고 그 원리를 이해할 수 있다.		
준비물	• 하이브리드 자동차 동영상 자료, B4용지(브레인라이팅), 숯, 알루미늄 호일, 키친타월, 소금, 물, 전선 집게, LED(전구), 필름통, 나사못, 활성탄, 직류전원장치, 발광다이오드, 황산나트륨 수용액, 직류전원공급장치		
창의학습 활동	• 브레인라이팅 기법으로 무공해 연료전지의 개념에 대해 학습하도록 한다. 모둠별 토의, 토론 학습을 통해 서로의 생각을 나누는 의미 있는 시간을 가지며 개념 및 원리, 사용방법, 장점 및 단점 등을 자연스럽게 이해하게 된다.		

학습단계	교수-학습활동	시간	유의점
도입	• 흥미로운 동기유발 - 하이브리드 자동차 동영상 자료를 통해 기존 화석연료를 이용한 엔진 외에 연료전지를 활용하여 전기모터를 구동하는 방식을 설명한다. 이를 통해 대기 중 오염물질 방출을 최소화하며 에너지 자원의 절약을 도모함을 인지케 한다. • 무공해 연료전지의 개념 - 모둠별 브레인라이팅 활동 실시 - 정리된 내용은 모둠별로 발표하여 정보를 공유함	15'	• 브레인라이팅 활동 시에는 어떠한 생각도 수용하여 창의적인 생각이 폭발하도록 한다.
본활동	• 숯전지 만들기(활동 1) - 준비물 종류별로 확인 후 실시 - 소금물을 포화용액으로 만드는 것이 바람직함 - 알루미늄 호일이 숯에 닿지 않도록 지도 - 숯전지의 (-)극은 알루미늄 호일, (+)극은 숯 - 숯전지를 이용해 LED전구에 불이 들어오는지 확인하고 직렬로 연결해보아 어떤 변화가 있는지 관찰 • 무공해 전지 만들기(활동 2) - 황산나트륨 수용액에 담가둔 활성탄을 이용 - 뚜껑을 덮은 필름통을 sealing tape를 사용하여 틈이 없도록 막아줌 - (+), (-) 전극을 결정하여 필름통에 표시	60'	• 절대 알루미늄 호일이 숯에 닿지 않도록 반드시 지도한다. • 직류전원장치를 이용해 10V, 30초 정도 전류를 흘려준다.
정리	• 학습정리 - 태양에너지의 특징, 개념, 활용방법 정리하기 • 차시예고 - 프로젝트 발표 - 모둠 구성원 모두가 발표하도록 예고	5'	• 프로젝트 학습 발표회 준비 예고

학생활동

• 무공해 연료전지의 개념

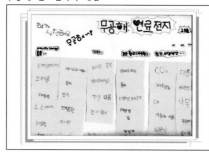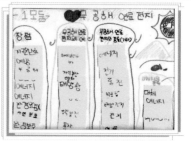

〈모둠별 브레인라이팅 결과물〉

• 숯전지 만들기

소금물에 적신 키친타월을 숯에 감싸기

▼

키친타월 위에 알루미늄 호일을 감싸기

▼

(+), (-)극을 확인하면서 LED다이오드에 연결하기

• 무공해전지 만들기

〈무공해전지 충전/시연〉

(5) 신재생에너지가 답이다(9~10차시)

주제명	신재생에너지가 답이다.	차시	9~10차시
학습목표	• 신재생에너지에 대한 개념을 정립할 수 있다. • 모둠별 주어진 주제에 대한 창의적 탐구 결과를 발표할 수 있다. • 모둠별 탐구수행 결과물을 서로 공유하면서 새로운 정보를 얻을 수 있다.		
준비물	• 모둠별 창의적 산출		
창의학습 활동	• 모둠별로 창의적 산출물에 대한 발표가 끝나고 나면 각 결과물을 게시하여 정보를 공유하도록 한다. 이 때 포스트잇을 사용하여 자신이 살펴본 소감과 느낀 점을 창의적 산출물에 붙이도록 하여 자신의 의견을 개진한다. 창의적 산출물 게시가 끝나고 나면 다시 수거하여 각 모둠에 나타난 의견을 종합하여 발표하고 자유롭게 서로 의견을 주고받는 활동을 한다.		

학습단계	교수-학습활동	시간	유의점

도입	• 창의적 산출물 주제 확인하기
	  - 지구온난화와 그에 따른 문제점
	  - 신재생에너지란?
	  - 풍력자원의 활용
	  - 태양에너지자원의 활용
	  - 무공해 연료전지의 활용
	• 발표순서 정하기
	  - 가급적 희망에 의해 배정
	  - 가급적 주제의 흐름에 적합하게 배정
		10'	• 프로젝트 학습 준비를 어떻게 했는지 물어보면서 주의를 환기시킨다.
			
			• 순서배정 시 가위, 바위, 보에 의한 결정이 되지 않도록 한다.

본활동	• 창의적 산출물 발표
	  - 도입부에 정해진 발표순서를 지킴
	  - 가급적 한 사람이 독점적으로 발표하는 것이 아니라 모둠 구성원 모두가 참여하도록 지도
	  - 발표 시 경청자의 경청태도를 지속적으로 확인
	  - 발표를 들으면서 자신이 느낀 점, 궁금한 점, 추가할 점 등을 노트에 정리하며 듣도록 함('창의적 산출물에 관람 소감 더하기' 시 활용함)
	• 창의적 산출물 게시/관람
	  - 발표가 끝난 후 게시/관람
	• 창의적 산출물 관람 소감 더하기
	  - 발표를 들으면서 기록한 노트를 가지고 해당 산출물에 자신의 의견을 포스트잇을 사용하여 나타내도록 함
	• 창의적 산출물에 나타난 결과 발표하기(모둠별)
		65'	• 다른 모둠 발표 시 자신이 속한 모둠의 발표준비를 하지 못하도록 지도한다.
			
			• 기록을 하면서 발표를 듣게 하여 발표에 집중함과 동시에 좋은 의견을 더할 수 있는 요소가 된다.

정리	• 차시예고 - 현장체험학습 예고	5'	• 현장학습 안내

• 창의적 산출물 발표

<table>
<tr>
<td rowspan="3">학생활동</td>
<td>

〈1모둠〉
</td>
<td>
★ 지구온난화와 그에 따른 문제점
- 지구온난화란?
- 지구온난화의 문제점
- 지구온난화의 원인
- 지구온난화의 예방법
- 조사학습 위주 전개
- 기타 지구온난화 관련 사진자료 준비
</td>
</tr>
<tr>
<td>

〈2모둠〉
</td>
<td>
★ 신재생에너지
- 신재생에너지의 정의
- 신재생에너지의 종류
- 신재생에너지의 중요성
- 신재생에너지의 활용
- 신재생에너지가 사용되는 미래 가정환경 일기쓰기
</td>
</tr>
<tr>
<td>

〈3모둠〉
</td>
<td>
★ 풍력에너지의 활용
- 풍력에너지의 역사
- 풍력발전기 장점/단점
- 단점의 보완방법
- 우리나라의 이용현황
- 프로젝트 학습 수행 시 느낀 점
</td>
</tr>
</table>

<table>
<tr><td rowspan="3">학생활동</td><td colspan="2">

• 창의적 산출물 발표

★ 태양에너지의 활용
 - 태양에너지란?
 - 태양에너지 장/단점
 - 태양에너지의 활용
 - 태양열 조리기 실험을 통
  한 온도의 변화 관찰
 - 미래의 태양에너지

〈4모둠〉

★ 무공해 연료전지
 - 연료전지의 개념, 원리
 - 숯전지
 - 활용방안
 - 연료전지의 기대효과
 - 실험과정 사진 첨부

〈5모둠〉

• 창의적 산출물 게시 및 관람

〈창의적 산출물 게시/관람〉

• 창의적 산출물 관람소감 더하기

〈창의적 산출물 관람소감 더하기〉

</td></tr>
</table>

7) 창의적 평가도구

(1) 서술형 문제(1)

출제 문항(서술형)
[친구들과 재미있게 모여 TV를 보던 중 이상한 섬나라 얘기를 듣게 되었다. 나라가 점점 물에 잠기고 있으며 머지않아 나라가 통째로 바닷속으로 들어가 버린다는 이야기였다. 너무나 궁금하여 친구들과 인터넷 정보검색을 통해 그 나라를 알게 되었는데 그 나라는 바로 물에 잠기고 있는 섬나라 '투발루'였다. 친구들과 왜 이런 현상이 나타나는지 얘기하였으나 정확한 답을 찾을 순 없었다.] 자, 여러분은 이러한 현상이 나타나는 원인이 무엇이며 그것을 해결하는 방법이 무엇인지 잘 알고 있을 것입니다. **원인**과 **해결방법**을 설명해보세요.

정답 및 채점 기준
〈정답〉

원인: 지구온난화의 영향으로 해수면이 상승하고 이로 인해 점차 국토가 물에 잠기고 있다.
해결방안
- 녹색기술과 청정에너지와 같은 신기술을 이용하여 경제성장을 하면서 온실가스와 환경오염을 줄인다.
- 환경을 훼손하지 않고 개선하면서 경제성장을 한다.
- 환경을 새로운 동력으로 삼아 경제성장을 한다.
- 화석연료의 사용을 줄인다.
- 에너지를 아껴 쓰고 자연환경을 보호한다.
- 지구온난화를 부추기는 이산화탄소의 배출을 억제한다.

〈채점기준〉

배 점	채점 기준
4	원인과 해결방안을 정확하게 설명한 경우
3	원인과 해결방안을 설명하였으나 설명이 부족한 경우
2	원인과 해결방안 중 하나를 정확하게 제시한 경우
1	원인과 해결방안 중 하나를 불분명하게 제시한 경우
0	원인과 해결방안을 제시하지 못한 경우

(2) 서술형 문제(2)

출제 문항(서술형)
우리 미래의 희망이며 성장동력인 신재생에너지 중 하나를 골라 설명하고 그 활용방법에 대해 적어보세요.

정답 및 채점 기준
〈정답〉

[연료전지, 석탄액화가스화, 수소에너지, 태양에너지, 바이오매스, 풍력, 소수력, 지열, 해양에너지, 폐기물에너지] 중 하나의 에너지를 선택하여 설명하고 활용방법을 제시한다.

〈채점기준〉

배 점	채점 기준
4	신재생에너지 중 하나를 선택하고 설명, 활용방법이 정확히 제시된다.
3	신재생에너지 중 하나를 선택하고 설명, 활용방법을 제시하였으나 다소 부족하다.
2	신재생에너지 중 하나를 선택하였으나 설명, 활용방법 중 하나를 제시한다.
1	신재생에너지 중 하나를 선택하였으나 설명, 활용방법이 없다.
0	신재생에너지 중 하나를 선택하지 못한다.

(3) 주관식 문제(1)

출제 문항(주관식)
우리 미래의 희망이며 성장동력인 신재생에너지는 8개 재생에너지 분야와 3개의 신에너지분야로 나누어집니다. 11가지 신재생에너지를 생각나는 대로 적어보세요.

정답 및 채점 기준

〈정답〉
연료전지, 석탄액화가스화, 수소에너지, 태양에너지, 바이오매스, 풍력, 소수력, 지열, 해양에너지, 폐기물에너지

〈채점기준〉

배 점	채점 기준
4	신재생에너지 중 여덟 가지 이상 제시한다.
3	신재생에너지 중 여섯 가지 이상 제시한다.
2	신재생에너지 중 네 가지 이상 제시한다.
1	신재생에너지 중 두 가지 이상 제시한다.
0	신재생에너지를 한 가지도 제시하지 못한다.

(4) 주관식 문제(2)

출제 문항(주관식)
풍력발전의 장점과 단점에 대해 생각나는 대로 설명해보세요.

정답 및 채점 기준

〈정답〉
1. 장점
· 지구온난화 방지를 위한 가장 적극적인 대처방안
· 풍력자원이 풍부하고 재생 가능한 에너지원
· 공해의 배출이 없어서 청정성, 환경친화성을 가짐
· 외국인의 경우 비용 면에 있어서 발전단가가 핵발전의 발전단가와 같은 수준으로 매우 경제적이고 친환경적임
· 수려한 미관으로 관광산업으로의 개발 가능
· 완전 자동운전으로 관리비와 인건비의 절감
2. 단점
· 에너지의 밀도가 낮아 바람이 안 불 경우 발전이 불가하므로 특정지역에 한   정되어 설치가 가능함
· 바람이 불 때만 발전이 가능하므로 저장장치의 설치가 필요
· 초기 투자비용이 아주 큼
· 소음의 발생 문제 대두됨

〈채점기준〉

배 점	채점 기준
4	장점과 단점 각각 2개 이상을 제시한다.
3	장점과 단점 각각 2개 이상을 제시하나 다소 부족하다.
2	장점과 단점 각각 하나 이상을 제시한다.
1	장점과 단점 중 하나 이상을 제시한다.
0	장점과 단점을 제시하지 못한다.

(5) 객관식 문제(1)

출제 문항(객관식)

다음 중 태양광의 특징 중 장점이 **아닌 것**을 고르세요.
① 유지보수가 용이하며 무인화가 가능하다.
② 초기 투자비와 발전단가가 높다.
③ 에너지원이 청정하고 무제한이다.
④ 필요한 장소에서 필요량의 발전이 가능하다.
⑤ 긴 수명을 자랑한다.

정답 및 채점 기준

〈정답〉
② 초기 투자비와 발전단가가 높다.
※ **초기투자비와 발전단가가 높은 것은 태양광의 특징 중 단점에 해당한다.**

(6) 객관식 문제(2)

출제 문항(객관식)

다음은 숯전지에 대한 설명이다. **틀린** 설명을 한 사람은 누구인지 고르세요.
① 기철: 소금과 물을 저어서 소금물을 만드는데 가능하다면 포화용액이 좋다.
② 수미: 알루미늄을 감쌀 때 절대로 알루미늄이 숯에 닿지 않도록 한다.
③ 창진: 완성된 숯전지의 (+)극과 (-)극이 어디인지 테스터로 확인한다.
④ 미선: 알루미늄이 (+)극, 숯이 (-)극이다.
⑤ 동수: 숯전지는 일종의 화학전지이다.

정답 및 채점 기준

〈정답〉
④ 미선: 알루미늄이 (+)극, 숯이 (-)극이다.
※ **알루미늄이 (−)극, 숯이 (+)극이다.**

8) 차시별 학습지

녹색성장, 그리고 신재생에너지	주제	신재생에너지(1~2/10)
○학년 ○반 이름:	날짜	

♣ 자원활용과 관련하여 나의 생활 되돌아보기

녹색성장, 그리고 신재생에너지	주제	신재생에너지(1~2/10)
○학년 ○반 이름:	날짜	

♣ 녹색성장과 관련한 신문 스크랩하기(신재생에너지, 환경보호 포함)

녹색성장, 그리고 신재생에너지	주제	풍력에너지(3~4/10)
○학년 ○반 이름:	날짜	

♣ 전기를 많이 생산하는 조건 알아보기(마인드맵활동)

녹색성장, 그리고 신재생에너지	주제	풍력에너지(5~6/10)
○학년 ○반 이름:	날짜	

♣ 태양에너지의 특징(마인드맵)

태양에너지

녹색성장, 그리고 신재생에너지	주제	풍력에너지(5~6/10)
○학년 ○반 이름:	날짜	

♣ 태양광으로 움직이는 자동차 설계하기

1. 태양광으로 움직이는 자동차를 설계해보자.

> 단계 1.
>
> 단계 2.
>
> 단계 3.

2. 태양광 자동차의 전체 모양을 디자인해보자.

3. 자신이 디자인한 자동차를 설명해보자.

녹색성장, 그리고 신재생에너지	주제	풍력에너지(5~6/10)
○학년 ○반 이름:	날짜	

♣ 태양열 조리기를 만들어보자

1. 태양열 조리기를 설계해보자.

> 단계 1.
>
> 단계 2.
>
> 단계 3.

2. 태양열 조리기의 전체 모양을 디자인해보자.

3. 자신이 디자인한 태양열 조리기를 설명해보자.

녹색성장, 그리고 신재생에너지	주제	무공해 연료전지(7~8/10)
○학년 ○반 이름:	날짜	

♣ 숯전지에 대해 알아보자.

1. 숯전지를 만드는 방법에 대해 설명해보자.

> 단계 1.
> 단계 2.
> 단계 3.
> 단계 4.
> 단계 5.
> 단계 6.

2. 숯전지의 에너지는 어디에서 나오는 것일까? 모둠별로 토의해보자.

3. 전지에서 전자를 잃는 금속이 (-)극이 되고, 전자를 얻는 금속이 (+)극이 된다. 숯전지에서 (-)극과 (+)극의 역할을 하는 것은 각각 무엇인가?

녹색성장, 그리고 신재생에너지	주제	신재생에너지가 답이다(9~10/10)
○학년 ○반 이름:	날짜	

♣ 프로젝트 학습을 하고 느낀 점을 자유롭게 적어주세요.

III. 결론

흔히 과학교육이라고 하면서 교육과정상의 과학교육과 영재교육에서의 과학교육을 서로 분리하여 생각하는 경우가 많다. 대부분 학교에서 배우는 과학은 국가에서 정한 교육내용을 학습하며, 내용 역시 기초적·기본적인 내용에서 시작하여 과학 원리가 심화된다고 생각한다. 반면 과학영재교육은 교사의 재량에 의해 교재 내용이 정해지고 그 수준도 훨씬 높고 심화된 내용이 많다고 생각한다. 더욱이 학교에서는 강의식 수업이 주류이며, 영재수업에서는 자기 주도적 수업이 많다고 생각한다. 이것이 현재 우리 과학교육의 모습이다. 효과 있는 과학교육은 한두 가지의 정형화된 패턴만 사용하는 것이 아니다. 즉 수업목표 달성을 위해 다양한 교육방법 및 수업모형을 적용해보아야 한다. 이제껏 영재수업모형은 그야말로 영재교육 대상자들만을 위한 것이었고 또 그렇게 생각해왔지만 이제는 달라져야 한다. 학교 과학교육에서의 장점, 그리고 영재교육에서의 장점을 충분히 검토한 후 교육내용을 재구성하여 지도한다면 보다 깊이 있는 과학교육, 보다 재미있는 과학교육을 할 수 있을 것이다.

영재수업모형의 과학교육에의 적용에 관한 연구는 그리 많지 않다. 하지만 많은 연구와 선생님들의 노력이 더해진다면 과학교육에의 새로운 모형 제시 및 보다 발전된 과학교육을 이룰 수 있으리라 생각한다.

참고문헌 및 참고사이트

부산광역시교육청(2006), 『초등과학 영재교육 교수-학습자료 I』.
부산광역시교육청(2006), 『초등과학 영재교육 교수-학습자료 II』.
부산광역시영재교육진흥원(2007), 『부산광역시영재교육연구회 연구논문집』.
교육과학기술부(2007), 『영재교육담당교원 심화연수 과학 편』, 제5기 교재.
부산광역시영재교육진흥원(2008), 『부산광역시영재교육연구회 연구논문집』.
초등과학교사 국외연수단(2008), 초등과학교사 국외위탁연수 교수학습자료.
부산광역시영재교육진흥원(2009), 『2009 영재교육담당교원 직무연수』, 심화과정 교재.

그린스타트 http://www.greenstart.kr
녹색성장포털 http://www.greengrowth.go.kr
생활 속의 녹색성장 http://www.green.go.kr
LG사이언스랜드 http://www.lg-sl.net
신재생에너지센터 http://www.energy.or.kr

Step 09

창의적 문제해결 과정 중심의
연극을 적용한 수업 따라하기

1. 서론

21세기의 가장 큰 화두라 할 수 있는 창의력, 국가와 사회가 모두들 너나 할 것 없이 창의력을 키우기 위해 많은 노력을 경주하고 있다. 그에 따라 창의력을 키울 수 있다고 하는 수많은 방법이 이미 나왔고, 또 계속 나오고 있다.

올해로 32주년을 맞이하고 있는 세계 최고의 창의력 경진대회인 Odyssey of the Mind, Destination Imagination과 같은 대회에서는 참가자의 창의적 사고능력을 연극(Performance) 적 형태를 이용하여 판별하고 있다. 연극은 아동의 종합적 표현 능력뿐 아니라 다양한 사고의 표출 능력까지 측정할 수 있다는 것이 학자들의 통설이고, 반대로 이야기하면 이를 통해 학생의 표현능력과 사고능력을 신장시킬 수 있는 프로그램을 제공할 수 있다는 말이다. 이미 우리의 교육 현장에는 연극 놀이라는 프로그램을 통해 아이들이 연기 활동을 통한 즐거움을 경험하고 있다. 연극이라는 활동이 아동의 종합적 사고능력과 신체활동능력을 요구하는 것이기에 학생은 연극 놀이 수업 활동에 참가하는 것만으로도 다양한 창의적 능력을 발현하게 된다. 다만 연극 놀이가 연극 활동을 통한 성취감, 즐거움 등의 정서적 목표를 가지고 있는 데 비하여, 창의적 문제해결 과정을 중심으로 활동이 계획되고 평가되는 창의 연극은 학생의 창의적 사고능력 신장에 더욱 중점을 두고 있다.

이에 초등학생들을 대상으로 창의적 문제해결 과정 중심의 창의 연극에 대한 지도 방법과 평가에 대해 살펴보고자 한다.

II. 본론

1. 창의적 문제해결 중심의 창의 연극이란?

인간의 종합적인 사고능력, 신체표현능력을 사용하여 아동의 교육적 발달을 꾀할 수 있다는 관점에서 연극을 교육에 활용하고자 하는 시도는 이미 20세기 초반부터 시작되었다. 교육적 관점에서의 연극을 학습 이론적 관점에서 볼 때, Dewey의 경험주의적 교육관점은 연극매체를 통한 다양한 환경적 경험을, Piaget의 인지발달이론에서는 학습 참여자의 능동적인 참여 행위를, Vygotsky의 근접발달영역이론에서는 연극 참여자들의 의미 협상 과정을 이론적으로 뒷받침하고 있으며 동일한 개념의 다양성에 대한 이해를 위한 현실적 맥락에서의 경험을 강조하는 구성주의 교육의 실천적 학습방법으로 사용할 수 있다.

미국 교육 연극학자인 Nellie McCaslin이 주장한 교육 연극의 공동 목표를 보면

① 창의성과 미적 감각 발달

② 비판적인 사고력 함양

③ 사회성과 협동성의 함양

④ 의사 소통력 개선

⑤ 도덕적, 정신적 가치관 함양

⑥ 자아 인식

등을 말하고 있는데 교육적 연극을 통해 아동의 창의성과 비판능력과 같은 과학적 태도를 함양할 수 있음을 설명하고 있다고 하겠다.

교육적 연극은 집단 예술적 형태이므로, 이 활동의 가치는 참여자가 자신을 집단의 구

성원으로 인식하고 그에 따른 규칙 준수와 협동심을 발휘하는 과정을 통해 사회성을 배양할 수 있으며 팀이 설정한 목표를 이루기 위해 노력하는 가운데 인내와 과제집착력을 발휘하게 된다.

1) 교육적 연극의 종류와 개념

교육적 관점에서 연극적 요소와 기능을 사용하는 예를 학교 현장 등에서 쉽게 찾아 볼 수 있다. 여러 가지 다른 상황과 목적에 맞는 교육적 연극의 종류와 개념을 정리하면 다음과 같다.

(1) Dramatic Play(연극적인 놀이)

말 그대로 아동의 유희적 관점에서 연극적인 요소가 포함된 경우를 말한다. 부모나 주변의 어른들, 또는 대중 매체를 통해 알게 된 다양한 캐릭터의 역할을 취하거나 가장하는 과정을 놀이라는 형태로 표출하는 것이다.

(2) Drama-In-Education: D.I.E(교육에서의 연극)

주로 영국에서 부르는 명칭으로 학교 현장에서 Drama를 매체로 교육하는 방습 방법인 동시에 연극을 교육하는 교과목을 말하며, 동작, 발성, 정신집중, 즉흥연기 및 역할놀이와 같은 아동의 개인적 측면의 발전을 커리큘럼 내에 포함하여 하나의 과목으로 인정하여 아동의 전인적 성장을 도모하려는 것이다.

(3) Theatre-In-Education: T.I.E(교육에서의 연극 공연)

특별한 교육적 목표를 달성하고자 연극 기법을 교실 활동으로 도입하는 시도로서 학교에서 학생에게 연극의 다양한 요소를 습득하게 하는 것은 물론이거니와 더 나아가 극장에서 연극을 상연하는 범위까지 포함한다.

(4) Educational Drama(교육적 연극)

커리큘럼상의 교과 교육적 관점이 아니라 주제 중심으로 이루어지는 수업의 내용에 연극 형태의 도구를 사용할 수 있다는 관점이다.

(5) Young People's Theater: YPT(청소년 연극)

앞서 이야기한 T.I.E보다 더 적극적인 공연 중심의 프로그램을 의미하며 공연성을 강조하다보니 학생들에게 연극적 요소를 학습시키는 것보다 공연에서 보일 효과나 결과에 더욱 주안점을 두는 것이다.

(6) Children's Theater(아동 연극)

아동을 대상으로 성인 또는 아동 배우가 공연장이나 학교에서 공연하는 것을 지칭하며 기성 대본을 사용하며 연출가의 지시에 따라 격식을 갖춘 연습 과정을 통해 아동을 즐겁게 하고 연극이라는 공연 형식을 소개하는 데 목적을 둔 프로그램을 말한다.

(7) Creative Drama(연극 놀이)

과정 활동 중심의 프로그램으로 참여 아동을 총체적인 각도에서 발달시키는 것을 목적으로 한다. 공연과 놀이를 관련시키므로 이 활동을 통하여 아동이 획득할 수 있는 효과는 매우 다양하고 그 범위가 광대하다. 이런 효과를 고려하여 미국 아동 연극 협회에서는 '이러한 연극 놀이를 즉흥적이고 비공연적인 과정 중심의 연극 형식이며 지도자가 참여자에게 인간 경험을 상상하고 연기하고 반영하게 할 의도에서 이끌어 가는 예술활동'이라 정의하고 그 가치를 높이 평가하고 있다. 여기서 '즉흥적'이라 함은 연극 현장의 용어에서 유래된 것으로 '대본 없이'라는 의미를 나타내며 양식을 갖춘 공연 작품과는 달리, 연기 작업이 처음부터 끝까지 대본으로 일관되지 않는다. 또한 '비공연적인'이라는 표현은 연기의 주목표를 관객의 즐거움에 두지 않으므로 학생이 자신의 생각과 느낌을 자유롭게 펼칠 수 있도록 한다는 것이며, '과정 중심'이라 함은 과정에 참여한 학생의 발달에 그 목표를 둔다는 의미이다.

2) 연극 놀이와 창의적 문제해결 중심의 연극 놀이

앞서 교육적 연극이 가지고 있는 교육적 가치 중에서 창의성을 언급한 바 있다. 창의성은 연구하는 학자마다 각각의 정의가 다를 만큼 다양하게 해석될 수 있는 인간의 사고 기능이라고 할 수 있는데 대체적으로 '새로움에 이르게 하는 개인의 사고 관련 특성'이라고 정의할 수 있다. 이러한 창의성을 구성하는 요소로는 유창성, 독창성, 융통성, 다양성, 정교성 등이 있으며 정의적 사고 특성으로는 민감성, 자발성, 독자성, 집착성, 정직성, 호기심 등을 들 수 있다.

연극 놀이가 학생의 교육적 연극 연습의 결과인 공연을 배제한 과정을 이야기하고 있는 데 비하여 창의적 문제해결 중심의 연극 놀이에서는 그 과정뿐 아니라 공연이나 발표 형태의 결과도 중요하게 생각하고 이를 다양하게 사용하도록 한다. 예를 들어 그 결과로서의 공연이나 발표가 경연 대회에서의 평가관점으로 사용되거나 단위 수업에서 학생의 창의적 사고, 표현 능력을 측정할 수 있는 준거가 될 수 있다는 말이다.

창의적 문제해결 중심의 연극 놀이에서는 학생들에게 문제 상황을 제시하고 연극적 요소를 통하여 이를 해결하도록 하는 과정을 통해 학생들의 창의적 사고능력을 배양하도록 유도하는 교육적 연극을 지칭한다. 일반적으로 '창의적 문제해결(CPS)'이라 하면 개인이나 집단이 문제를 해결하기 위하여 창의적으로 사고하는 노력을 통칭할 수 있다. 그리고 실제로 적지 아니한 수의 이론들이 이러한 목적으로 제안되어 있다. 문제해결이란 정보를 처리해 가는 과정(정보처리과정)이라 말할 수 있다. 다시 말하면 문제해결이란 문제가 있음을 지각하는 정보처리에서 시작하여 문제가 무엇인지를 표상(이해)하고, 그에 맞는 해결 대안을 발견해 내고 해결책을 현실에서 실천하여 드디어 목표를 달성함으로써 종결되는 일련의 처리 과정을 말한다. 창의적 문제해결 중심의 연극 놀이에서는 이러한 '창의적 문제해결(CPS)'의 일련 과정을 교육적 연극을 기획하는 단계에서부터 연극을 무대에 올리는 단계까지의 전 단계에 걸쳐 사용토록 하는 연극 놀이를 의미한다. 따라서 여기에서는 창의적 문제해결 중심의 연극 놀이를 '창의 연극'이라고 표현한다.

2. 학년별 창의 연극(창의적 문제해결 중심의 연극 놀이) 지도 방안

창의 연극의 지도는 일반적인 연기 지도와 유사하게 연기력과 직접적인 관련이 있는 기술의 습득에서부터 창의사고 기법, 문제 사항 추출 등 학년적 위계가 없는 전반적인 내용의 지도가 이루어지게 된다. 다만 고려되어야 할 가장 중요한 사항은 대상 학생의 신체 발달 상황이나 사고능력의 발달 수준이 어느 정도이냐에 따라 지도 요소가 결정되어야 한다는 것이다. 연기에 필요한 다양한 기술을 습득하고 창의적 문제해결을 위한 팀 안에서의 브레인스토밍(Brain storming), 문제 요소 추출, 해결 방안 모색, 시나리오 작성 등 창의적 문제해결 중심의 창의 연극에서 학생이 경험해야 할 다양한 과정들이 모두 학생의 사고 수준과 신체 발달 수준에 맞도록 제시하는 교사의 역량이 요구된다는 것이고, 교사는 문제 제시의 수준이나 발문의 형태, 복잡성 등에서 대상 학생의 학령과 사고 수준을 고려하여 제시하여야 한다.

아래는 창의적 문제해결 중심의 창의 연극 지도를 위한 몇 가지 팁이다.

1) 관심 유지

창의 연극에 대한 학생의 관심과 흥미를 계속적으로 유지시키기 위하여 잘 준비되고 흥미로운 수업이 제시되어야 한다. 지도교사는 학생들이 보고 배울 수 있는 행위자이기 때문에 수업을 하나의 쇼처럼 생각하고 학생들의 관점에서 내가 만일 학생들이라면 지금 내가 보여주고 있는 모든 것이 흥미로운지를 상기해야 한다.

2) 상호 존중

학생들에게 자신의 이야기를 들으라고 할 때나, 학생들이 자기들의 이야기를 들으라고 할 때 그리고 전체 학생이 상호 간에 이야기를 나눌 때도 서로에게 존중을 유지하는 것이 중요하고 이것은 전체 학생과 지도교사가 공히 노력해야 한다.

3) 자신감

동물조련사를 떠올려 보라. 동물조련사가 사자 우리에 들어갈 때 그는 침착하고 자신 있게 행동하고 그에 따라 사자도 협조하는 듯한 동작을 취한다. 따라서 어떤 행동을 시작도 해보기 전에 자신 없어 하지 마라. 긍정적인 생각의 틀에서, 각각의 수업이 잘 준비되어 있고 아무런 문제없이 진행될 것이라 생각하고, 학생들을 자신 주변에 앉게 하고 그 앞에 당당하게 서는 것만으로도 심리적인 안정을 취할 수 있다. 수업을 자신 있게 시작한 후 심리적 안정을 취하는 것은 쉽지만 반대로 너무 부담을 갖고 수업을 시작하면 심리적으로 안정을 하기가 어렵다.

4) 제어 능력

'그만'이라는 낱말은 창의 연극을 지도하는 데 매우 가치 있게 사용될 수 있다. 지도교사가 '그만'이라는 말을 하면 모든 동작을 멈추고 마치 동상처럼 제자리에 서 있도록 훈련이 된다면 수업의 많은 장면에 효과적으로 지도할 수 있다.

5) 발성

평상시 저음의 목소리를 유지하는 것이 중요하다. 필요한 경우에 목소리를 높여서 중요도를 인식시키는 등의 몇몇 상황을 제외하고는 항상 대화하는 듯한 조용한 목소리를 유지하게 되면 학생들도 지도교사와 조용한 수준에서 대화를 하게 되며 이를 통해 쓸데없이 언성을 높이는 불편함을 없앨 수 있다.

6) 주의 집중

경우에 따라서 학생들의 주의 집중이 필요할 때 사용할 수 있는 다양한 방법들이 있다. 일반적으로는 '손 머리'와 같은 행동유발 명령도 있지만, 마치 마술사가 신기한 장면을 관객에게 보여주는 듯이 주의를 집중할 수도 있는데, 예를 들면 손에 작은 바늘을 들고, 바닥에 떨어뜨릴 테니 어떤 소리가 들리는지 듣고 말해보라는 과장된 행동들을 통해 학생들의 주의를 집중시킬 수도 있다.

7) 관심

자신이 지도하는 모든 학생에게 관심을 갖고 애정을 보여주는 것이 중요하다. 학생 개개인의 이름을 기억하고 불러주며 개인사에 대해 질문하고 대답하는 상호작용을 통해 유대감을 형성하고 함께라는 느낌을 통해 학생들이 창의 연극 활동 과정에 수월하게 참여할 수 있다.

3. 연극 놀이와 창의 연극 지도 방법

1) 연극 놀이 지도 방법

연극 놀이도 일반적인 연극 지도와 같이 연기를 할 수 있는 능력이 기본적으로 요구된다. 연기라 함은 무대 위에 올라서 자신이 맡은 배역에 맞는 목소리와 행동 등을 내는 것을 말하는데 백과사전적 의미는 '배우가 동작·몸짓·억양을 통해 허구의 인물을 연극·영화·텔레비전 극에서 형상화시키기 위해서 시도하는 행위예술'이다. 따라서 주어진 배역에 맞는 동작 등을 보여주기 위해서는 아래와 같은 연기 기술에 대한 연습이 요구된다. 아래에 기술한 연기 기술 이외에도 다양한 연기 기술이 존재함을 미리 밝혀둔다.

(1) 주의 집중하기

연극 놀이 수업을 받는 학생들은 집중하는 법을 배우는 것부터 시작해야 한다고 말할 정도로 주의 집중의 기술은 연극 놀이 수업의 중요한 기술이다. 학생들은 연극 놀이 수업 시간에 이 기술의 중요성을 배워야 한다. 연극 놀이 수업에 집중할 수 있기 위해서는 연극 놀이 수업 초반에 우리의 몸과 목소리를 풀어주는 것뿐 아니라 마음을 가다듬을 필요가 있다. '집중한다는 것'은 선생님의 지도에 귀 기울인다는 것을 말하며 다음에 어떤 말이 뒤따를지에 대한 걱정 없이, 연기에 집중할 수 있도록 완전히 자신의 대사를 외우는 것을 말하기도 한다. 또한 여럿이 함께 연습하고 활동하는 동안에 다른 배우(학생)에게 집중할 수 있는 것도 의미한다. 종종 눈을 감은 채 연기 활동을 하기도 하는데, 처음엔 다소 어색하게 느껴질 수 있지만 집중력 향상에 도움이 된다.

(2) 발성법

배우는 관중들에게 대사가 명확히 들리도록 연습해야 한다. 모든 대사는 공연을 함께 하는 배우들과 청중이 똑같이 이해해야 한다는 것은 당연하다. 따라서 목소리는 배우가 가진 기술의 가장 기본인 것이다. 말을 통한 효율적인 의사소통은 단순히 무대 위에서만 중요한 것이 아니고 집에서도, 교실에서도, 여러분이 말하고자 하는 것을 사람들에게 이해시키고자 하는 어느 곳에서도 중요하다.

목소리는 넓은 범위의 감정을 효과적으로 전달하기도 하고 각 개인의 성향이나 기분,

태도 등을 반영하기도 한다. 효과적인 목소리를 가진 잘 훈련된 배우는 다음의 아홉 가지 구성 요소의 중요성을 알고 있다. 휴식, 호흡, 음질, 소리의 높낮이, 뚜렷한 소리, 정확한 발음, 소리의 크기, 맑은 목소리, 그리고 말의 속도.

목소리라는 것은 단순히 말하고 노래하는 것만이 전부가 아니다. 이것은 또한 강조나, 강세, 확실한 음절, 확실한 단어나 일반적이지 않은 단어들의 배열, 특별한 방법의 단어나 문장의 활용 등 대사가 가진 소리의 다양성도 사용하는 것을 말한다. 시간 조절을 할 수 있도록 사용되는 멈춤은 배우뿐만 아니라 관중에게도 필요하며 그것은 무슨 이야기가 진행되었는지 이해할 수 있는 시간을 준다. 멈춤은 말로 하는 대사만큼 중요하며, 학생들이 연습해야 할 필요가 있는 또 다른 기술은 편안하고 안정적인 목소리다. 편안하고 안정적인 목소리는 학생들에게 목소리의 모든 요소와 몸의 움직임을 효과적으로 조절할 수 있게 해주고 자신감 있는 태도를 줄 수 있다.

① 긴장풀기와 숨쉬기

긴장을 푼다는 것은 모든 신체적인 긴장과 마음의 혼란으로부터의 자유스러워지는 것을 말하는데, 이것이 왜 중요할까? 그것은 배우에게 더 깊은 생각을 할 수 있게 하고, 무대 공연에 필요한 에너지를 제공하며, 몸과 마음을 틀림없이 날카롭고 빈틈없이 준비하고, 혼란과 긴장으로부터 차분해지고 편안해지게 한다. 긴장풀기는 호흡조절에 필수적인 앉는 자세와 서있는 자세를 고쳐주어서 결국 학생들의 목소리를 좋게 만들어 줄 것이다.

처음 시작하는 배우들은 효과적으로 호흡을 관리하는 방법을 배워야 한다. 조절된 호흡은 연기하는 사람에게 소리가 잘 전달되고 명확하게 들릴 수 있는 충분한 임을 주고, 무대에서는 근육을 더욱 효과적으로 사용하기 위하여 평상시보다 숨 들이쉬기와 내쉬기를 더 깊이 해야 한다. 근육, 특히 횡격막은 소리를 만들어 내기 위해 필요한 공기를 얻는 데 사용된다. 숨쉬기 조절은 숨을 내쉬고 들이쉬는 데 얼마나 많은 노력을 들이는지를 보여주는 것이다. 이러한 형태의 깊은 호흡은 목소리의 크고 낮음을 만들어주고 숨 찬 소리나 억지가 아닌 다양한 소리를 만들어 준다.

② 음질과 높은 소리 잘 내기

각자의 목소리를 구성하는 요소는 한 사람을 다른 사람과 다르게 들리도록 만든다. 좋지 못한 목소리의 예는 갈라진 소리와 콧소리 그리고 가늘고 약한 소리이다. 목소리의 성질과 감정의 상태는 밀접한 관계를 가져서 그때그때의 감정을 목소리의 음질을 통해 보여준다. 심지어 학생들이 이것을 알아채지 못하고 있을 때에도 각자의 목소리는 각자의 성격과 감정을 보여준다.

높고 낮은 소리 내기는 음계에서 학생의 목소리를 얼마나 높게 또는 낮게 낼 수 있는가 하는 목소리의 음조를 말한다. 만약 피아노를 사용할 수 있다면, 학생들에게 어떻게 목소리와 음계를 맞추는지 보여주도록 한다. 그리고 무대에 올라 사용할 수 있도록 학생들 목소리의 높고 낮음을 조절하는 방법을 가르쳐 주도록 한다. 공연에서 발생하는 두 가지 일반적인 흠이 있다면, 가늘고 높은 소리와 변화 없는 목소리인데, 가늘고 높은 목소리는 말할 때의 목소리를 낮게 만들려는 의식적인 노력과 집중력을 높이는 것을 통해 고쳐질 수 있다.

목소리의 억양은 목소리의 오르내림을 통해 만들어지는데, 억양은 대사를 말했을 때 의미와 색깔 그리고 리듬감을 더해준다. 억양은 배우에게 필수적인 것이며 또한 억양은 성조의 변화에서 목소리의 다양성을 주기 위하여 대사에 의미와 색깔 그리고 리듬감을 준다.

③ 또렷하고 정확한 발음

또렷하고 명료한 발음은 소리를 뜻이 있는 대사로 만들어 주기 때문에 우리는 또렷한 발음을 내기 위하여 입술, 혀, 이, 입 안의 여러 부분, 턱, 얼굴 근육과 비강과 같은 기관을 사용하게 된다. 만약 이들 중 한 부분의 사용이라도 게을리하게 되면 나쁜 습관이 형성되게 되는데, 나쁜 버릇은 소리와 단어의 끝을 완료하지 않거나 일반적으로 뚜렷이 말하지 않는 것이다. 또렷한 발음을 위한 연습은 무대 공연에서 여러분의 발음을 또렷하게 발전시켜줄 뿐 아니라 일상생활에서 여러분이 어떻게 말하는지 들을 수 있도록 훈련시켜 주기도 한다.

발음은 단어가 입에서 소리로 변화되는 방법을 따르는데, 적당한 발음은 단어가 사전 표시법(발음기호)에 따라서 소리 나는 것을 말한다. 발음은 우리가 정확한 소리를 구별할 수 있도록 도와주며 단어를 정확하게 쓸 수 있도록 도와주기도 하며, 정확한 발음은 좋은 교육을 받은 사람의 표시가 되기도 한다. 자신만의 어법을 사용해서 독특한 상황을 만들기도 하며 방언(사투리)을 통해 배경지식을 설명 없이 전달하기도 한다.

④ 목소리 크기와 뚜렷하게 말하기

목소리의 크기는 학생들이 얼마나 큰소리로 또는 얼마나 부드럽게 말하는지를 나타내는 것으로 개인의 목소리의 크기 조절을 위한 기초는 호흡조절이다. 배우는 말할 때 얼마나 많은 공기를 사용할지 조절할 수 있어야 하고, 또한 관중을 향해 목소리를 보낼 수 있도록 목소리 위치를 적절히 사용할 필요가 있다. 그렇지 않으면, 그 결과는 일정치 않은 크기의 소리가 되거나 명확하지 않은 소리와 단어를 사용하는 것이 될 것이다. 만약 관중들이 배우가 하는 말을 알아듣지 못한다면 얼마나 실망스러울까? 그럴 때 소리를 지르는 것은 정답이 아니다. 배우로서 적당한 크기의 목소리를 갖기 위해 훈련하는 것은 배우의 책임이다. 좋은 배우는 관중들의 생각과 이해를 어떻게 받아들일지에 대한 지식과 능력이 요구되고, 맑은 목소리는 관중에게 대사를 전달하는 것과 관련되어 있으며 에너지는 그러한 대사들을 전달하는 데 정말 중요하다. 학생들은 항상 배우들의 대사를 듣고자 하는 관중의 요구에 대해 알고 있어야 하므로 바른 태도를 가지는 것이 중요하다. 적당하고 효과적인 목소리의 명료함은 제대로 말하고 정성들여 연기하는 노력이 필요하다. 목소리의 명료함은 연기를 위하여 시간을 들여 공부하고 잘하려는 욕심 또한 필요하다. 그 결과는 관중이 공연을 즐기게 되고 더불어 공연을 통해 배울 수도 있다는 것이다.

⑤ 말의 속도

말의 속도는 얼마나 빠르게 말하느냐를 의미한다. 말의 속도와 목소리의 크기는 서로 영향을 미치는, 다시 한 번 말하지만 호흡 조절은 일상생활과 무대 공연에서 효율적인 말의 속도를 갖는 데 중요하다. 많은 배우들이 매우 빠르게 말을 할 때 잘못된 발음과 분명치 않은 발음을 사용하는 경우가 있다. 말의 빠르기는 성격을 묘사하는 데 효과적으로 사용되기도 하는데 배우들은 관중들이 들은 것에 대하여 자세히 생각할 시간을 주어야 한다.

⑥ 노래 부르기

노래를 부르는 것을 목적으로 하는 특별한 수업에서는 각자의 목소리를 적절하게 사용하는 것에 대하여 개별적으로 배우는 것이 필요하다. 말하자면 이 과정을 통하여 가능하면 많이 노래할 수 있도록 계획해야 한다는 것이다. 학생들은 음계에서 음조가 어떻게 쓰이는지 알게 될 것이고, 박자 맞추기와 리듬감 그리고 박자에 대하여 깨닫게 될 것이다. 목소리에 관련된 이러한 기술들을 모두 사용한다면, 학생들은 잘 훈련되어 튼튼한 기초를 다지게 될 것이다. 이미 아이들이 잘 알고 있는 노래를 가지고 여러 형태로 변형하여 가르칠 수 있다.

(3) 관찰하기

연기는 인간의 삶을 보여주는 것이다. 따라서 훌륭한 배우는 훌륭한 관찰자라고 할 수 있다. 또한 배우는 그들 주변의 세계를 관찰하고 관찰한 것들을 무대 위로 가져와 보여주기도 한다. 그들은 종종 종교, 계층, 인종, 외모, 나이, 심지어는 성별에 있어 실제 자신과는 다른 인물을 연기하는데, 어떻게 그럴 수 있을까? 그것은 바로 최대한 주의를 기울여 관찰함으로써 가능한 것이다. 연극놀이 수업 동안 지도교사는 학생들로 하여금 다른 사람들을 주의 깊게 살펴보도록 한다. 만약 학생들이 공원에 있거나 혹은 부모님과 함께 밖에서 쇼핑을 한다면 사람들이 어떻게 다르게 걷는지, 앉는지, 듣는지 그리고 서로 말하는지를 관찰하도록 하고 여러분 스스로 카메라가 되어 정보들에 대해 일체의 판단을 배제한 채 그저 받아들이도록 한다. 관찰의 기술은 배우가 움직이고 말하는 방식을 세상에 어떻게 나타낼 것인지를 배우는 것과도 관계된다. 학생들은 연극 놀이 수업을 통해 여러 기술을 배움으로써 배우가 어떻게 다른 사람처럼 될 수 있을지를 익히게 될 텐데 그것의 기초는 관찰이다.

(4) 감각 일깨우기

사람들은 타인이 더운지, 추운지, 배가 고픈지, 피곤한지 등의 감정을 어떻게 감지할 수 있을까? 바로 인간의 얼굴, 몸 그리고 목소리를 통해 감정을 파악할 수 있다. 배우가 하는 일은 자기 배역 인물이 느끼고 경험하는 것을 보여주는 것이다. 그리고 이런 감각 인식의 기술을 사용해 관객들로 하여금 그들 자신이 극중인물이 경험하는 것을 똑같이 경험하는 것처럼 믿게 하는 것이다. 이것은 매우 어려운 기술로서 미숙한 배우들은 단지 손을 비비거나 이를 부딪치는 소리만으로 우리가 그들이 춥다는 것을 믿게 하려고 하지만 목소리와 얼굴에서부터 발끝에 이르기까지 배우의 모든 부분이 감각인식과 관련되어 있다.

(5) 상상 이용하기

연극 놀이 수업은 학생의 상상력을 사용하는 자리이기에 재미있고 흥미진진해야 한다. 배우들은 상상력을 이용해 누구라도 될 수 있고, 어디라도 갈 수 있으며, 어떤 것이라도

할 수 있다. 그러나 인간의 상상력은 근육과 같아서 그것을 자유자재로 사용하기 위해서는 평소에 열심히 연습해야 한다. 상상력을 연습하는 흔한 방법에는 어떤 물건을 다른 물건으로 바꾸기, 다른 장소나 시간에 있는 척 해보기, 극중인물이 어떻게 생각하고 느낄지 상상해보기, 그리고 심지어 여러분이 영웅이 되어 이미 알려진 이야기를 새롭게 만들어보는 일도 포함된다. 학생들은 자신들의 상상력을 공유해본 경험이 많지 않기 때문에 처음에는 어색하게 느낄 수 있겠지만, 그리 어려운 일은 아니다. 모든 배우들이 완전히 마음을 열고 마음속에 있는 어떤 것이라도 말하게 만드는 것은 어려운 일이지만 자신들의 상상력을 표출하여 예상치 못한 아이디어를 발견했을 때의 순간은 학생들에게 매우 즐거운 경험이 될 것이다.

(6) 몸 움직이기

연기는 마음과 상상, 그리고 신체를 위해 좋은 훈련이다. 연극 놀이에서 배우의 몸을 '도구'라 말하는데, 그래서 신체 훈련을 많이 하는 만큼 더 유용한 도구가 될 수 있다. 배우들은 자신의 호흡을 놓치지 않기 위해 그리고 그들의 몸을 그들이 원하는 어떤 것으로도 변형시키기 위해 자신의 몸을 조절할 수 있어야 한다. 어떻게 배우들이 아무 말 없이 그들이 늙거나 젊은, 또는 거만하거나 아픈, 혹은 남자나 여자를 연기하고 있음을 관객에게 보여줄 수 있을까? 당연히 자신의 몸을 이용해서 표현하는 것이다.

연기하는 인물을 보여주기 위해 몸을 이용하는 몇 가지 방법이 있는데, 첫 번째는 극중인물의 신체 가운데 어느 부분이 이끌어 가는가를 결정하는 것이다. 만약 배우의 코가 배우의 몸을 이끌어갈 때 방 주변을 어슬렁거리는 배우의 걸음걸이는 어떻게 다를까? 무릎은? 가슴은 어떨까? 스스로 이것을 시도할 때, 어떤 느낌과 감정을 보여줄 수 있을까? 또한 우리는 극중인물이 신체의 중심을 어디에 둘 것인지에 대해서도 생각해 볼 수 있다. 배우가 무대에서 항상 사람의 역할을 수행하는 것이 아니기 때문에 동물이나 귀신, 의자나 탁자 같은 사물, 심지어는 바람 연기까지 터득하는 연습이 필요하다. 항상 수업 시작은 간단한 신체 활동을 통한 워밍업을 통해 다치지 않도록 하고 연극 놀이에 필요한 모든 신체 움직임을 위해 항상 준비가 되어 있어야 한다.

(7) 춤추기

춤은 연기처럼 또 다른 형태의 종합 예술이다. 그래서 어떤 사람들은 단지 춤을 공부하는 데 인생을 바치기도 한다. 하지만 무용수도 춤을 더욱 잘 보여주기 위하여 어떻게 연기하는지 아는 것이 필요한 것처럼, 배우들도 어떻게 춤을 추는지 아는 것이 중요하다. 때때로 배우들은 춤이 공연의 중요한 부분을 차지하는 뮤지컬 공연을 하기도 하는데 이런 경우 춤 훈련은 매우 중요하다. 배우의 몸동작과 표정은 좋은데 춤이 엉망이라면 관객이 즐거움을 느끼는 데 방해가 될 것이다. 따라서 뮤지컬과 같은 형태의 극을 연습할 때 춤과 연기 훈련이 함께 이루어짐으로써 극중의 역할을 더욱 잘 표현할 수 있다.

(8) 표정 만들기

표정에 관해 배우는 것은 연극 놀이 중 가장 재미있는 활동 중 하나이다. 이 활동을 하면서 학생들은 스스로에 대해 아주 많은 것을 배우는 동시에 많이 웃게 된다. 학생들 스스로 '나는 화났을 때 어떻게 보이는지?' 또는 '놀랐을 때 어떻게 보이는지?'와 같은 질문에 대답할 때, 학생들은 아마 각자가 상상할 수 있는 가장 우스꽝스러운 얼굴을 만들고 있을 것이다. 그러나 동시에 이것은 중요한 연극 놀이 활동이기도 하다. 왜냐하면 표정은 거대하거나 또는 예민한, 혹은 그 중간 어디쯤을 보여줄 수 있는 아주 좋은 표현 방법이기 때문이다. 배우는 표정을 조절함으로써 관객들에게 감정을 나타내 보이는 매우 효과적인 수단을 가지게 된다.

(9) 연기 테크닉

일단 학생들이 자신들의 몸을 사용하는 능력이나 표정, 목소리를 조절할 수 있게 되었다면 다음으로 연기 테크닉을 배워야 한다. 만약 배우가 훌륭한 연기 테크닉을 가지고 있다면 과잉 행동으로 극을 망치는 일을 하지는 않을 것이다. 연극은 삶을 반영하는 예술이라 일컬어져 왔다. 그리고 그것은 연극 놀이에서도 동일하다. 비록 무대 위에서 일상생활의 것보다는 좀 더 크게 말하고 크게 동작하고 강하게 반응하기는 하지만 현실성을 반영하는 연기를 만들려 애를 쓴다. 그래야 극의 사실성이 살아나기 때문이다. 그래서 연기 테크닉의 습득이 중요한 것이다.

(10) 무언극

무언극(Mime/Pantomime)은 목소리를 사용하지 않는 연기 기술로, 몸 움직임을 통한 연기를 통해 학생들이 그들의 상상력을 사용하는 새로운 방법을 배우는데 큰 즐거움을 줄 것이다. 연기를 하다보면 실물이 없이 물건을 사용하는 체 연기를 해야 하는 경우도 있다. 예를 들어 학생들은 실제의 물이 없거나 아예 컵을 들고 있지 않으면서도 '유리컵에 물을 따르고 그것을 마시'는 연기를 해야 하기도 한다. 만약 배우가 상상의 문을 통과하고, 상상의 음식을 먹고, 상상의 강아지와 함께 걸을 수 있다면 관객들 역시 그것을 볼 수 있게 될 것이다. 따라서 앞서 이야기한 집중과 관찰의 기술은 무언극에 있어 아주 중요한 기술이다.

2) 창의 연극 지도 방법

학생들이 연극 놀이에 대한 기초 기능을 습득하였다면 여기에 창의적 문제해결 과정을 추가하여 창의적 문제해결 중심의 창의 연극에 대한 이해의 과정을 거쳐서 학생들 스스로 해결 방안을 모색하는 경험을 제공하도록 한다.

창의 연극은 현재 세계에서 가장 오래된 창의력 대회인 'Odyssey of the Mind'나 'Destination Imagination'에서 집단적인 창의력을 표현하고 판단하는 도구로서 사용하고 있으며 국내에서도 한국 발명진흥회가 주최하고 삼성전자에서 후원하는 '대한민국 학생 창의력 챔피언 대회'에서도 위 두 대회와 동일한 목적으로 사용되고 있다. 쉽게 말하면, 학생들에게 다양한 문제 상황을 제시하고 그를 해결하기 위한 몇 가지 조건을 던져주고 일정한 규칙 속에서 학생들이 팀 단위로 해결 방안을 모색하여 연극이라는 표현 방법으로 나타내는 것이다. 이러한 창의적 문제해결 중심의 연극 놀이에는 3가지 형태가 있는데 아래의 표에 간략히 정리해보았다.

〈창의 연극의 3가지 유형〉

유형 요소	고정문제해결형		고정문제해결 + 즉흥과제복합형		즉흥문제해결형	
스토리	주어진 과제를 해결하기 위한 이야기 흐름을 가지고 있음.		주어진 과제에 몇 가지 요소가 빠진 상태로 제시되어 공연장에서 즉흥적으로 선택된 요소를 공연에 포함시킴.		주어진 과제에 대한 다양한 자료를 연구하도록 하고	
공연 준비 시간	교사	학생	교사	학생	교사	학생
	상	상	중	중	하	상
즉흥요소	없음		일부		전체	
소품 사용	공연 전 소품 제작		즉석 소품 제작	무형의 소품 사용	즉석 소품 제작	무형의 소품 사용
비고						

(1) 고정문제해결형

팀이 연극을 통해 해결해야 할 구체적이고 자세한 문제들이 제시되고 이를 팀만의 창의적인 방법으로 해결해 나가는 과정을 연극 놀이 형식으로 구성토록 한다. 공연장에서 즉흥적으로 추가하거나 해결하거나 사용 소품을 제작하지 않는다. 일반적인 연극놀이와 가장 흡사한 창의 연극이다.

(2) 고정문제해결형 + 즉흥과제

위의 고정문제해결형 창의 연극에 공연장에서 공연에 추가해야 할 즉흥요소를 팀이 무작위 선택하여 포함시키거나 공연 직전 공연에 반드시 사용되어야 할 소품을 제작하는 등 즉석 해결 과제를 추가한 형태의 창의 연극이다.

(3) 즉흥문제해결형

팀이 해결해야 할 창의적 문제는 사전에 제시되지만 이를 해결하기 위한 다양한 구성요소나 반드시 사용해야 할 소품에 대한 구체적인 사항은 공연 직전에 제공하여 최대한 팀의 즉흥적인 창의성을 발현하도록 하는 연극 놀이를 말한다. 창의적 문제와 관련하여 몇 가지 사항들을 미리 조사하게 하여 팀이 무작위 선택한 사항들만으로 연극 놀이의 스토리를 이어가도록 하는 경우도 있다.

4. 창의 연극의 평가

창의 연극의 평가는 팀이 주어진 문제를 해결하기 위하여 아이디어를 모으는 장면부터 시작될 수 있다. 창의 연극에서 학생들에게 요구하는 중요한 덕목 중 하나가 협동심과 리더십이기 때문에 창의 연극을 준비하는 팀은 주어진 문제를 해결하기 위하여 다양한 의견을 주고받고 그것을 정리하는 과정에 대한 평가를 받게 된다. 또한 시나리오를 통해 주어진 문제를 얼마나 참신하고 유머러스하게, 그리고 과학적 지식의 변형을 통해 해결했는지를 평가하게 되는데, 창의력의 평가는 지극히 주관적이기 때문에 지도교사 또한 자신만의 해결 방법을 만든 뒤에 학생들의 결과물을 평가하는 것이 바람직하다.

창의력을 연구한 많은 학자들이 공통으로 이야기하는 것 중에 한 가지가 창의적인 아이디어는 다른 사람에게 신선한 느낌이나 웃음을 전달한다는 것이다. 따라서 창의 연극의 평가에 있어서 웃음은 아주 큰 평가기준이 될 수 있다.

다음의 예를 통해 창의 연극을 어떻게 평가하는지에 대한 아이디어를 얻기 바란다.

1) 문제 예시 1

(1) 공연 포함 요소

① 공룡의 멸종 원인에 대한 독창적인 팀이 만들어낸 이론: 팀이 만들어낸 공룡의 멸종 원인이어야 한다. 이는 현존하는 이론을 개조한 것일 수도 있다. 이 원인은 하나의 연속적인 사건으로 제시될 수 있고, 긴 시간에 걸쳐 단계적으로 일어나는 사건으로 제시될 수도 있다. 현실적으로 가능하지 않아도 된다. 모든 혹은 대부분의 공룡들의 멸종의 원인으로 제시되어야 한다.

② 멸종 이벤트의 기술적 표현: 공연 도중 아무 때나 나타날 수 있다. 연속적으로 혹은 나뉘어져 부분적으로 나타날 수 있으며, 팀이 원하는 횟수만큼 시도될 수 있다. 중생대 장면의 일부분이 아니어도 되며, 이 장면이 나올 때 나타나지 않아도 된다. 팀이 만들어낸 이론과 그에 따른 결과를 시각적으로 설명해야 한다. 여기에는 공룡 등장인물의 복제품이 포함되어야 한다. 이 복제품은 이때 외에도 공연 중 아무 때나 등장해도 된다. 여기에선 등장인물들을 연기하는 팀원이 등장하면 안 된다. 기술적인 조작이어야 하며 소리, 동작 그리고 시각적 변화를 포함해야 한다.

③ 공룡 등장인물 하나: 중생대 말에 멸종한 실제 공룡을 바탕으로 설정되어야 한다. 공연 도중 아무 때나 나타날 수 있으며, 다른 시간에 각각 다른 방법으로 표현될 수 있다.

④ 공룡 등장인물의 복제품: 팀이 원하는 것으로 설정할 수 있으나, 의상을 입고 있는 팀원에 의해 표현되어서는 안 된다. 공룡 등장인물과 알아볼 수 있을 정도로 비슷하게 생겨야 한다. 멸종 이벤트의 기술적 표현에서 공룡 등장인물을 나타낼 것이다. 공연 도중에 공룡 등장인물이 있을 때 이 복제품이 등장해도 된다.

⑤ 멸종 이벤트에서 살아남는 동물 한 마리: 오늘날 존재하는 포유류, 양서류, 파충류

혹은 조류의 한 종이어야 한다. 이외 다른 종류의 동물이어서는 안 되며, 중생대에 살았던 것으로 추정되는 동물의 종은 아니어도 된다. 공연 중 각기 다른 부분에서 각각 다른 방식으로 표현될 수 있다. 멸종 이벤트의 기술적 표현과 같은 시간에 공연에서 등장할 수 있다. 기술적 표현에 이 등장인물의 복제품이 사용될 수도 있다.

⑥ 중생대의 한 장면과 중생대의 한 장면 도중에 나타나는 배경의 변화: 공연 전체일 수도 있고, 공연의 일부분일 수도 있다. 중생대인 것처럼 연출되어야 한다. 하지만 이 장면에 그 시대에는 없었던 요소, 인물, 물건 등이나 팀만의 독창적인 아이디어에서 비롯된 것들이 등장해도 된다. 기술적인 조작에 의해 바뀌게 되는 무대 배경을 포함해야 한다. 공룡 등장인물, 살아남는 동물, 혹은 멸종 이벤트의 기술적 표현을 포함시키지 않아도 된다.

(2) 요소별 점수 분포

① 공연 전체의 창의성 ··· 1~15

② 멸종 이론의 창의성 ··· 1~10

③ 멸종 이벤트의 기술적 표현

㉠ 성공적으로 완성된다. ·· 0 or 10

㉡ 전체적인 조작의 창의성 ·· 1~20

㉢ 소리, 동작과 시각적 변화를 만들어 내는 데에 사용된
   기술적 방법의 독특함 ·· 1~20

④ 공룡 등장인물

㉠ 공연 속에서 얼마나 효과적인지 ······························· 1~10

㉡ 전체적인 겉모습의 질 ·· 1~10

⑤ 공룡 등장인물의 복제품

㉠ 디자인과 만들어진 방법의 창의성 ···························· 1~15

㉡ 공룡 등장인물을 얼마나 잘 나타내었는지 ···················· 1~5

⑥ 살아남는 동물

㉠ 공연 속에서 얼마나 효과적인지 ······························· 1~10

㉡ 전체적인 겉모습의 질 ·· 1~10

⑦ 중생대가 얼마나 잘 표현되었는지 ······························· 1~10

⑧ 공연의 중생대 부분에서 등장하는 기술적 변화

㉠ 성공적으로 완성된다. ……………………………………………… 0 or 10

㉡ 전체적인 조작의 창의성 …………………………………… 1~20

㉢ 공연 속에서 이 변화가 가지는 효과 …………………………… 1~10

⑨ 공연 속의 유머 ……………………………………………… 1~15

2) 해결 방안 예시 1

공룡이야기

제1장

(무대를 준비하는 동안 해설자 등장)

(Song): 우리의 공룡 이야기를 들어보세요.

공룡의 멸종에 관한 우리들의 이야기지요.

우리의 공룡 이야기에는 특이하게도 Noah의 이야기가 나와요.

Noah가 누구냐고요?

성경 속에 대홍수 이야기에 큰 배를 만들어 생명을 구해줬던 사람이에요.

공룡의 멸종 이야기에 웬 Noah냐고요?

우리의 상상력이 들어간 이야기를 들어보시면 아실 거예요.

(중생대, 큰비로 인해 대홍수가 날 것을 모르는 다양한 동물들과 대홍수를 대비하여 자신이 만든 방주에 동물들을 태우는 Noah의 모습이 보인다.)

Noah: 보아라, 세상의 동물들아.

곧 있으면 큰비가 내려 온 세상이 물바다되리라.

너희들은 모두 늦기 전에 어서 내가 만든 배로 와 너희들의 종족을 이어가라.

Braki: (시큰둥하게, 고사리를 뜯어 먹으며) 큰비가 온다고?

(관심 없는 듯한 표정으로 Noah와 방주 쪽을 한번 쳐다보고) 날씨가 이렇게 좋은데.

Packy: (무대 뒤쪽에서 나오면서)

비가 내리면 풀은 자라고, 숲은 푸르러지지.

내일 일은, 내일 걱정하면 돼.

Braki: 맞아. 맞아. 맞아. 이까짓 비가 우리를 어쩔 수 있겠어?

(다시 bracken를 뜯어 먹는다.)

Packy: 야, 니 bracken 맛있냐?

Braki: 내 bracken은 명품 고사리야.

Packy: (과장되게 쓰러지며) 아이고야. 그게 뭐라고…

제2장

하늘에 먹구름이 짙어지고, 요란한 천둥과 번개가 치면서 빗방울이 거세진다. Noah는 동물들을 배에 서둘러 태우려 한다. 그러나 덩치가 큰 공룡들은 자신의 큰 덩치를 믿고 배에 오르려 하지 않는다.

Noah: 어서 배로 오렴. 어서.

큰비는 산과 바다 모두 삼켜버릴 테니 나중에 후회해도 소용없단다.

Googoo: (Packy와 공룡들을 바라보며) 얘들아, 어서 배로 와. 어서.

큰비는 집과 가족 모두 삼켜버릴 테니 나중에 후회해도 소용없어.

Packy: (방주 쪽을 쳐다보지도 않고) 우리는 뱃멀미가 심해서 말이야… 너희들이나 뱃놀이 실컷 즐기셔…

Braki: (Packy 흉내를 내며) 너희들이나 즐기셔…

제3장

큰비로 인해 세상은 온통 물바다로 변했다. Noah의 방주는 거센 파도에 이리저리 휩쓸리고 자신의 큰 덩치를 믿고 있었던 공룡들은 물에 빠져 도움을 청한다(파란 비늘을 이중으로 펼쳐서 앞쪽은 Braki가, 뒤쪽 방주 가까운 곳은 Packy가 물에 빠진 것을 표현한다).

Packy: 도와주세요. 살려주세요.

Braki: 우리의 손을 잡아주세요.

우리의 도움을 외면하지 마세요.

바닷속은 너무 추워요.

도와주세요. 살려주세요.

제4장

방주에 탔던 동물들과 Noah의 도움으로 방주 곁에 가까이 있던 Packy만을 겨우 구했다. 그러나 다른 공룡들은 거대한 파도에 휩쓸려 죽고 만다.

Packy: 친구들은 모두 사라졌어.

엄마, 아빠도 모두.

Googoo: 울지마. Packy야.

여기 이렇게 친구들이 있잖니.

Noah: 울지 말거라. 공룡아. 우리에게는 참고 견뎌야할 어려움이 아직 남아 있단다.

동물: 우리도 무서워. 배도 고프고.

하지만 우리는 같이 있잖아.

곧 이 비는 멈추고 새로운 땅이 우리를 맞이할 거야.

Packy를 안심시키고 나자마자 바다가 소용돌이치며 파도가 높게 친다.

Noah: 오른편에 큰 파도다. 왼편에 큰 파도다.

(하늘을 향해 두 손을 펼쳐 올리며 기도하듯이) 우리를 지켜주소서. 이들은 마지막 남은 희망이니.

Googoo: (기도하는 손 모양으로) 이제 어떻게 해야 하나. 내가 잘할 수 있는 것은 날갯짓뿐인데.

Packy: 우리는 무엇을 할 수 있나.

내가 잘 할 수 있는 것은 박치기뿐인데.

(뭔가 결심을 한 듯이) 좋아, 내가 저 큰 파도를 박치기로 상대해주지.

Googoo: Packy야, 너는 마지막 남은 공룡이잖아. 조심해야 해. 너에게 무슨 일이 생기면 공룡은 멸종되는 거야.

Packy: 알았어. 조심할게.

Googoo: 좋아, 그럼 나는 육지를 찾아볼 테야. (날갯짓 흉내를 내며 배에서 내려 무대 뒤쪽으로 들어간다.)

Googoo는 비를 뚫고 육지를 찾아 날아오르고, Packy는 파도가 몰려오는 쪽을 향해 몸을 돌려 파도에 맞서다가 바다에 빠진다. (방주 위에서 Packy 모형이 바다 쪽으로 떨어지고 모형을 이용해서 Packy가 물 위에서 첨벙거리는 모습을 표현한다. 잠시 동안 첨벙거리던 Packy 모형은 물속으로 모습을 감추고 방주 위에서 그 모습을 바라보고 있던 Noah와 동물들은 Packy의 이름을 부르며 손짓을 한다.)

제5장

비가 그치고, 거센 파도도 잠잠해졌다. Packy가 자신들을 구하고 죽은 것에 슬퍼하는 동물들을 위로하는 Noah와 육지를 찾고 돌아온 Googoo가 Packy의 이야기를 듣고 애통해한다. 그러나 모두들 Packy를 기억하기로 약속하고 새로운 땅에서 노래한다.

Noah: 드디어 새로운 땅에 도착했구나. 모두들 기뻐하라.

Googoo: (고개를 두리번거리며 Packy를 찾는다.) 그런데 Packy는 어디 있나요?

Noah: (대답을 하지 못하고 고개만 좌우로 흔든다.)

Googoo: (고개를 숙이며) 그럼 결국… (흐느끼는 동작을 한다.)

Noah: (Googoo의 어깨를 토닥이며) 네가 이렇게 슬퍼하면 Packy도 슬퍼할 거야. 우리가 잊지 않는다면 Packy는 언제나 우리 곁에 있는 거란다.

Googoo: 파키!!

Noah: (의아해하는 표정과 말투로) 그런데 너 원래 올리브 잎을 들고 있어야 하는 거 아니니?

Googoo: (어깨에 비스듬히 들고 있던 롤리팝을 가슴에 끌어안으며) 제가 단것을 좀 좋아하거든요.

Noah: (모두를 둘러보며) 자자, 이제 슬픔은 잊고 새로운 땅을 찾은 기쁨을 노래하자. 흥겨운 춤과 노래로 끝맺는다.

(Song)

우리의 공룡 이야기들을 지금껏 들으셨지요.

마지막 공룡 친구 파키, 우리를 위해 희생했지요.

우리는 서로 의지하며 살아갈 친구들이죠.

가자, 미지의 신세계로

가자, 우리의 희망 담아

가자, 영원한 친구 위해

가자, 우리는 두렵지 않아.

위의 내용은 8분의 시간이 주어진 창의적 문제해결 중심 연극 놀이 공연을 위한 문제와 해결 방안이다. 창의력에 대한 평가는 매우 주관적이기 때문에 위의 점수분포를 보고 아래의 대본을 평가해보기 바란다.

위의 경우는 매우 많은 해결 과제와 내용을 담고 있기에 짧은 시간에 해결하기에는 다소 부담이 있으므로 만약 주어진 시간이 많지 않거나 즉흥적인 공연을 염두에 두고 있다면 다음과 같은 문제를 제시하고 해결해보는 것도 좋을 것이다.

3) 문제 예시 2

과거 6백만 불의 사나이, 슈퍼맨, 배트맨, 스파이더맨, X-men 등 인간의 한계를 넘어선 이들의 영웅적인 모험담은 영화의 상상력의 산물이었습니다. 그러나 유전자에 대한 연구가 빠른 속도로 진행되고 있는 현대에 이르러서는 상상의 이야기가 실제로 실현될 수 있는 가능성이 점점 더 높아지고 있습니다.

위의 이들이 지닌 초능력은 누구나 한번쯤 소유하고 싶었을 것입니다. 그러나 영화에서 그려지는 주인공들의 삶은 그리 행복해 보이지 않습니다.

만약 내가 유전자 조작에 의해 내 몸의 일부를 변형시킬 수 있다면

- 신체 부위는 겉 부분이 될 수도 있고 속 부분이 될 수도 있습니다.
- 신체의 전체 크기는 변함이 없어야 합니다.

4) 해결 방안 예시 2

이와 같은 문제를 제시하는 경우 정확한 답을 예상하기가 어려우므로 최대한 학생들의 상상력이 발휘될 수 있는지의 정도를 생각하여 평가하는 것이 좋으며 과학적 지식이 어느 정도 배경에 깔려 있는지, 또한 그것을 창의적으로 어떻게 변형했는지를 평가하는 것도 좋을 것이다. 너무 단순한 문제인 경우는 몇 가지 변수를 포함시켜 제시할 수 있는데,

예를 들어 '눈에 보이지 않는 모자'라든지 '투명 보물 상자' 등이 꼭 등장해야 한다는 조건들을 포함시키게 되면 훨씬 다양한 형태의 해결 방안을 볼 수 있다.

III. 결론 및
제언

　이 글을 읽고 있는 많은 사람들에게 창의 연극이라고 하는 수업 활동은 매우 낯설거나 또는 매우 혼란스러운 개념일 수 있을 것이라 생각한다. 연극 놀이는 그 자체로도 충분히 창의적인 사고 활동을 수반하고 있기 때문에 굳이 창의적 문제해결 과정을 삽입하여 학생들에게 복잡한 과정을 겪게 함으로써 연극 놀이가 가지고 있는 즐거움을 빼앗지는 않을까 우려할 수도 있다. 그러나 일반적인 연극 놀이가 즐거움에 중점을 두고 있다면, 창의 연극은 창의적 문제해결 과정에 더욱 중점을 두어 지도하므로 해서 연극 놀이를 통한 즐거움과 지적 사고 유희를 동시에 즐길 수 있게 함으로써 오히려 학생들의 창의적 사고능력을 신장시킬 수 있음은 물론이거니와 과학적 기반 지식을 재구조화할 수 있는 능력도 배양할 수 있다.

　또한 창의 연극을 교수-학습하기 위해서는 수업 전 교사의 과제 분석과 준비에 많은 시간과 노력이 필요하게 된다. 교사가 수업 준비에 투여하는 열정에 비례하여 학생의 창의 연극 집중도나 결과의 가치가 달라진다고 하겠다. 따라서 지도 교사는 창의 연극의 의미를 제대로 이해하고 자신들만의 접근 방식을 찾아 수업에 활용토록 하기 바란다.

　창의 연극 구성 틀의 예시를 찾고 싶다면 세계 학생창의력 올림픽 한국예선 홈페이지 또는 국제 학생창의력 올림피아드 한국예선 홈페이지의 자료실에 탑재되어 있는 도전과제들을 참고하기 바란다.

참고문헌

강충인(1999), 『창의성 교육법』, TQ 창의력 개발원.
장재윤·박지영(2007), 『내 모자 밑에 숨어있는 창의성의 심리학』, 가산북스.
김건용(2006), 『발명교육을 통한 창의성 효과』, 한국학술정보(주).
김기영(2008), 『창의력 문제해결의 힘』, 위즈덤 하우스.
김영채(2007), 『창의력의 이론과 개발』, 교육과학사.
로버트 루트번스타인(1999), 『생각의 탄생』, 에코의 서재.
로버트 W. 와이스버그(2006), 『창의성 문제해결, 과학, 발명, 예술에서의 혁신』, 시그마 프레스.
문용린(2004), 『지력혁명』, 비즈니스북스.
마이클 겔브(2003), 『거인의 어깨 위에 올라서라』, 청림출판.
미하이 칙센트미하이(2003), 『창의성의 즐거움』, 북로드.
미하이 칙센트미하이(2003), 『몰입의 기술』, 더불어책.
박영태·하수연(2008), 『창의력과 문제해결력』, 창지사.
심영보(2010), 「연극놀이를 통한 아동의 상상력 발현과 상상력 증진 연구」, 숙명여자대학교.
정연안(1999), 「교육 연극 활동 프로그램이 창의성 신장에 미치는 영향」, 건국대학교.
주장석(2007), 『게임으로 시작하는 연기 훈련』, 예니.
조경애(2006), 「교육연극 활동 수업이 초등학생의 창의성에 미치는 영향」, 한국교육대학교.
최영애(2000), 「연극놀이의 개념과 실제」, 한국예술종합학교 연극원 연극학과.
최윤정(1995), 「연극놀이의 교육적 효용성 연구」, 경성대학교.
하워드 가드너(1993), 『열정과 기질』, 북스넛.
2011 국제학생창의력올림피아드 한국예선대회 심사위원 워크숍 자료.
2011 Odyssey of the mind 한국학생창의력 올림픽 심사위원 워크숍 자료.
세계학생창의력올림픽 한국예선 홈페이지. www.odysseyofthemind.or.kr
국제학생창의력올림피아드 한국예선 홈페이지.www.koreadi.or.kr
Arthur Johnansen, Clair Shinkman(2008), [Hello Kid Actor], Hello Kid Actor.

Step 10

특화 주제 활동에 따른
과학수업 따라하기

Ⅰ. 서론

즐겁고 의미 있는 과학수업을 하기 위해서는 다양한 주제 활동을 선정하여 운영하면 도움이 된다. 특히 최근 지구의 온도가 상승하고 있는 상황을 고려하여 지구온난화에 대한 주제 활동을 전개하면 사회적 필요를 담아낼 수 있어서 학생들에게 의미 있는 과학수업이 될 것이다.

2007년 발표한 IPCC 제4차 보고서에 의하면, 지난 100년간 지구의 평균기온은 0.74℃ (0.56~0.92℃ 범위)가 높아졌으며, 특히 1850년 관측 이래 가장 따뜻했던 12번 중 11번이 최근 12년 동안에 발생하는 등 지구온난화가 가속화되고 있다고 선언했다. 그리고 지금과 같이 화석연료에 의존한 인간 활동이 계속된다면 21세기 말 지구의 온도는 이산화탄소와 같은 온실가스 배출량 정도에 따라 최대 6.4℃(1.1~6.4℃ 범위) 상승할 것으로 전망하고 있으며, 이렇게 되면 북극 빙하는 21세기 말에 완전히 녹아 없어져 그 영향으로 폭염과 집중호우와 같은 기상변화가 지속적으로 발생할 가능성이 높을 것으로 전망하였다. 그럼에도 불구하고 인간이 사용하고 있는 에너지양은 꾸준히 증가하고 있어서 우리는 에너지 효율을 높여서 에너지 사용량을 줄이고 이산화탄소를 발생하지 않는 신재생 에너지를 개발해야 한다.

과학수업에 참여한 학생들은 지구온난화 같은 지구환경변화가 인류의 개발 중심의 생활방식과 화석연료 중심의 경제성장에서 비롯되었음을 깨닫고 미래지향적인 과학적 소양을 함양할 수 있을 것이다.

이에 초등학생들을 대상으로 지구온난화를 중심으로 한 즐거운 과학수업을 위한 특화 주제 활동을 전개해보고자 한다.

II. 본론

1. 지구온난화 이해하기

1) 기후와 지구온난화는 무엇인가?

　'기후'는 수십 년 동안 어느 특정한 지역의 날씨를 평균화한 것을 말한다. 그리고 우리가 흔히 말하는 '날씨'는 매일 경험하는 기온과 바람, 비 등의 대기상태를 말한다. 그래서 '기후변화'란 지금까지의 기후가 자연 또는 우리 인간들의 영향으로 인해 변하게 되는 것을 말하며 그 원인으로는 자연적 원인과 인위적 원인이 있다. 자연적으로 기후가 변화되는 예로는 화산 활동과 폭설 등이 있으며, 인간들의 영향에 의해 기후변화가 일어나는 이유로는 석유, 석탄 등을 지나치게 많이 사용하고 있는 것과 토지개발로 인한 삼림감소 등이 있다.

　현재의 기후변화와 지구온난화현상은 인간의 활동으로 인한 에너지 사용량 증가와 일치하고 있다는 연구결과처럼 현재의 기후변화와 지구온난화는 인간의 활동에 의해 발생된 것이다(IPCC, 2007).[1]

---

1) IPCC(Intergovernmental Panel on Climate Change): 기후변동에 관한 정부 간 패널. 1988년 지구환경 가운데 특히 온실화에 관한 종합적인 대책을 검토할 목적으로 UN 산하 각국 전문가로 구성된 조직. 온실화의 과학적 평가, 환경이나 사회에의 영향, 그 대응을 세 가지 작업부회로 나누어 검토하고 있는데 궁극적으로는 '지구온실화 방지 조약'의 체결을 목표로 하고 있다.

2) 지구온난화는 왜 문제인가?

'지구온난화'란 지구의 평균기온이 점점 더워지는 현상으로 주로 '온실효과'에 의해 나타나게 된다. '온실효과'란 태양으로부터 오는 열이 지구로 흡수되었다가 반사되어 우주로 다시 내보내질 때 그 열의 일부가 대기 중의 수증기나 이산화탄소와 같은 온실가스에 흡수되어 대기를 따뜻하게 유지시켜 주는 것을 말한다. 이것은 마치 식물원 온실의 유리나 비닐처럼 보온하는 것과 같은 원리이다. 그런데 이 온실가스의 농도가 너무 높아져 지구로부터 방출되는 복사에너지를 붙잡는 일이 많아지면서 지구의 평균온도가 점점 더워지는 '지구온난화'가 나타나게 된 것이다.

3) 온실가스는 무엇인가?

지구로부터 반사되는 열을 흡수하여 지구를 덥게 만드는 온실가스로는 이산화탄소(CO_2), 메탄(CH_4), 아산화질소(N_2O), 육불화황(SF_6), 수소불화탄소(HFCs), 과불화탄소(PFCs) 등이 있다.

이산화탄소는 다른 온실가스에 비해 열을 소유하는 능력은 떨어지지만 다른 온실가스에 비해 훨씬 많은 양이 존재해 지구온난화에 가장 큰 영향을 주는 기체로, 온실가스 방출량을 측정하는 기준이 되며 자동차 매연이나 공장의 연기 등에 많이 포함되어 있다.

메탄은 쓰레기매립지, 천연가스와 석유 생산, 동물의 소화과정 등에서 발생되는 기체로 산업화 이전에 비해 2배 정도 증가하였다.

4) 지구는 얼마나 더워지고 있는가?

사람의 체온이 36.5℃에서 1℃만 높아져도 온 몸에 열이 나고 3℃ 이상을 넘으면 생명이 위태롭듯이, 지구도 평균기온이 1℃만 높아져도 여러 곳에서 기상이변이 나타나고 3℃ 이상을 넘으면 어마어마한 재앙이 초래될 것이다. 지난 100년 동안 지구의 평균기온은 0.74℃ 상승했다. 이와 같은 변화는 지난 1만 년간 유례가 없는 빠른 상승이며, 최근 20년간은 20세기 동안 가장 더웠던 시기로 나타났다(IPCC, 2007).

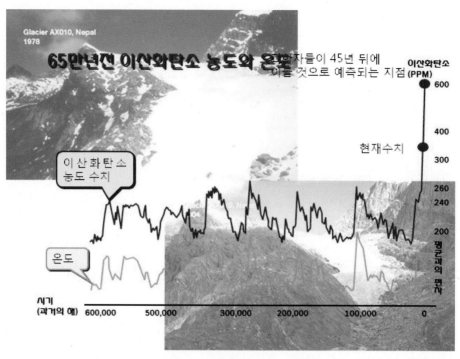

〈상승하는 이산화탄소의 농도와 기온〉

5) 지구가 더워지면 어떤 일이 생길까?

(1) 해수면(대기와 접해 있는 바다의 표면)의 상승

남극, 북극 등의 빙하가 녹아서 해수면이 높아지고, 그 결과 저지대의 섬들이 물에 잠겨서 다른 나라로 이민을 가는 일이 생기고 있다. 이미 남태평양의 작은 섬나라인 '투발루'와 인도양의 '몰디브'는 국토가 바다에 잠겨 다른 나라로 이민을 가거나 다른 나라의 도움으로 둑을 쌓고 있으며, 앞으로 해수면이 1m 더 상승할 경우에는 네덜란드 국토의 6%, 방글라데시 국토의 17.5%가 물속에 잠길 것이라고 한다.

(2) 기상이변과 재해(폭우, 폭설, 가뭄 등)

지구온난화의 영향으로 전 세계는 기상이변과 재해로 몸살을 앓고 있다. 1988년 인도에서는 폭염이 발생해서 2,300여 명이 사망을 하고, 2004년 사막 국가인 아랍에미리트의 산악지방에 눈이 내리고, 2005년 중남미 국가인 코스타리카는 폭우로 국가비상사태가 선포되고, 브라질 동북부의 440개 지역은 가뭄으로 고생을 하고, 2008년 중국에서는 폭설로

107명이 사망하였으며, 미국에서는 태풍 '카트리나'로 1,209명이 사망하였다. 기상이변과 재해는 더욱더 그 빈도와 강도가 높아지고 있다.

(3) 생태계 파괴

지구온난화로 인해 생태계가 파괴되고 먹을 것이 사라지면서 25년 전에 비해 남극지방의 펭귄 수가 33% 감소했으며, 북극에 살고 있는 곰들도 그 수가 많이 줄어들고 있다고 한다. 지금보다 지구 평균기온이 3.5℃ 높아질 경우 전체 생물들의 약 40~70%가 감소할 것이라고 한다. 또한 지구온난화는 우리들의 건강에도 해를 끼치는데, 우리나라에서 1983년 이후 사라진 아열대성 전염병인 '말라리아'가 다시 등장했다.

6) 지구온난화를 막기 위한 노력

지구상의 모든 인류가 현재와 같은 생활방식을 유지할 경우에는 100년 후 지구의 온도가 6.4℃ 상승할 것으로 예상되며 생태계와 식량, 보건 등 모든 분야에 돌이킬 수 없는 재앙이 나타날 것으로 생각되고 있다. 지구온난화를 막기 위한 국제적인 노력은 이미 오래 전부터 시작이 되었다. 1979년 제1차 '국제기후총회'에서는 세계 여러 나라의 대표들이 모여 기후변화 문제의 심각성에 대해 논의했으며, 1988년 11월에는 유엔환경프로그램(UNEP)에서 기후변화가 세계 여러 나라에 어떤 영향을 미치는지에 대해서 조사를 했다. 이를 통해 지구의 기후변화에 대한 대응전략을 연구하기 위해 기후변화에 관한 국가 사이의 국제모임(IPCC)이 설립되었다. 또한 국제사회는 지구온난화현상의 원인인 온실가스를 줄이기 위한 기후변화협약을 채택하였다.

(1) 기후변화협약

기후변화협약은 지구온난화현상에 따른 기후변화에 적극적으로 대처하기 위해서 1988년 유엔(UN)의 결정에 따라 1992년 6월 유엔환경개발회의에서 만들게 되었다. 우리나라는 1993년 12월 세계에서 47번째로 가입하였다.

(2) 교통의정서(기후변화협약에 따른 온실가스 감축목표에 관한 의정서)

교통의정서는 1997년 12월 일본 교토에서 개최된 기후변화협약 제3차 당사국총회에서

채택된 국제적 약속으로 지구온난화 규제 및 방지의 국제협약인 기후변화협약의 구체적 이행 방안이 나타나 있다. 이 약속은 단순히 "지구를 보호해야 한다"는 선언적인 약속이 아니라 "온실가스 배출량이 많은 세계 38개국의 의무이행국가를 정하고, 그 나라들은 2008~2012년 사이에 1990년도 지구 전체 온실가스 배출량의 평균 5.2%를 줄여야 한다. 만약 줄이지 않으면 돈을 계산해서 내야 한다"라는 방식의 구체적인 의무와 위반에 대한 책임 등이 명시되어 있다.

2. 기후 온난화에 관한 과학 주제 활동 수업지도의 실제

1) 프로그램의 개요

기상변화는 인간의 무차별적인 개발과 화석연료의 사용으로 이산화탄소와 같은 지구 온실가스가 증가함에 따라 지구 기후 온난화 현상이 가중되고 그로 인한 수증기량의 변화에서 그 원인을 찾을 수 있다. 그럼에도 불구하고 학교에서는 '최근 환경변화와 기상변화가 왜 발생하는가?'에 대한 연구나 시뮬레이션 실험연구가 다루어지지 않고 있어 보다 구체적인 프로그램 적용이 요구되었다.

렌줄리의 학교심화모형(Renzulli, 1976)에 바탕을 둔 창의성 개발 교수-학습모형(한국교육개발원, 2002)을 적용하여 지구온난화현상을 모의학습으로 구성하였다. 창의성 개발 교수-학습 모형은 환경과 같이 실생활과 밀접한 관련을 갖고 있는 교육프로그램을 구안할 때 더욱 큰 효과를 발휘한다. 초등학교 고학년 수준의 입장에서 본 금번 모형은 3부 심화단계로 구분되며 각 단계는 창의적 구성요소, 창의적 사고력 및 과학적 문제해결과정을 충분히 반영하는 교수-학습활동으로 구성된다.

1부 심화단계: 학생에게 학습주제와 관련된 기초 환경과학 지식을 강화한다.
2부 심화단계: 과학적 지식을 활용하여 연구하고 새로운 산출물을 창출할 수 있는 기능을 훈련한다.
3부 심화단계: 1부, 2부 심화단계의 학습경험을 통해 지구환경을 중심으로 창의성을 발휘하여 순수과학 분야 혹은 STS(과학-기술-사회) 분야를 아우르는 창의적 산출물을 만드는 데 중점을 둔다.

이와 같은 학습모형 단계를 고려하여, 본 프로그램 주제인 "더워지고 있는 푸른 지구"

를 적용해보면 다음과 같은 단계적 특성을 제시할 수 있다.

① 1부 심화단계: '물질이 연소하면 산소가 필요하고 이산화탄소를 배출한다', '이산화탄소의 농도는 급상승하고 있으며 그에 따라 지구의 온도도 급상승하고 있다'는 과학적 지식과 사실을 실험과 자료 분석을 통해 인식하고 강화한다.

② 2부 심화단계: 영상자료와 문헌조사를 통해 '지구온난화현상은 이산화탄소로 인해 발생된다'는 지식을 제공하고, '온실효과가 발생되면 지구온도는 상승하고 만년설이 녹음으로써 해수면은 상승한다'는 시뮬레이션 실험의 설계와 수행을 통해 환경 과학적 기능을 훈련한다.

③ 3부 심화단계: 1부, 2부 심화단계의 학습경험을 통해 얻은 사회문제를 '지구를 생각하는 환경우수도시설계와 모형제작하기' 활동을 통해 창의적 산출물을 제작한다.

이와 같은 조직적 모형의 적용은 보다 체계적인 철학이 담긴 주제 중심 과학수업 프로그램으로 제작할 수 있다고 생각된다. 아울러 이러한 생활과 접근된 문제를 알고 해결하는 자세를 통해 미래를 짊어지고 나갈 과학영재들은 보다 흥미롭고 의미 있는 학습활동을 전개해 나갈 것이라고 믿는다.

2) 프로그램 목표와 효과

학습목표	창의적 구성요소
1. 연소를 통한 이산화탄소 실험을 할 수 있고 온도변화자료를 분석할 수 있다.	확산적 사고의 정교화
2. 랩으로 싼 비커 안의 온도변화를 통해 온실효과를 이해할 수 있다.	수렴적 사고의 정교화, 신구도의 인식, 연결망 만들기
3. 급속히 녹고 있는 만년설에 관한 실험을 통해 지구온난화의 문제점을 간접 체험할 수 있다.	질 높은 성취를 이루려는 욕구, 현실에 대한 민감성
4. 지구를 생각하는 환경우수도시를 설계할 수 있다.	작동 가능하고, 실현 가능한 산출물의 제작, 결론 도달하기

3) 프로그램 운영상 유의점

본 프로그램의 평가는 '환경 과학적 기능'과 '환경적 태도 및 참여'로 구분될 수 있다.

① '환경적 태도 및 참여'는 지적 태도와 감정적 태도를 통합하여 평가한다.

② 환경보전에 참여하려는 마음, 실천, 의식의 변화 등은 환경적 참여의 평가대상이다.

③ 개별활동과 조별 활동이 다양하게 진행되며 특히 조별로 진행할 때 무임승차하는 학생이 없도록 주의하고 성별과 학습능력을 고려하여 조직을 편성한다.

④ 시뮬레이션 실험에 대한 이해를 사전에 안내하여, 지구과학적 현상을 손쉽게 접근하도록 하며, 검증된 기상학자들의 사전 연구활동 결과를 근거로 발전적인 방향의 학습이 진행되도록 유도한다.

4) 프로그램 운영의 실제

(1) 1차시: 이산화탄소와 지구온도의 변화

학습유형	실험학습, 자료분석학습	학습 조직	중집단 → 소집단 → 중집단
학습목표	물질이 연소하면 이산화탄소가 발생함을 알고 그로 인해 지구가 더워짐을 설명할 수 있다.		

① 개요

본 활동은 지구온실현상 및 지구온난화현상을 설명하기 위한 환경-과학적 지식을 제시하는 데 그 목적을 둔다. '물질이 연소하면 산소가 필요하고 이산화탄소를 배출한다', '이산화탄소의 농도는 급상승하고 있으며 그에 따라 지구의 온도도 급상승하고 있다'는 환경－과학적 지식과 사실을 실험과 자료 분석을 통해 인식하게 된다. 아울러 본 프로그램을 통하여 2부 심화단계의 지구온난화와 관련된 변인통제실험을 위한 기초소양을 기르게 된다.

② 활동목표

㉠ 물질과 화석연료가 연소하면 이산화탄소가 발생됨을 실험할 수 있다.

㉡ 기상청 및 IPCC(국제기후변화연구단) 기상학자들이 연구한 데이터를 그래프로 표현하여 이산화탄소의 농도변화와 지구온도변화와의 관계를 설명할 수 있다.

㉢ 이산화탄소의 증가와 지구온도상승의 관련성을 연구자료 분석을 통해 해석할 수 있다.

㉣ 준비물: 집기병, 폐지, 석유, 헝겊, 양초(2cm),양초(6cm), 철사, 모눈종이, A4용지, 기상학자들이 연구한 자료(최근 기온변화표, 이산화탄소의 농도변화표)

③ 구체적 수업 활동

㉠ 연소할 때 발생하는 기체 확인하기

- 양초(6cm와 2cm)를 각각 같은 집기병 바닥에 고정하고 태우면 어떤 반응이 일어날까?

두 양초를 집기병 안쪽 바닥에 고정시키고 불을 붙인다. 어떤 변화가 일어나는가?

잘 타다가 2cm의 양초가 꺼진 후 6cm의 양초가 꺼진다.

- 폐지를 태운 후 양초를 넣으면 어떤 반응이 일어날까?

철사를 양초(2cm) 꽂고 J자로 구부린다. 폐지를 집기병 안에 태운 후 철사 낀 양초에 불을 붙여 집기병에 넣는다. 어떤 현상이 발생되는가?

양촛불이 꺼진다.

- 석유 묻은 헝겊을 태운 후 양초를 넣으면 어떤 반응이 일어날까?

석유 묻힌 헝겊을 집기병에 넣고 태운다. 철사 낀 양초에 불을 붙여 집기병에 넣는다. 어떤 현상이 발생되는가?

양촛불이 꺼진다.

- 연소 시 발생하는 기체 확인하기

촛불이 꺼지는 원인은 무엇인가?

연소를 방해하는 기체인 이산화탄소 때문이다.

(석유를 직접 태우면 이산화탄소가 발생됨을 알아 에너지 발생방법으로 화석연료를 태우는 행위는 막대한 이산화탄소가 발생됨을 유추한다.)

㉡ 우리 생활에서 연소 활동은 언제 하는지 알아보자.

- 집 안 연소 활동에는 어떤 것이 있을까?

우리가 집안에서 행하는 연소 활동에는 어떤 것이 있을까?

가스레인지 켜기, 난로나 온풍기 켜기, TV 켜기, 전구나 형광등 켜기 등

- 집 밖 연소 활동에는 어떤 것이 있을까?

우리가 집 밖에서 행하는 연소 활동에는 어떤 것이 있을까?

자동차 운행, 공장가동, 전자제품·철강·자동차와 같은 다양한 공업제품 만들기 등

ⓒ 이산화탄소 농도의 증가량과 지구 기온변화와의 관계 파악하기.

- 최근 이산화탄소의 농도와 기온변화를 그래프로 나타내면 어떤 모양일까?

최근 약 150년간의 이산화탄소의 농도와 지구평균기온변화표를 보고 그래프로 나타내어보자.

자료를 분석하여 그래프를 그린다. 아울러 미래기후변화를 추리해본다.

〈제시자료〉

연도	1860	1880	1900	1920	1940	1960	1980	2000
지구평균 온도변화($℃$)	-0.1	0.1	0.1	0.05	0.4	0.3	0.5	0.6

연도	1860	1880	1900	1920	1940	1960	1980	2000	2020	2040
이산화탄소의 밀도(ppm)	270	280	290	310	315	320	355	370	390 (예상)	460 (예상)

* 자료출처: 기상청 기후변화정보센터(www.climate.go.kr)
(기상학자들의 고기후 연구와 최근 기후연구결과가 미래의 환경변화 분석에 참고가 됨을 인식하여 연구결과 정리에 대한 소중함을 깨닫게 한다.)

- 연도에 따른 지구평균온도변화와 이산화탄소의 밀도는 어떤 관계일까?

이산화탄소 밀도가 증가할수록 지구평균온도변화는 어떤 관계를 나타내는가?

이산화탄소 밀도가 증가할수록 지구온도는 상승한다.

(2) 2차시: 랩으로 싼 비커 안의 온도변화

학습유형	실험학습, 자료분석학습	학습 조직	중집단 → 소집단 → 중집단
학습목표	랩을 씌운 비커는 씌우지 않은 비커보다 더 빨리 온도가 상승함을 실험을 통해 설명할 수 있다.		

① 개요

㉠ 본 활동은 렌줄리의 학교심화학습 모형단계 중 2부 심화단계로서 1부 일반탐색활동에서 습득한 '인간의 연소활동은 지구 기온의 상승을 돕는다'는 과학적 사실을 시뮬레이션 실험학습을 통해 재확인하고자 구성하였다.

㉡ 본 단계에서는 '지구온난화'라는 관심분야를 보다 심화된 실험활동으로 실천하고,

실험결과의 상관관계를 스스로 파악하여 '지구온실가스층'의 이해를 돕고자 한다. 즉 1부 심화단계에서 기상학자들이 연구한 데이터를 분석하여 연구하였다면 본 단계에서는 자신들이 직접 마련한 실험결과를 통해 '지구온실가스층'의 역할을 밝히는 것이라 할 수 있겠다.

② 활동목표

㉠ 변인통제 실험활동을 통해 변인에 따른 실험결과의 차이를 밝힐 수 있다. 랩을 쌌는지 여부에 따라 온도변화를 이해하고 밝힘으로써 지구온난화현상을 간접 경험하고 이를 설명할 수 있다.

㉡ 랩을 씌운 비커와 씌우지 않은 비커 안의 온도변화를 일정한 간격으로 조사하여 랩의 역할을 설명할 수 있다.

㉢ 지구온실가스에 대한 자료를 통해 지구온실가스와 우리 생활과의 관계를 설명할 수 있다.

㉣ 준비물: 비커(2개), 랩, 모래, 온도계(2개), 스탠드(2개), 백열전구(2개), 20cm 길이의 실

③ 구체적 수업 활동

㉠ 랩으로 싼 비커 안의 온도변화 조사하기

- 랩을 감싼 모래 비커와 감싸지 않은 모래 비커에 백열전구를 각각 비추면 두 비커의 내부온도는 각각 어떻게 변할까?

두 비커에 동일한 양의 모래를 넣습니다. 그 후 한 비커는 랩으로 감싸고, 다른 하나는 감싸지 않은 상태에서 온도계를 모래(혹은 물) 1Cm 깊이에 고정시키고 백열전구를 비추어봅시다.

온도변화를 관찰하면 어떤 변화가 있을까?

예상온도변화를 시간과 관련지어 예상한다.

실험기구를 설치하고 실험활동을 수행한다.

일정한 시간에 따라 두 비커의 온도변화를 꺾은선 그래프로 작성하고 공통점과 차이점을 발견하여보자(온실가스의 정체를 기존에 발표된 문헌을 통해 알아 지식을 확장시킨다. 유기적인 사실과 지식을

**변인 통제 형태의
지구 시뮬레이션 실험**

통해 "이산화탄소의 발생은 온실가스층을 더욱 두껍게 만든다"고 설명하도록 한다).

ⓛ 랩으로 싼 비커가 랩이 없는 비커보다 온도상승이 빠른 이유 알아보기.

🧑 온도변화의 결과를 발표해보자.

👧 실험을 통해 조사된 온도변화를 꺾은선 그래프를 이용하여 발표한다.

🧑 왜 그런 결과를 얻었을까?

👧 자신이 생각한 이유를 발표한다.

(예상: 대류현상으로 더운 공기가 상승해도 랩으로 막혀있어서 더 높은 온도를 얻을 수 있습니다.)

ⓒ 지구의 온실가스층에 대한 과학적 자료를 제시하여 지구온난화현상을 알아보기.

- 지구의 온실가스층은 무엇인가?

🧑 온실가스층에 관한 자료를 제시한다.

- 어떻게 지구온난화현상을 설명할까?

🧑 온실가스 자료와 활동에서 얻은 결과를 바탕으로 지구온난화현상을 설명하여 보자.

👧 지구온난화현상을 근거를 들어가며 모둠별로 설명한다.

(예상답변: 인간의 연소 활동으로 인하여 많은 양의 이산화탄소가 발생되고 다량의 이산화탄소 발생은 지구온실가스층을 더욱 두껍게 한다. 결국 비커에 랩을 씌운 것처럼 지구의 온도는 상승한다.)

(3) 3차시: 급속히 녹고 있는 만년설

학습유형	실험학습, 자료분석학습	학습 조직	중집단 → 소집단 → 중집단
학습목표	지구온실가스층의 증가로 인한 온도상승의 결과를 실험을 통해 설명할 수 있다.		

① 개요

본 활동은 <2차시>와 맥락을 같이한 렌줄리의 학교심화학습 모형단계 중 2부 심화단계로서 1부 일반탐색활동에서 습득한 '인간의 연소 활동은 지구기온상승을 유발한다'는 과학적 사실은 물론 '지구를 둘러싼 두꺼운 온실가스층은 열을 흡수하여 기온을 상승시킨다'는 결과를 아우른다. 본 단계에서는 모의실험을 통해 얻은 '지구온난화' 현상을 발전시켜 지구기온상승으로 인한 '만년설의 녹음' 그 후 지구의 변화를 예상하고자 구안하였다. 또한 3부 심화단계에서 미래의 환경우수도시를 설계하기 위한 좌표를 마련하고 가치판단에 있어 방향을 제시하기 위해 마련된 것이다. 아울러 수조에 육지를 표현하기 위해 작은 쟁반 혹은 모래를 놓고 그 위에 만년설을 의미하는 갈은 얼음을 두께 4cm로 균등하게 올려놓았다. 그 후, 백열전구 여러 개를 비춰서 얼음이 녹도록 하였다. 이를 통해 해수면의 상승과 맨땅의 드러남으로 인한 온도의 상승 등을 실험을 통해 표현하려고 한다.

② 활동목표

㉠ 만년설 녹음 현상을 창의적 실험 설계의 방법으로 실험 · 수행하고 앞으로의 지구환경변화를 설명할 수 있다. 이를 통해 미래과학자의 역할을 추출한다.

㉡ 지구온난화가 우리생활에 어떤 영향을 미칠 수 있는지 생각한다.

㉢ 준비물: 수조, 랩, 모래, 쟁반, 온도계, 백열전구(3), 스탠드, 실, 갈은 얼음, 자(10cm)

③ 구체적 수업 활동

㉠ 지구와 유사한 환경을 만들어 모의 지구온실효과 실험하기

- 지구의 만년설이 녹은 모습을 재현할 수 있는 실험설계를 어떻게 할 것인가?

수조에 육지를 표현하기 위해 작은 쟁반 혹은 모래를 넣고 그 위에 만년설을 의미하는 갈은 얼음을 두께 4cm로 균등하게 올려놓는다. 그 후, 백열전구 여러 개를 비춰서 얼음이 녹도록 한다. 이를 통해 해수면의 상승과 맨땅의 드러남으로 인한 온도의 급격한 상승 등을 실험을 통해 표현한다.

예시 실험 방법을 참고하여 창의적인 실험설계방법으로 실험을 수행한다. 시간에 따른 수조 안 변화를 서술식으로 기록하고 온도와 눈의 높이를 체크한다.

- 백열전구 빛으로 눈을 녹이면 어떤 변화가 생길까?

시간에 따라 변화된 기록을 발표해보자.

(참고사항: 지구환경을 최대한 고려한 형태로 수조를 구성한다. 그 후 태양을 상징하는 백열전구를 비춘다. 다만 시간을 축소하기 위해 백열전구 여러 개를 한꺼번에 비추는 것도 가능하다.)

各 모둠의 기록된 사항을 발표한다.

예상 가능한 발표내용: 눈은 시간이 지남에 따라 녹았다. 약 24분 정도가 지나니 모두 녹았고 그로 인해 해수면이 1cm 정도 상승하였다. 그리고 눈이 녹은 다음부터는 더욱 온도 상승이 빨라졌다.

ⓒ 빙하와 만년설이 녹고 있는 모습을 담은 영상자료 제시하기

- 최근 지구에서는 빙하와 만년설이 녹고 있는가?

아프리카의 킬리만자로 산, 유럽의 알프스산맥, 아시아의 히말라야산맥 등 만년설이 녹고 있는 영상자료를 제시한다. 남극과 북극의 빙하가 녹고 있는 사진을 제시한다.

- 빙하와 만년설의 녹음은 어떤 영향을 미칠까?

해수면상승과 급속한 온도상승효과를 나타내는 통계자료를 제시한다. 빙하와 만년설의 녹음현상으로 인한 영향을 표현한 학습자료를 제시한다.

'킬리만자로 산'의 만년설은 녹고있다.

〈만년설이 녹고 있는 아프리카의 킬리만자로 산〉

(4) 4차시: 지구를 생각하는 환경우수도시설계 및 모형제작하기

학습유형	산출물 제작−토의 학습	학습 조직	중집단 → 소집단 → 중집단
학습목표	지구온난화를 방지하기 위한 환경도시를 창의적으로 설계하고 모형으로 제작할 수 있다.		

① 개요

본 활동은 렌줄리의 학교심화학습 모형단계 중 3부 심화단계이다. 3부 심화단계는 1부 심화단계(일반 탐색활동)에서 습득한 '인간의 연소 활동은 지구의 기온의 상승을 돕는다'는 과학적 기본 사실과 2부 심화 단계(집단 훈련 활동)에서 경험한 '지구온난화현상은 급격한 지구 환경 변화를 초래한다'는 시뮬레이션 실험학습을 창의적 대안모색을 통해 해결하고자 한다. 렌줄리의 학교심화학습 모형단계에서 실제문제탐구활동으로 명명된 3부 심화단계는 지식, 흥미, 창의적 사고 적용, 고급수준 지식, 사고력 습득을 통한 독창적 산출물 개발에 핵심을 두고 있다. 결국 문제해결에 대한 자신감을 독자적인 기법으로 표현하는 것이 특징이라고 하겠다. 본 단계에서는 지구온난화현상을 줄일 수 있는 '지구를 생각하는 환경우수도시 설계와 모형제작하기'를 활동내용으로 구안하였다. 이전 활동에서 학습한 지구온난화현상에 관한 실험 경험과 지식을 도시설계에 녹아들게 하기 위해 마련된 것이다.

② 활동목표

㉠ 미래를 생각하는 환경우수도시의 조건을 앞선 연구결과를 토대로 제시할 수 있다.

㉡ 창의적 도시설계와 제작에 대한 기능을 스스로 익히고 제작하여 발표할 수 있다.

㉢ 공동작업을 통해 협동심과 소속감을 배양할 수 있다.

㉣ 지구온난화현상을 방지할 수 있는 인간행동을 알고 행동실천에 적극적으로 참여할 수 있다.

㉤ 준비물: 미래를 생각하는 환경우수도시설계와 모형제작을 위해 필요하다고 생각하는 용구와 용품 일체

③ 구체적 수업 활동

㉠ 지구를 생각하는 도시의 조건 이야기하기

- 지구를 생각하는 살기 좋은 도시란 어떤 도시를 말하는 것일까?

🙂 살기 좋은 도시에 대해서 자신의 견해를 밝힌다.

(예: 지구온난화를 막기 위해 태양열에너지를 활용한 자동차와 건물을 지어야 합니다.)

지금까지 지구온난화현상을 공부한 것을 토대로 환경평가 우수도시의 조건을 생각해 보자.

환경평가 우수도시에는 이산화탄소가 적게 나오고 맑은 산소가 많아야 합니다. / 광합성 작용이 활발하게 일어나는 숲을 가꿔야 합니다. / 석유, 석탄의 사용을 줄이고 대체에너지를 활용해야 합니다. / 첨단교통시설을 설치하여 도시역할이 충실히 일어나도록 합니다.

ⓛ 미래우수도시를 평면으로 계획하기

- 미래의 우수도시를 한눈에 볼 수 있는 방법은 없을까?

👦 미래의 우수도시를 한눈에 볼 수 있도록 설계도를 만들어보자.

🙂 (환경우수도시 설계 간에 생각해야 할 점)

도시의 이름을 정한다. / 도시의 특징적 방향을 정한다./ 개인별로 전문분야를 두고 나누어 유기적인 통합을 이룬다./ 지구환경과 어울리는 도시를 계획한다./ 공공시설과 편의시설물을 다양하게 계획한다./ 인간의 편리함과 자연의 소중함을 중요하게 생각한다.

- 계획한 내용을 발표하여 보자

👦 각 조마다 계획한 내용을 발표하여 보자.

🙂 각 조마다 계획한 내용을 발표한다.

ⓒ 미래 우수 도시 모형 제작하기

- 창의적인 방법으로 모형을 제작할 수 없을까?

(예시) 계획서대로 모형도시를 만들기 위해 모래 놀이터로 이동하거나 다양한 방법으로 모형을 제작하고 연극과 노래, 캠페인 등을 활용할 수도 있다.

- 조별로 창의적 산출물을 상호 평가하여보자.

👦 만든 도시를 설명하며 발표해보자.

👦 환경평가 우수도시를 상호평가를 통해 선정해보자.

🙂 순번에 따라 각 조는 자신의 도시를 다른 조 앞에서 발표하고 상호 평가한다.

㉣ 학습활동 과정과 창의적 산출물

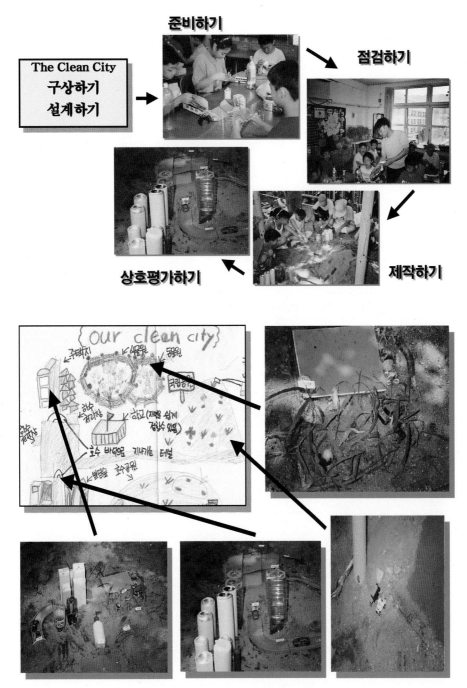

〈환경우수도시설계 및 모형제작의 과정〉

III. 결론

다음은 지금까지의 기후변화 주제 과학수업에 참가한 학생들의 의견들이다.

- 우리 마을을 토대로 환경우수도시를 만들려고 하니 조금 힘들었지만 조금만 노력하면 남과 다른 창의적인 도시를 만들 수 있다고 생각하니 즐거웠습니다(김세희 학생).
- Clean City를 만들고 나니 기분이 너무 좋아요. 서울을 깨끗한 환경도시로 만들기 위해 노력하고 싶어요(이지운 학생).
- 랩을 싼 비커의 온도가 그렇게 빨리 올라갈 줄은 몰랐습니다. 20분 동안 4도 정도가 차이가 났거든요. 왜 지구가 매일 매일 더 더워지는지를 이 실험을 통해 알 수 있었습니다(이제영 학생).
- 만약 랩처럼 온실가스층이 지구를 둘러싸고 있으면 바다가 금방 높아질 것 같아요. 어서 온실가스층을 줄이기 위한 노력을 해서 커다란 재난을 막아야 한다고 생각해요 (윤정원 학생).
- 아프리카 산꼭대기의 변화를 살펴보니 지구가 더워지고 있음을 알 수 있습니다(임수연 학생).

최근 같이 지구온난화로 기상 이변이 속출하는 이때, 초등학교 학생들에게 과학수업을 통해 체계적인 기후변화 대응 교육을 실시하는 것은 큰 의미가 있다. 그 이유는 단지 오염 중심의 단편적인 열거 형태의 일반적 수업에서 벗어나 미래를 준비하고 능동적으로 대응하는 과학적인 태도를 학생들에게 심어줄 수 있기 때문이다.

우리는 실제로 과학수업에 있어 환경주제 활동을 정해서 운영할 경우 학생들은 자신과 관련성이 높은 환경 소재나 이슈에 관해서 관심이 높음을 위와 같이 확인할 수 있었다. 그러므로 다양한 미래 환경변화에 능동적으로 대응할 수 있는 주제 중심 활동의 과학수업을 적극적으로 전개해야 하겠다.

참고문헌

김용근(2003), 「초등학교 환경교육 운영에 대한 연구」, 서울교대 대학원 석사논문.
김용근(2010), 「환경교육 컨설팅 장학에 관한 연구」, 서울대학교 대학원 박사논문.
김용근(2004), 『초등 지구환경 영재캠프』, 서울: 일송미디어.
김영천(2008), 『교육에서의 질적 연구』, 서울: 교육과학사.
남상준 외(2006), 『환경교육의 원리와 실제』, 서울: 원미사.
박태윤 외(2001), 『환경교육학개론』, 서울: 교육과학사.
서광하(2003), 「체험중심의 환경교육 프로그램 구안-적용을 통한 환경보전 실천의지 함양」,
이순규(2006), 「환경 보전의식 함양을 위한 실천 중심의 환경놀이 자료 개발 적용」, 한국교총현장논문.

Step 11

과학영재 문제해결능력 문항개발 및
프로그램 개발 따라하기

I. 서론

오늘날 영재들에 대한 교육적 관심은 단순한 개인적 수준을 넘어서서 국가적 차원의 관심으로까지 증대되어 나타나고 있다(이인호 외 2009). 효과적인 영재교육이 이루어지기 위해서는 무엇보다 공정하고 정확한 판별이 우선되어야 한다.

조석희(1995)는 영재성을 타고난 인간의 능력 또는 적성을 말하는 것으로 언어적, 논리적, 신체적, 사회 정서적, 음악적, 미술적, 내적 통찰적 지능 등을 포괄하는 것으로 정의하며, 또한 개발된 능력으로서의 특수재능이 미술, 스포츠, 경영, 의사소통, 과학 및 공학, 사회과학, 인문과학, 교육의 부문에서 나타날 수 있는 것으로 본다. 이재신(1995)에 의하면 어느 사회에서나 특정한 재능을 보이는 자들은 전체 인구의 일정 비율을 차지하고 있으며, 일반적으로 전체 5%의 비율이 적용되고 있다고 한다.

영재교육진흥법(2000)에는 영재라 함은 '재능이 뛰어난 사람으로서 타고난 잠재력을 계발하기 위하여 특별한 교육을 받아야 할 필요가 있는 자'로 정의하고 있고 영재교육 대상자로는 '일반지능, 특수학문, 적성, 창의적 사고능력, 예술적 지능, 신체적 지능, 기타 특별한 재능 사항에 대하여 뛰어난 성취가 있거나 잠재력이 우수한 사람 중 영재 판별 기준에 의거 판별된 사람을 영재교육 대상자로 선정한다'고 언급하고 있는데, 이 법안은 영재를 일반지능에서부터 기타 특별한 재능까지 모든 면에서 고려해야 하며, 재능의 폭을 수학이나 과학에만 국한시키지 않고 넓은 개념으로 정의해야 한다는 것이다.

영재성이란 하나 또는 그 이상의 영역에서 뛰어난 성취를 할 수 있는 잠재력을 의미하며 Terman(1925)은 영재성을 본유적으로 타고나는 지적인 능력이라고 보았는데, 이 견해에 따르면 지능검사로 나타나는 지적 능력이란 유전적으로 결정되며 따라서 시간의 경과에 관계없이 안정적이라고 한다. 또한 그의 종단 연구의 대상이 되었던 영재아 중에 뛰어난 성취를 이룬 사람이 50%도 안 된다는 결과에 근거해 볼 때 지능과 성취는 상관이 없으며 유전적으로 결정이 되는 지능이 뛰어난 성취로 발현되기 위해서는 환경요인이나 성격 요인 같은 다른 요인들의 작용을 고려해야 한다고 주장하였다.

Gardner는 그의 다중지능 이론에서 개인은 적절한 자극 요소가 있을 때 계발시킬 수 있는 다양한 잠재적인 지적 능력의 영역을 가지고 있으며 따라서 단일 지능 검사만으로 이런 다양한 잠재 능력을 판별하는 것은 불가능하다고 주장하였다.

오늘날 대부분의 연구자들은 다음과 같이 영재성을 지적인 면이 전부가 아닌 복합적인 특성과 관련지어 정의하고 있다. 따라서 지능 지수는 영재성을 측정하는 적절한 방법이 아닌 것으로 보이며, 오히려 높은 동기, 높은 자아개념, 창의력이 영재성 개념을 확장시키는 데 있어서 중요한 특징으로 간주된다(Siegler & Kotovsky, 1986).

문제해결 과정에 대한 전략의 시초는 Polya(1957)가 수학 분야에서 만든 4단계 전략으로 문제의 이해(understanding a problem), 계획 수립(devising a plan), 계획 수행(carrying out the plan), 반성(looking back)이다. 이것을 토대로 여러 연구자들에 의해 문제해결 단계가 제시되었으나 그 결과들은 유사하며, 크게 이해 단계, 계획 단계, 풀이 단계, 검토 단계로 구분할 수 있다(전경문, 1999). 문제해결 과정에 대한 연구도 이 네 단계를 기준으로 이루어지고 있다.

과학에 있어서의 문제에 대하여 Berkson(1987)은 과학적 문제란 자연현상 설명이라는 목적을 이루는 데 있어서 느끼는 어려움을 의미한다고 하였다. 과학교육에 있어 문제의 의미는 주로 학생들의 개념 이해나 능력을 평가하는 문항과 동일시되어 사용되어 왔다(김재우, 2000).

학습자가 합리적으로 문제를 해결하기 위해서 학교 교육은 문제해결에 필요한 능력을 길러주어야 한다(Gagne, 1985). 특히 과학교육에서 자연현상과 실생활 문제를 적극적이고 능동적으로 해결하기 위한 학습자의 문제해결력 신장은 중요한 과제로 받아들여지고 있다(Smith & Good, 1984). 문제해결은 과학교육의 중요한 목표로 간주되어 왔으나 학생들의 문제해결력은 수업 후에도 매우 낮은 경향이 있다(Stwart & Hafner, 1991). 과학 영재에게 문제해결력 함양은 중요한 요소이다. 학생들의 문제해결력 평가를 하기 위한 도구의 개발은 더더욱 힘들고 중요한 일이다.

최근 영재선발제도가 변해야 한다는 다양한 목소리들이 나오고 있다. 지적 능력 중심의 시험을 통한 영재 선발 체제로는 학생의 진정한 영재성을 판단할 수 없고(이신동·이정규·박춘서, 2009), 경제적으로 불리한 입장에 입거나 사회적 소수 집단의 영재 판별에 실패할 수 있으며(Passow, 1989), 부모의 관심이 떨어지는 소외계층의 잠재적 영재의 선발이 배제될 수 있기 때문이다(박숙희, 2009). 이러한 비판으로 최근 관찰추천에 의한 영재 선발에 대해 관심이 높아지고 있다. 관찰추천에 의한 영재 판별은 대상 학생의 영재적 행동 특성을 예측하는 데 타당한 기준이 될 수 있다(Siegle & Powel, 2004). 이에 관찰추천에 의한 영재 판별은 궁극적으로 여러 가지 조건과 환경적 제약으로 잠재된 능력을 발휘하지 못하는 영재들을 보다 많이 발굴하고, 사교육 문제를 해결할 수 있으며, 다단계 관찰, 추천에 의하여 객관성과 신뢰성, 타당성을 확보할 것으로 기대하고 있다(한국교육개발원, 2008). 또한 2011학년도 대학부설 영재교육원, 지역교육청 영재학급 선발제도부터 관찰추천방법에 의한 영재선발이 이루어지고, 앞으로 영재교육 대상자 선발에 있어 관찰추천방법이 점차 확대될 실정이다(교육과학기술부, 2009).

II. 본론

현재 서울시교육청에서는 관찰추천제를 실시하고 있다. 영재 관찰추천 과정에서 담임교사는 학업 성적이 우수한 학생이 아닌 영재성을 가진 아동을 종합적으로 판단하여 추천해야 한다(관찰추천 영재 선발도구 및 매뉴얼 개발, 2010). 이를 위해 현장의 교사들은 잠재적 영재 발굴을 위해 체계적인 관찰이 중요함을 인식해야 하며(한기순과 이정용, 2011), 보다 공정하고 객관적인 입장에서 잠재적인 영재를 추천하기 위해 노력해야 한다. 특히 영재관찰추천에서 잠재적인 영재 아동의 생활을 최초로 관찰하고 판별하는 것은 담임교사이기 때문에 담임교사가 영재교육의 목적을 이해하고 합당한 영재를 판별할 수 있는 능력을 가져야 하는 것은 진정한 영재가 판별되는 데 매우 중요할 것이다.

1. 문제해결능력 문항 개발

영재학생들에게 필요한 능력 중에 하나는 문제해결능력이다. 문제해결에서 개인의 사고 과정에 대한 연구는 교육학자뿐만 아니라 인지심리학자들도 많은 관심을 모아 온 분야이다(Maloney, 1994). 문제해결은 문제 이해를 비롯하여 관련된 개념, 절차 지식, 추론과 수리적 조작 등이 요구되는 복합적인 과정으로, 단기 기억(short term memory)에서 이루어진다(Hayes, 1989).

학습자가 합리적으로 문제를 해결하기 위해서 학교 교육은 문제해결에 필요한 능력을 길러주어야 한다(Gagne, 1985). 특히 과학교육에서 자연현상과 실생활 문제를 적극적이고 능동적으로 해결하기 위한 학습자의 문제해결력 신장은 중요한 과제로 받아들여지고 있다(Smith & Good, 1984). 문제해결은 과학교육의 중요한 목표로 간주되어 왔으나 학생들의 문제해결력은 수업 후에도 매우 낮은 경향이 있다(Stwart & Hafner, 1991).

문제해결력 문항은 초등학교에서는 주로 주관식 문항으로 제작되어 평가하고 있다. 먼저 주관식 문항의 제작 원리에 대해 살펴보고자 한다.

1) 주관식 문항의 제작원리

① 복잡한 학습내용의 인지 여부는 물론 분석, 종합 등의 고등정신능력을 측정할 수 있도록 하여야 한다.
② 문항의 지시문을 '비교 분석하라', '이유를 설명하라', '예를 써 보아라' 등으로 한다.
③ 질문의 요지가 분명하며 구조화되어야 한다.
④ 질문 내용의 어휘 수준이 피험자의 어휘능력수준 이하여야 한다.
⑤ 각 문항에 응답할 수 있도록 적절한 응답시간을 배려한다.
⑥ 문항 점수를 제시한다.
⑦ 채점기준을 마련하여야 한다.

현재 문제해결능력 평가문항은 각 영재원이나 시도교육청에서는 영재 판별 문항을 공동 출제하거나 독단적으로 출제하여 영재 판별에 사용하고 있다.

본 장에서는 과학 관련 문항을 제시해보고자 한다.

2) 문제해결 관련 예시 문항 자료

(1) 얼마 전에 김치를 땅속에 몇 년간 저장하여 먹는 사람이 텔레비전에서 방송되었습니다. 옛날 우리 조상들은 김장을 하여 추운 날부터 봄까지 반찬으로 이용하였습니다. 김치를 땅 위나 혹은 땅속 중 어느 곳에 보관하는 것이 좋은가요? 그 이유는 무엇 때문인지 아래 그래프와 연관 지어 설명하시오.

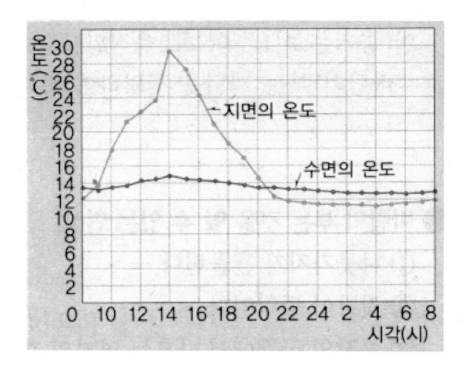

① 땅속과 땅 위 중 어느 곳이 더 좋은가?(3점)

② 그 이유(7점)

(2) 다음은 비가 내리는 과정을 알아보는 실험과정입니다. 물음에 답하시오.

① 위 실험에서 알루미늄 접시 위에 얼음을 올려놓는 이유는 무엇 때문입니까?

② 비커 안에는 시간이 지나면 어떤 변화가 일어납니까?

③ 위 실험에서 물방울이 많이 생기게 하려면 어떤 방법이 있는지 3가지 제시하시오.

(3) 추운 겨울 밖에서 따뜻한 실내에 들어서면 안경에 김이 서려 앞을 보기가 어려워지
는 경우가 있습니다.
① 안경에 김이 서리는 이유는 무엇 때문입니까?

② 생활 속에서 이와 비슷한 현상을 3가지 이상 쓰시오.

③ 김이 서리지 않게 하기 위한 방법을 제시하시오.

2. 과학영재 프로그램 개발

"영재아들에 대해 어떤 태도를 갖고 있는지(프로그램 철학과 목적)? 어떤 영재들을 대
상으로 할 것인지(정의와 판별)? 학생들의 요구와 프로그램의 형태, 지역, 시기는 어떠한
지(수업)? 학생들의 지식 향상과 인지 기술의 수준은 어떠한지(평가)?"를 고려해보아야
한다. 영재아의 요구에 부응할 수 있는 질 좋은 프로그램을 계획하는 데에는 도전, 선택,
흥미, 즐거움, 개인적 의미 등과 같은 5가지 개념이 상호 관련되어 있어야 한다(Gentry &
Ferriss, 1999).

1) 영재학습 프로그램 철학과 목적

프로그램이 무엇을, 왜 필요로 하는지를 정확히 알고 싶어 하는 부모, 교사, 행정가 등
모든 사람들을 위하여 영재교육 프로그램의 철학과 목적에 대한 간단한 진술이 필요하다.
　(예 1) 영재들의 심리적, 사회적, 교육적, 직업적 요구를 충족시켜 주는 데 도움이 되는
　　　　프로그램을 설계한다.
　(예 2) 정규학급에서는 계발시킬 수 없는 자의식, 개인의 강점, 사회적 책임을 발달시킬
　　　　수 있는 기회를 제공한다.

2) 영재학습 프로그램의 지도 시 고려할 사항

① 학생들의 요구를 만족시킬 수 있어야 한다.
② 프로그램은 어떤 집단에 적용할 것인지를 고려하여야 한다.
③ 프로그램을 설계하고 관리할 것이고 학생들을 가르치는 교사에 대해 고려해야 하고 가르치는 사람들에 대한 연수에 대해서도 생각해야 한다.
④ 영재 수업이 이루어지는 지역에 대해서도 고려해야 한다.
⑤ 영재 수업이 실시되는 시기에 대해서도 고려해야 한다.

3) 평가

① 학생의 진전 정도를 평가할 수 있도록 고려되어야 한다.
② 수업 활동의 효과, 자료, 수업, 교수-학습 활동 등을 어떻게 평가할 것인지 고려되어야 한다.

3. 영재 프로그램 계획 시 고려사항

Donald Treffinger & Marian sortore가 제시한 내용을 살펴보면 다음과 같다.
① 교사들은 학생들이 창의적 사고와 문제해결 기술을 적용할 수 있는 기회를 제공하는가?
② 학생들은 인위적이거나 교과서에서의 실험이 아니라 일상에서 발생하는 실제적인 문제를 탐구하고 계획하는 방법을 어떻게 학습하는가? 학생들은 연구결과나 산출물을 어떻게 공유할 수 있는가?
③ 학습이 지루하고 반복적인 것이 아니라 독창적이고 재미있다는 것을 확신시켜 주기 위한 구체적인 방안은 무엇인가?
④ 학생들이 학교 교육과정 외의 과제에 흥미를 갖고 도전해 볼 수 있는 기회가 보장되어 있는가?
⑤ 어떻게 학생들이 목표를 설정하고, 과제를 계획하고, 발견하며 자원을 이용하고 또 산출물을 만들며 그들의 작업을 평가할 수 있도록 도와줄 것인가?

⑥ 학생들이 미래의 직업계와 급속히 변화하는 사회에 대처할 수 있도록 어떻게 도움을 줄 것인가?

4. 영재학습 프로그램의 지도 실제

1) 과학영재 학습 프로그램의 특징

(1) 과학 관련 내용 구성

영재교육 프로그램의 특성은 영재의 특성과 밀접한 관계가 있다. 즉 영재의 특성을 충분히 이해한 후, 그 특성을 영재교육 프로그램에 반영함으로써, 그 특성들을 더욱 신장시켜줄 수 있도록 해야 한다. 영재들은 일반적으로 성취수준이 일반아동보다 대단히 높고, 흥미가 다양하고 전문적이며 독특하다. 관심 있는 주제나 주어진 문제에 대해서 오랫동안 집중하는 경향이 있다.

현재 초등과학영재 운영은 대학, 지역청, 중심학교, 방과 후 등 다양하게 운영되고 있다. 과학영재 학습 프로그램은 각 주체마다 다양한 프로그램을 개발하여 투입하고 있다. 영재교육원의 교육과정은 에너지, 물질, 생명, 지구와 우주 등의 자연과학의 지식과 탐구과정이 포함되도록 구성한다. 과학적 지식은 기본 개념을 중심, 과학 창의성은 탐구 활동을 통하여 체계적으로 학습하도록 한다.

자연의 관찰과 실험을 통하여 과학의 기본 개념을 이해하게 하고, 실생활과 관련된 창의적 문제해결이나 과제학습을 통하여 과학 영재의 과제 집착력과 재능을 증진시키는 데에 주안점을 두도록 한다. 또한 문제의 해결 과정에서 문제를 스스로 발견하고, 독창적이고 창의적으로 해결하려는 태도를 기르도록 한다.

학습 과정에서는 학생 개개인의 능력과 요구에 따라 다양한 과제 중심의 학습이 이루어지도록 하고, 과학 영재의 소질과 재능의 발굴과 함께 과학적 사고력, 문제해결력, 창의력을 기른다. 교수-학습은 과학의 단편적인 지식 전달보다는 기본 개념 및 개념 체계를 통합적으로 이해하도록 하고, 특히 창의성, 객관성, 개방성, 합리성, 협동심, 인내성을 기르는 데에 유의한다.

(2) 과학 프로그램 개발 시 창의성 관련 내용 구성

과학 관련 문제를 창의적으로 해결하는 과정에서 과학자의 특징적 사교유형에서 볼 수 있듯이 다양한 대안을 모색하고, 사고를 시각화하고, 생산성이 높고, 독창적으로 상이한 것, 반대되는 것을 연결하고, 비유적으로 사고하고, 새로운 기회를 적극적으로 준비하는 특성으로 인해 높은 수준의 과학적 문제해결능력을 발휘한다는 능력이다(서혜애 등, 2004).

창의적 문제해결력은 문제 상황에 직면하였을 때, 알고 있는 지식, 원리, 문제해결 방법을 새롭게 재조직, 재구성하여 새로운 지식이나 원리, 문제해결 방법을 창안한 다음 이를 활용하여 문제를 해결하는 능력을 말한다.

판단을 내릴 때와 판단을 유보할 때를 조절할 줄 아는 것이 창의적 사고기능 가운데서도 으뜸으로 중요한 것이라 말할 수 있다. 창의적인 사람은 아이디어들이 자유롭게 흘러서 충분한 숫자만큼 생성될 때까지 판단을 유보할 줄 안다(김영채, 1999).

2) 과학영재 학습 프로그램의 지도의 실제

(1) 달 모양 탐사

달은 신앙의 대상이 되어 많은 사람들이 소원을 빌곤 했던 천체입니다. 우리나라에서 『삼국유사』에 보면 연오랑과 세오녀는 해와 달의 정령으로 일신과 월신으로 믿은 기록이 남아있습니다. 우리나라 전통 민속에서도 달맞이, 달집태우기 등 달을 통해 공동체 의식을 하기도 하였습니다. 또한 『삼국사기』 <의자왕조>에는 만월과 초승달을 국가의 성쇠와 연관시켜 예언한 예가 나오는데, 땅속에서 나온 거북의 등에 "백제는 월륜과 같고 신라는 신월과 같다"는 글이 쓰여 있어 무당에게 물어보니, "백제는 보름달이 되어 앞으로 기울 것이고 신라는 흥할 것을 뜻한다"고 하였는데, 실제로 백제는 그해 망하고 말았습니다.

또한 달의 무늬를 보고 월계수와 토끼가 산다고 생각하였습니다. 여 임진왜란 때 비롯되었다는 '강강술래'에서도 비슷한 구절이 전해 내려오고 있습니다.

◇ 생각해보기

• 옛날 사람들이 달과 관련하여 여러 가지 민속놀이를 한 까닭은 무엇 때문일까요?
• 옛날 사람들의 생각이 지금의 과학적 사실과는 다른 점이 많이 있습니다. 이와 같은

것들을 우리들은 어떻게 받아들여야 할까요?

① 달 모양 관찰

<활동 1> 다음 그림은 망원경이나 쌍안경으로 볼 수 있는 달의 모습입니다. 달의 모습을 잘 관찰해봅시다.

<보름달의 모습>

(가) 달의 모양에서 토끼와 계수나무를 생각해 내었는데 그런 모습을 볼 수 있습니까? 있다면 어느 부분이 그러한지 표시해봅시다.

(나) 달을 우리 지구에서 볼 수 있는 까닭은 무엇 때문인지 설명해보시오.

(다) 달은 항상 지구 쪽에서 한쪽 면만 볼 수 있다고 합니다. 뒤쪽은 지구에서는 볼 수 없다고 해요. 그 까닭은 무엇 때문인지 생각해보고 토의해봅시다.

(라) 이 사진에서 검게 보이는 부분과 밝게 보이는 부분이 있는데 이와 같은 것은 무엇을 의미할까요? 설명해봅시다.

(마) 1610년 갈릴레이는 자신이 만든 망원경으로 달을 관측하여 달의 모양을 스케치하였습니다. 최초로 관측 도구를 이용한 달 관찰입니다. 쌍안경이나 망원경을 이용하여 달을 관찰하여 스케치하여 봅시다.

<활동 2> 달의 뒷면의 모습은 1959년 시작된 우주 탐사에 의해 밝혀지게 되었습니다. 오른쪽 사진은 아폴로 16호가 찍은 것입니다. 달 앞면의 동쪽 가장자리와 크레이터가 많은 뒷면이 보이고 있습니다. 놀랍게도 달의 뒷면은 바다라고 부르는 평원이 많은 앞면과는 전혀 다른 모습을 하고 있습니다.

(가) 달 뒷면에는 앞면과 다르게 크레이터가 많이 보이고 있습니다. 크레이터는 어떻게

해서 만들어진 것입니까?

(나) 지구에서도 이와 비슷한 운석구가 발견되는 데 달에서와 같이 많지는 않습니다. 달은 지구보 다도 크기가 작은데 이와 같은 크레이터가 많 이 발견되는 이유는 무엇입니까?

〈달의 뒷면〉

(다) 다음은 달에 착륙한 두 우주인이 한 말입니다. 왜 이와 같은 현상이 생겼을지 설명하여 봅시다.

> 하늘을 쳐다보니 하늘색이 푸른 것이 아니고 검게 보인다. 태양이 떠 있는데도 별들이 아주 똑똑히 보 이며 그들은 전혀 깜빡이지 않는다. 지구에서 하늘이 파랗고, 낮에는 별을 볼 수 없는데…

<활동 3> 달은 매일매일 모양이 변화합니다.

(가) 달의 위상이 변화되는 까닭은 무엇 때문입니까? 이유에 대하여 설명해봅시다.

(나) 아폴로 11호는 달 탐사를 위해 음력 6월 3일에 출발하여 음력 8일에 도착하였다고 합니다. 이와 같이 출발한 까닭은 무엇 때문일지 토의해봅시다.

(다) 달은 온도차이가 크다고 합니다. 해가 비출 때는 섭씨 100도까지 올라가고 밤에는 영하 150도까지 내려간다고 합니다. 지구에서와는 달리 달의 기온 변화가 심한 까 닭은 무엇 때문인가요?

(라) 달이 지구를 가리는 현상을 일식이라고 합니다. 위 달의 모양에서 일식이 일어나 는 경우는 언제이고 왜 그렇게 생각하는지 말하여 봅시다.

② 달 탐사 역사
<활동 4> 달은 갈릴레이 이후 많은 관측이 이루어졌고, 드디어 아폴로 11호가 달에 착

륙하여 인간이 달을 직접 탐사하게 되었습니다. 탐사활동을 통해 알게 된 사실에 대해 알아봅시다.

(가) 미국은 달 탐사 계획을 1958년 파이어니어 0호 발사를 시작으로 하여 아폴로 11호가 달에 인간이 착륙하는 쾌거를 이루었습니다. 달 탐사의 역사에 대해 조사해보고 달 탐사가 가지는 의의에 대해 이야기해봅시다.

(나) 달 탐사를 통해 달에서 암석을 채취하여 달의 나이를 계산해보았습니다. 45억 년의 나이를 가진 암석이 발견되었는데 이것이 의미하는 것은 무엇일까요?

(다) 달 탐사를 통해 달의 형성 과정에 대하여 많은 가설들이 만들어지고 검증되고 있습니다. 달의 형성 과정에 대한 가설에는 어떤 것이 있는지 살펴보고 각 가설을 뒷받침하는 근거는 무엇인지 말하여 봅시다.

(라) 1969년 7월 16일 아폴로 11호의 선장 암스트롱은 달에 도착하여 "오늘 나는 작은 발걸음을 내딛었지만 인류에게는 위대한 도약이다"라는 말을 하였습니다. 시간이 30여 년이 훌쩍 지난 지금도 달에 인간이 가는 것은 어려운 일입니다. 달을 무대로 펼쳐질 앞으로의 세계를 특징 있게 그려보고 설명해봅시다.

◇ 창의 탐구: 영화 속의 달 이야기

달을 주제로 한 문학작품이나 영화가 많이 있습니다. 우리나라에서는 달타령이라 하여 달에 관한 노래도 전해지고 있습니다. 영화로는 아폴로 13호가 최근에 만들어진 작품입니다.

달에 관련된 민속자료나 소설, 영화의 내용 중에서 가장 재미있던 부분을 떠올려 써보고 그 이유를 설명해봅시다.

다음은 아폴로 13호의 개괄적인 내용입니다. 이 이야기는 실화를 중심으로 다큐멘터리 형식으로 영화가 진행되었습니다.

아폴로 13호

1970년 4월 발사된 아폴로 13호는 발사 2일 후에 기계선 내의 산소탱크 파열로 월면 착륙이 불가능하게 되었고 비행사 3명의 생명도 위험했다. 그들은 긴급대책으로 달착륙선으로 이동하여 비행을 계속하였고 착륙선의 하강용 엔진을 이용하여 비행경로를 수정하고 달까지 도달한 뒤 달의 인력을 이용해 지구로의 궤도에 돌입, 귀환했다.

위 내용에서 비행경로를 수정하여 달까지 도달한 뒤 달의 인력을 이용했다는데 달의 인력은 무엇인지 설명하시오.

◇ 창의 탐구: 달 모양 관찰 계획 세우기

하늘의 달을 관측하는 것은 다른 행성에 비해 아주 재미있는 일입니다. 망원경이나 쌍안경 또는 맨눈으로 매일매일의 모양 변화를 잘 관찰할 수 있습니다.

달 모양을 관찰하기 위해서는 어떤 점에 유의해야 하고 어떤 방법으로 할지 계획서를 만들어봅시다.

• 내가 만든 관측 계획서의 내용을 발표해보고 친구들과 비교해봅시다.

• 관측 계획서의 개선점에 대하여 토의해보고 관측해봅시다.

(2) 주제: 물의 표면장력을 활용한 수업(4차시)

<동기유발> 신문지에 사람을 몇 명 정도 세울 수 있을까?

(가) 신문지에 사람을 몇 명 정도 넣을 수 있을지 예상해봅시다.

(나) 신문지에 사람을 어떻게 하면 많이 세울 수 있는지 방법을 생각해봅시다.

(다) 생각한 방법대로 사람을 세워 봅시다.

<활동 1> 물방울로 간이 렌즈를 만들 수 있을까?

(가) 어떻게 하면 좋을지 생각해봅시다.

(나) 생각한 내용을 토대로 만들어 신문의 글씨를 봅니다.

<활동 2> 100원짜리 동전에 물방울이 몇 개 정도 들어갈까?

(가) 100원 짜리 동전에 물방울을 몇 개 정도 넣을 수 있을지 예상해보기

(나) 스포이트를 이용해 한 방울씩 떨어뜨려 가며 숫자 세어서 기록하기

(다) 자기의 예상과 결과를 그림이나 말로 써 봅시다.

(라) 데이터를 보고 이야기해봅시다.

(마) 이 실험에서 변인에는 어떤 것들이 있을지 써 봅시다.

(바) 물의 성질에 대해 이야기해봅시다.

<활동 3> 물은 바늘을 떠 있을 수 있게 할 수 있을까?

(가) 바늘이 물에 떠 있을 수 있을지 예상해보기

(나) 바늘을 물에 떠 있게 하기 위해서는 어떤 방법이 있을지 생각해보고 방법을 그림
이나 글로 나타내봅시다.

(다) 자기의 생각대로 실험을 해봅시다.

(라) (   )을 이용하여 바늘을 떠 있게 하려면 어떤 방법으로 하면 되는지 생각해보고
그림이나 글로 나타내봅시다.

(마) 자기의 생각대로 실험을 해봅시다.

(바) 바늘을 물에 떠 있게 하기 위해서는 어떤 조건이 충족되어야 하는지 말이나 그림

으로 써 봅시다.

(사) 물에 떠 있는 바늘을 표면 위에 움직이게 하기 위해서는 어떤 방법이 있을지 생각
해보고 그림이나 글로 나타내봅시다.

<활동 4> 에나멜선(가는 구리선)을 물에 뜨게 할 수 있을까?

준비물: 이쑤시개, 에나멜선(가는 구리선), 가위, 수조

(가) 에나멜선이 물에 떠 있을 수 있을지 예상해보기

(나) 에나멜선을 물에 떠 있게 하기 위해서는 어떤 방법이 있을지 생각해보고 그림이나
글로 나타내봅시다.

(다) 준비물(에나멜선, 이쑤시개)을 이용해서 물에 뜨는 물체를 만들어봅시다.

(라) 만든 물체를 물 위에 띄워봅시다.

(마) 이쑤시개에 에나멜선을 감아 소금쟁이를 만들어봅시다.

(바) 물에 잘 뜨는 소금쟁이를 만들려면 어떻게 하면 될지 글과 그림으로 나타내보고
직접 만들어 띄워봅시다.

(사) 소금쟁이가 물에 잘 뜨게 하기 위해서는 어떻게 해야 하는지 이야기해봅시다.

III. 결론

영재 관찰추천에서 교사의 역할이 중요함에도 불구하고 아직도 현장의 많은 교사들은 영재 판별에 대해 혼란스러워 하고 있으며, 영재교육에 대한 정확한 이해를 바탕으로 진정한 영재성을 지닌 잠재적인 영재 판별이 이루어지고 있는지는 의문이다. 실제로 많은 교사들이 학생의 영재성을 판별할 때에 영재의 특성보다는 학업 성적이나, 학생의 지능에 중점을 두어 선발하기도 한다(Shack & Starko, 1990). 영재교육에 대한 교사의 잘못된 신념이 영재 판별에 영향을 미칠 수 있으며, 실제로 담임교사는 영재 판별 과정에서 교사에게 붙임성 있는 학생을 추천하는 것을 선호하며, 이러한 선호는 교사의 특정한 교육학적 신념에 따른다는 연구 결과가 이를 뒷받침해준다(Schroth & Helfer, 2008).

관찰과 추천에 의해 진정한 영재를 찾기보다는 교사들의 편의에 의해 관찰이 배제된 채 학업 우수자들이 영재로 판별될 가능성이 높기 때문에 평소 수업시간에 다양한 프로그램과 문제해결능력을 살펴볼 필요가 있다.

선생님들의 영재교육에 대한 이해가 이루어질 때 영재교육은 제자리를 찾을 수 있을 것이다. 다양한 연수뿐만 아니라 단위 교실에서 활용할 수 있는 다양한 프로그램이 제작되어 보급되어야 할 것이다.

교육과학기술부(2009). 내년, 영재교육 대상자 선발시험 폐지 구체화. 교육과학기술부. 2009년 8월 24일 보도자료.

박숙희(2009). 소외계층 영재교육. 영재와 영재교육, 8(3), 5-21.

서혜애, 조석희, 정현철, 강호감, 박인호, 박일영, 소광섭, 손정우, 이선경, 최호성(2004). 과학영재학교 신입생 선발체제 분석 연구. 수탁연구. CR 2004-46. 한국교육개발원.

이신동, 이정규, 박춘성 (2009). 최신영재교육학개론. 서울: 학지사.

이인호, 한기순 (2009). 영재교육 대상자 선발에서 교사 추천의 효용성 분석. 영재교육연구, 19(2), 381-404.

전경문(1999). 문제 해결 전략과 해결자 · 청취자 활동; 화학 수업에서의 교수 효과 및 소집단 문제 해결 과정, 서울대학교 대학원 박사논문.

한기순, 이정용(2011). 영재교사들이 지각하는 관찰-추천 영재판별 시스템의 방향, 중요도, 실행수준 분석. 영재교육연구, 21(1), 107-122.

Berkson, W. (1987). Research problems and understanding of science, In N. J. Nersessian(ed.). The process of science: Contemporary philosophical approaches to understanding scientific practice. Dordrecht: Martinus Nijhoff Publishers.

Gagne, E. D.(1985). The cognitive psychology of school learning. Hillsdale, NJ : LEA.

Hayes, J. R. (1989). The complete problem solver (2nd ed.). Hillsdale: Lawrence Erlbaum Associates.

Maloney (1994). Research on problem solving: Physics. In Gabel, D. L.(Ed.), Handbook of research on science teaching and learning: A project of the National Science Teachers Association (pp. 327-354). New York: MacMillan Publishing Company.

Passow, A. H. (1989). Needed research and development in educating high ability children. *Roeper Review, 11*, 223-229.

Polya, G. (1957). How to solve it. Garden city, N.Y.; Doubleday Anchor.

Schroth, S. T., & Helfer, J. A. (2008). Identifying gifted students: Educator beliefs regarding various policies, processes, and procedures. *Journal for the Education of the Gifted. 32*(2), 155 - 179.

Siegle, D., & Powel, T. (2004). Exploring teacher biases when nominating students for gifted programs. *Gifted Child Quarterly*, 48(1), 21-29.

Smith, M, U., & Good, R.(1984). Problem solving and classical genetics: Successful versus unsuccessful performance. *Journal of Research in Science Teaching*, 21(9), 895-912.

Stewart, j., & Hafner. R. (1991). Extending the conception of "problem" in problem-solving research. *Science Education,* 75(1), 105-120.

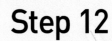

Step 12

루브 골드버그 장치를 활용한
STEAM 교육 프로그램 따라하기

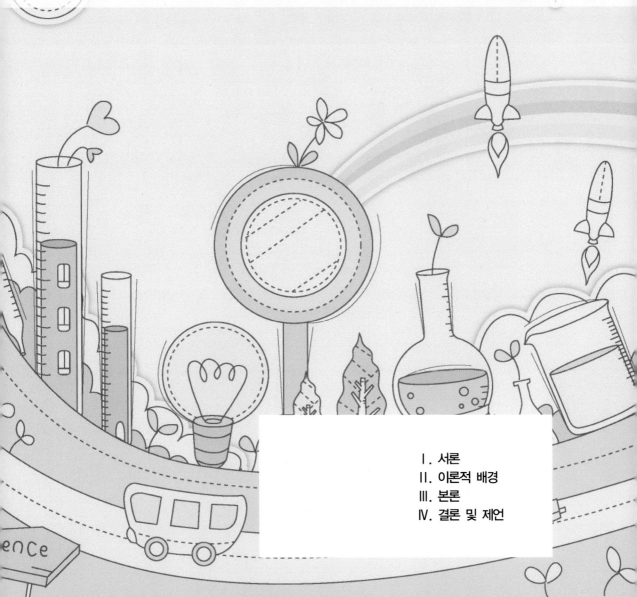

I. 서론

OECD가 주관하는 PISA(Program for International Student Assessment)는 지식의 단순 기억보다는 과학과 수학의 지식을 실생활의 상황과 목적에 맞게 활용할 수 있는 기본적인 소양을 평가한다. 따라서 우리나라 학생들의 과학과 수학의 성취도와 흥미도뿐만 아니라 미래 사회를 대비한 통합적인 능력을 국제수준에서 비교할 수 있는 정보를 제공하고 있다. PISA 2006의 결과에서 우리나라 학생들의 성취도가 과거에 비해 전체적으로 하락한 것으로 나타났다(김지영, 2008). 이는 우리 교육의 방향이 통합적 사고와 문제해결능력을 배양할 수 있는 융합 교육으로 나아가야 할 필요성을 보여주고 있다.

지식 정보화 시대에는 창의적 지적 재산과 정보의 유통 능력이 기술과 산업 그리고 경제와 문화를 견인해 가고 있다. 따라서 창의적 지적 재산과 정보의 유통 능력을 가지고 있는 창의적 인재의 필요성이 대두되고 있다. 창의적 인재 교육을 위한 학습은 주입식이나 학업적 성과에 주안점을 두기보다는 전통적 학습과 대안적 학습과의 병합, 인지적 성장과 정의적 성장과의 통합 및 문제 중심, 활동 중심, 탐구 중심의 학습 등 다양한 학습 형태가 적용되어야 한다.

이런 학습을 위해서는 교육적 관심의 대상도 정형화된 지식보다는 실제 문제를 해결하는 새로운 지식의 생성에까지 확장하여야 한다. 이에 통합교육과정, 융합학문적 교육과정이 절실하게 필요하게 되었다.

융합인재교육(STEAM)이 지양하는 교육은 과학(Science), 기술(Technology), 공학(Engineering), 수학(Mathematics)이 예술(Arts)과 합쳐져 인문학과 자연과학의 자연스러운 결합으로 분할적인 교육이 아닌 전체적인 관점에서 교육이 이루어져야만 진정한 인재를 양성할 수 있다는 것이다.

　이에 본 프로그램은 교육 현장에서 사용할 수 있는 STEAM 교육 프로그램의 개발이라는 목적을 가지고, 루브 골드버그 장치라는 도구를 활용하는 방법을 제시하고자 한다.

Ⅱ. 이론적
배경

1. STEAM 교육의 이해

1) STEAM 교육의 필요성

STEAM 교육의 필요성은 아래 그림과 같이 크게 이공계 기피 현상, 과학 학습 동기 저하, 창의, 인성, 감성, 예술교육의 필요성 부각, 교육 패러다임의 전환 등으로 요약할 수 있다.

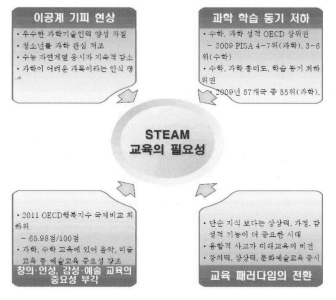

〈STEAM 교육의 필요성〉

2) STEAM 교육의 뜻

교육과학기술부는 2010년 12월 17일 청와대에서의 '2011년 업무계획' 보고에서 창의적인 융합인재 양성을 위한 초·중등 STEAM 교육을 강화하겠다고 발표했다. 그리고 이에 따른 교육과정의 개발, 교사·학생 현장연수 체험 프로그램을 제공하고 미래형 과학기술

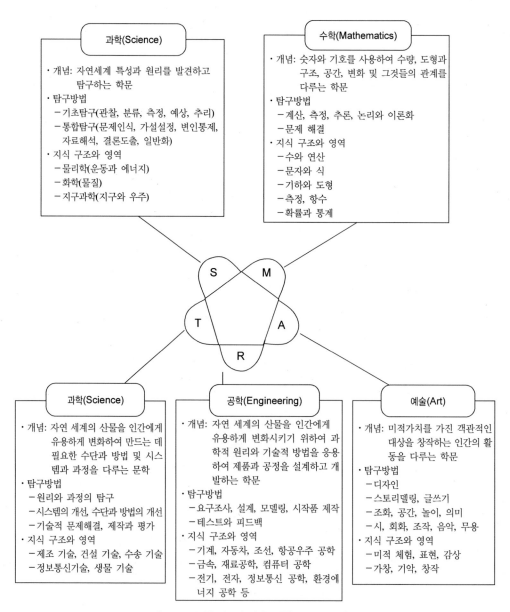

〈STEAM 통합 접근의 개념 모형(문대영, 2008)〉

교실과 수업모델 개발을 추진한다고 발표하였다. 여기서 핵심적인 용어인 STEAM 교육의 뜻은 과학의 Science, 기술의 Technology, 공학의 Engineering, 예술의 Arts 그리고 수학의 Mathematics의 각 첫 글자를 의미하는 것이다. STEAM은 미국을 비롯한 많은 선진 국가에서 과학 기술 분야의 인재 양성을 위해 실시하고 있는 STEM(Science, Technology, Engineering & Mathematics) 교육에 Arts(예술) 부분이 통합된 교육 접근 방식이라고 할 수 있다. 특히 초등학교에서는 과학, 기술, 공학, 예술, 수학 등 교과 간의 통합적 교육 방식으로 다양한 분야의 학습 내용을 융합적으로 학습함으로써 학생들의 창의력과 실천력을 기를 수 있는 교육을 의미한다.

2. 루브 골드버그 장치의 이해

1) 루브 골드버그 장치의 뜻

골드버그 장치(Rube Goldberg's Invention)란 "가장 단순한 과제를 해결하기 위해서 만든 가장 복잡한 기계"를 의미한다. 이 장치는 골드버그라는 사람이 이러한 아이디어를 만화로 그렸기 때문에 "골드버그 장치"라고 부른다. 예를 들면 입을 닦아주는 기계가 있는가 하면, 지각했을 때 상사가 눈치 채지 못하게 하는 장치도 있다.

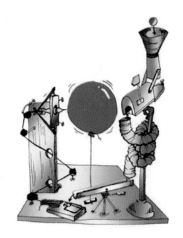

창문을 닫는 간단한 일을 하기 위해 줄과 구슬, 도미노와 도르래, 스프링과 추, 물통과 고리 등을 교묘하게 결합한 복잡한 장치가 동원된다. 이들 장치의 각 단계에는 고도로 정교한 물리법칙이 적용된다. 그러나 노력한

〈골드버그 장치의 예〉

결과에 비해 그 결과는 허망하거나 초라하다. 골드버그는 이를 두고 "최소의 결과를 얻기 위해 최대의 노력을 기울이는 인간의 놀라운 능력"이라고 정의를 내렸다.

골드버그 장치를 제작하기 위해서는 도전과제의 해법을 찾기 위하여 무한한 상상력을 발휘하며 많은 시행착오의 경험을 하게 된다. 문제의 해법을 찾기 위해 팀원들과 함께 조사하고 연구하고 고민하면서 학생들은 자신의 재능과 장점을 발달시키는 기회를 갖게 되며 나아가 창의적 사고력과 탐구적 문제해결능력을 기르게 된다.

2) 국내외 루브 골드버그 장치 콘테스트

Rube-Goldberg Machine Contest의 정신은 만화적 상상력을 현실로 옮기는 데 필요한 과학적 상상력과 창의력을 키우는 것이 핵심이며, 과학적 소양을 키우는 교육대회로 자리잡고 있다. 만화적 상상력을 기초하여 학생들의 창의성과 문제해결력, 협동성을 길러주기 위한 대회이다. 대회에 참가하는 모든 학생들은 문제의 해법을 찾기 위하여 무한한 상상력을 발휘하며 끝없는 시행착오와 도전을 행하게 된다. 또한 학생들은 해법을 찾기 위해 팀원들과 함께 조사하고 연구하고 고민하면서 학생들은 자신의 장점과 재능을 인식하고 발달시키는 기회를 갖게 해주고 나아가 기술적 메커니즘 및 과학적 원리 등을 이용한 문제해결능력을 기를 수 있는 기회를 갖는다.

(1) 미국의 루브 골드버그 장치 콘테스트

미국에서는 해마다 루브 골드버그 기계 콘테스트(Rube Goldberg Machine Contest)가 열리고 있다. 이 대회는 골드버그처럼 그 장치를 상상하여 그림으로 표현하는 것이 아니라, 직접 그 장치를 만들어 내야 한다. 이 장치는 일상용품들, 잡동사니들, 기계 부품들을 역학적으로 잘 연결하거나 조립해야 한다. 매년 퍼듀대학교에서 누가 더 황당하면서도 복잡한 기계를 만드느냐를 두고 대회가 개최되고 있다. 2010년까지의 기출 문제는 다음과 같다.

〈미국 루브 골드버그대회 문제 예시〉

1987-	칫솔에 치약을 묻혀라	1999-	골프티를 설치하고 골프볼을 올려라
1988-	편지지에 우표를 붙여라	2000-	20세기 발명품을 타임캡슐에 넣어라
1989-	연필을 꽂아라	2001-	사과 씨를 골라내고 껍질을 벗겨라
1990-	집기변에 뚜껑을 놓아라	2002-	국기를 올려 펄럭이게 하라
1991-	식빵을 구워라	2003-	음료수 캔을 골라 찌그러뜨리고 재활용하라
1992-	번호자물쇠를 열어라	2004-	전자투표종지를 골라서 표시하고 함에 넣어라
1993-	소켓에 전구를 끼워라	2005-	건전지를 2개 교환하고 전등불을 켜라
1994-	커피를 타라	2006-	5장의 종이를 절단하라
1995-	라디오를 켜라	2007-	오렌지를 짜서 주스를 만들어라
1996-	저금통에 동전을 넣어라	2008-	햄버거를 만들어라
1997-	CD를 넣고 작동시켜라	2009-	백열전구를 에너지 효율성 높은 것으로 교환
1998-	알람시계를 중지시켜라	2010-	손에 적당량의 세척액이 나오게 하라

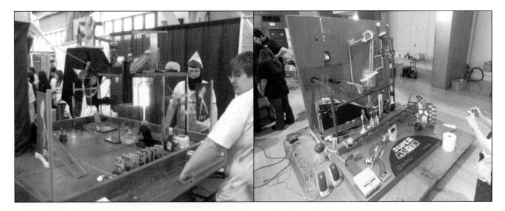

〈미국 골드버그장치 경연 대회 출품작〉

(2) 일본의 루브 골드버그 장치 콘테스트

일본의 루브 골드버그 기계 콘테스트는 다마대학에서 매년 8월 중순에 개최하고 다마대학의 홈페이지에 게시하고 있으며 고등부와 대학부를 대상으로 머신 부문, 무비 부문, 일러스트 부문의 3개 부문에 걸쳐 대회를 진행하고 있다. 대회 공식 홈페이지(www.edu.tama.ac.jp/rgc/)에 들어가면 대회 안내 자료 및 작년 대회의 동영상을 볼 수 있다.

(3) 우리나라의 루브 골드버그 장치 콘테스트

국내에는 2007년 대한민국 학생창의력올림피아드에서 최초로 골드버그 장치 제작 과제가 제시되었다. 이후 2010 대한민국 학생창의력올림피아드와 2011 세계청소년창의력올림피아드(DINI)의 도전과제로 등장하여 많은 학생들의 관심 속에 대회가 치러졌다. 다음은 2010 대한민국 학생창의력올림피아드 골드버그 장치 부문에 대한 과제 설명서이다.

〈대한민국 학생창의력올림피아드 과제 설명서〉

◉ 팀별 준비물: 골드버그 장치 조립에 필요한 도구 및 물품
1. 팀은 골드버그 장치를 다음과 같은 요구사항에 맞게 만들어 가지고 와야 한다.
① 골드버그 장치의 크기는 가로 1m, 세로 1m, 높이 1m 이내로 만든다.
② 출발 단계와 마지막 단계를 포함하여 초등학생 팀은 6단계, 중학생 팀은 8단계, 고등학생 팀은 10단계 이상으로 제작하여 가지고 오되 중간단계의 한 부분에 미션을 해결하는 단계를 첨가할 수 있도록 만들어야 한다.
③ 골드버그 장치에는 올림픽 경기 종목의 운동모습이 세 가지 이상 포함되어야 한다. 예를 들면, 피겨의 회전운동, 스피드 스케이팅의 직선운동, 스키점프의 낙하운동 등과 같은 요소로 장치를 꾸며야 한다.
④ 마지막 단계는 다양한 아이디어를 발휘하여 모형 성화대에 모형 성화가 피어오르는 모습을 표현하여야 한다.

---

⑤ 동력원으로 6V(1.5V 건전지 4개) 이내의 전기나 모터 등은 사용할 수 있으나 위험한 화학약품, 압축가스, 살아있는 동물, 액체 등은 사용할 수 없다.
  (인화성이 없거나 위험하지 않은 액체를 사용할 경우 바닥에 흘리지 않는 것이라면 사용할 수 있다.)
⑥ 골드버그 장치를 만드는 재료는 자유롭게 선택하여 사용할 수 있으나, 가능하면 폐품이나 재활용품 등을 사용한다.

〈대한민국 창의력올림피아드 골드버그 장치 출품작〉

3. 사회적 상호작용과 소집단 협력 학습

　일반적으로 사회적 상호작용을 통한 학습은 소집단으로 구성된 구성원들이 공동으로 노력하여 주어진 과제나 목표를 해결하는 학습이다. 소집단의 구성원들이 서로 토론하고 탐구하여 공동의 과제를 해결하거나, 내용을 서로 분담하여 구성원 각자가 자기에게 부여된 역할을 수행함으로써 학습자 개개인뿐만 아니라 구성원 모두가 주어진 목표를 성취하는 활동이 이루어지는 학습이다. 이는 개인 간의 경쟁이 중시되는 전통적인 수업과는 달리 같은 집단에 속한 동료들의 협동과 상호작용이 중시된다.

　사회적 상호작용 과정에서 어떤 특정한 집단에 속한 각 개인들이 집단 속에서 서로 긍정적이고 유기적인 상호작용을 통하여 그 집단에서는 수업 이전에 존재하지 않았던 새로운 속성이 생성된다. 여기서 새로운 속성이란, 지식적인 측면, 탐구방법적인 측면, 정의적인 측면 등에 해당하는 포괄적이고 광범위한 인지적 특성을 의미한다. 어떠한 복잡하고 어려운 과제를 각자의 아이디어만으로 해결하려 한다면 성공하지 못하거나 비효율적일 수 있다. 반면에 협동적으로 접근하면 해결이 가능하고 효율적일 수 있다. 그 이유는 과제에 대해 동원되는 정보나 아이디어가 많기 때문이다. 그러므로 사회적 상호작용이 활발하게 이루어지는 소집단 협력학습 형태의 수업은 학생들의 지식적인 측면, 탐구방법적인 측면, 정의적인 측면 등 다양한 부분에 긍정적인 효과를 보인다.

초등학교 6학년을 대상으로 협력학습을 적용한 결과 탐구 사고력 증진에 효과적이었으며 협력학습 진행과정에 따라 학생들의 인식을 조사한 결과 학생들의 인식이 긍정적으로 변화된 것으로 나타난 박종욱(1997)의 연구, 학습자의 성취수준에 따른 협력 학습과 개별 학습의 효과를 알아본 임희준(1999)의 연구에서 협력 학습은 학업 성취도와 태도 면에서 효과적이었다는 결과를 얻었다.

4. Hands-on activities(조작 활동)

Hands-on activities란 용어는 활동 중심 수업과 동일하게 쓰이기도 하고, 또는 체험활동, 탐구활동, 실험활동 등과 구분 없이 쓰이기도 한다. Hands-on이 강화된 활동을 통하여 학생들은 과학적 개념이 형성되는 과정을 구체적으로 경험할 수 있고, 또한 필요한 탐구능력을 향상시킬 수 있다(심재호 등, 2007). 미국의 경우 여러 학교에서 Hands-on을 강조하는 과학수업을 하고 있으며, Hands-on 과학을 통해 학생들의 학업 성취도와 과학적 소양에 놀라운 향상을 가져온다는 보고가 있다. 조작 활동 기능이 강조된 HASA(Hands, Head and Heart at Science Activity) 교육 과정 기준안에 근거하여 조작 중심 과학캠프 프로그램을 개발하고 적용한 결과 학생들이 여러 가지 과학적 사실과 개념을 획득하고, 과학적 원리와 법칙에 관한 지식을 이해하였으며 창의적 탐구능력이 향상되었다고 반응하였다. 특히 직접 만든 작품에 대해 높은 성취감을 느끼고 조작 활동을 매우 신기하고 유익한 경험으로 인식하고 있었다.

III. 본론

1. 프로그램의 교수–학습 단계 및 구성

〈본 프로그램 교수–학습 단계별 세부 활동〉

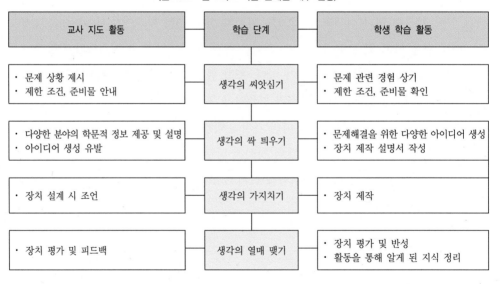

교사 지도 활동	학습 단계	학생 학습 활동
· 문제 상황 제시 · 제한 조건, 준비물 안내	생각의 씨앗심기	· 문제 관련 경험 상기 · 제한 조건, 준비물 확인
· 다양한 분야의 학문적 정보 제공 및 설명 · 아이디어 생성 유발	생각의 싹 틔우기	· 문제해결을 위한 다양한 아이디어 생성 · 장치 제작 설명서 작성
· 장치 설계 시 조언	생각의 가지치기	· 장치 제작
· 장치 평가 및 피드백	생각의 열매 맺기	· 장치 평가 및 반성 · 활동을 통해 알게 된 지식 정리

2. 프로그램 내용

1) 초급과정 내용 체계

초급과정은 골드버그 장치 제작에 자주 사용되는 기본적인 과학 원리를 이해하고 이를 활용하는 장치를 제작하는 단계이다. 무게 중심, 위치에너지, 운동 에너지, 마찰력, 원심력 등 과학 원리를 구현할 수 있는 장치를 만드는 과정에서 공학적 설계 능력과 도구를 사용하는 기술 능력을 익히도록 하였다. 주어진 재료의 특성을 파악하고 다양한 방법으로 활용하는 경험을 쌓는 데 중점을 두고 구성하였다.

〈초급과정 세부 활동 내용〉

차시	주제	활동 내용
1	줄줄이 이어 달리기	· 위치에너지가 운동에너지로 전환되는 도미노의 원리 알기 · 다양한 재료를 이용하여 도미노 만들기
2	회전길 지나기	· 기준 축을 중심으로 돌아가는 원심력의 원리 알기 · 회전 속도를 조절하여 회전하는 길 만들기
3	순간 이동시키기	· 힘점, 받침점, 작용점 지레의 원리 알기 · 지레의 원리를 이용한 시소 만들기
4	줄을 당겨 이동 방향 바꾸기	· 힘의 방향을 바꾸거나 힘의 크기를 줄여주는 도르래의 원리 알기 · 용도에 맞는 도르래 만들기
5	360° 회전하기	· 에너지 보존 법칙 알기 · 구슬이 360° 회전할 수 있는 롤러코스터 만들기

2) 중급과정 내용 체계

중급과정은 초급과정에서 배운 과학 원리가 사용된 장치들을 이용하여 1가지 최종 과제를 해결하는 단계이다. 해결해야 하는 과제가 주어졌기 때문에 문제의 조건을 이해하고 과제를 해결하기 위해 다양한 분야의 지식을 활용하는 기회를 갖도록 구성하였다.

〈중급과정 세부 활동 내용〉

차시	주제	해결 과제
1	풍선을 터뜨려라	· 풍선을 터뜨리는 장치 만들기
2	구슬을 컵에 넣어라	· 컵에 구슬을 넣는 장치 만들기
3	종을 울려라	· 나른 위치에 있는 2개의 종을 울리는 장치 만들기
4	메시지를 전해라	· 2개의 단어를 전달하는 장치 만들기

3) 고급과정 내용 체계

고급과정은 여러 가지의 해결과제를 수행하는 복잡한 골드버그 장치를 제작하는 단계이다. 과학지식뿐 아니라 공학, 기술, 수학, 예술 등 다양한 분야의 지식을 이용해야 해결할 수 있는 과제를 제시하였다.

〈고급과정 세부 활동 내용〉

차시	중간 과제	최종 과제
1~4	· 카드 뒤집기 · 무지개 만들기 · 컵에 구슬 넣기	· 종 울리기

줄줄이 이어달리기(초급)   1차시

가. 수업 개요

학습목표	● 주어진 재료를 사용하여 도미노의 원리를 이용한 장치를 만들 수 있다.							
수업의도	본 활동은 위치에너지가 운동에너지로 전환되는 역학적 에너지 보존의 법칙이 적용되는 도미노의 원리를 이용한 장치를 만드는 것이다. 학생들이 장치를 제작할 때 도미노 사이의 적절한 간격을 스스로 찾아내고, 도미노가 쓰러지는 모습에 대한 다양한 아이디어를 낼 수 있도록 지도한다. 더 나아가 도미노 재료로 실생활에서 쉽게 얻을 수 있는 물건들을 어떻게 사용할 수 있을지 생각해보도록 지도한다.							
STEAM 요소	S	T	E	A	M	창의성 요소	정교성	독창성
	역학적 에너지 보존의 법칙	재료의 특성 파악하기	도미노의 위치 에너지 및 무게중심	구상도 그리기 및 도미노 배열	도미노 사이의 적절한 거리		도미노 사이의 적절한 거리	다음 장면 상상하기
준비물	도미노, 핀, 풍선, 책, 테이프, 구슬, 딱풀, 종이컵, 커터칼, 글루건, 폼보드, 수수깡							

나. 교수-학습 활동

생각의 씨앗 심기

● **다음 장면 상상하기**

- 사진을 보며 다음에 어떤 장면이 이어질지 상상하여 발표한다.
- 사진에 들어 있는 장치의 모양, 장치의 배치 등 주변 상황에서 정보를 얻는다.
- 관찰을 통해 알게 된 정보를 이용하여 다음 장면을 구체적으로 상상하고 글이나 그림으로 표현한다.

☑ 상상하기 활동은 학생들의 아이디어 생성을 위한 연습 단계이므로 다양한 대답이 나올 수 있도록 유도한다.

● **동영상을 보며 다음 장면 확인하기**   자 골드버그 장치 동영상

- 동영상을 보며 사진 속 다음 장면을 확인하고 자신이 상상한 내용과 비교한다.
- 실제 동영상의 장치가 작동되는 과정을 분석한다.

❷ 동영상 장치의 작동 과정

우유갑 안에 있는 구슬이 쇠막대 길을 따라 굴러가 코르크를 친다. → 코르크가 회전하며 움직여 도미노를 찬다. → 도미노가 차례로 넘어진다. → 마지막 도니노가 쓰러지며 구슬을 친다. → 구슬이 굴러간다(최종 미션은 커피포트 전원 스위치를 작동시켜 물 끓이기).	구슬이 굴러와 빨간 테이프를 친다. → 빨간 테이프가 차례로 구르며 다음 테이프를 친다. → 마지막 테이프가 도미노를 친다. → 도미노가 차례로 넘어진다. → 마지막 도미노가 나무 막대를 누르고 막대가 구슬을 민다. → 구슬이 돋보기가 달린 수레를 민다. → 수레가 멈추며 돋보기가 글자를 향해 쓰러진다.

● 해결 과제 파악하기

- 도미노에 숨어있는 과학 원리를 이용하여 움직이는 장치를 만든다.

생각의 싹 틔우기

● 재료 안내하기 재 도미노, 핀, 풍선, 책, 테이프, 구슬, 딱풀, 종이컵, 커터칼, 글루건, 폼보드, 수수깡

- 장치 제작에 사용할 수 있는 재료를 안내한다.

- 재료 및 도구: 도미노, 핀, 풍선, 책, 테이프, 구슬, 딱풀, 종이컵, 커터칼, 글루건, 폼보드, 수수깡

● 장치 제작의 핵심 부분 찾기

- 도미노에 숨어있는 과학 원리를 이용한 장치를 만들 때 가장 중요한 부분이 무엇인지 팀별로 아이디어 회의를 한다.

❷ 장치 제작의 핵심

- 도미노가 쓰러지기 위해서는 도미노의 중심보다 위를 때려야 한다.
- 수평이동을 하지 않는 경우 바닥이 미끄러운 것에 주의한다.
- 도미노의 간격은 쓰러지는 속도에 비례한다.
- 동일한 폭, 동일한 두께의 도미노는 높이가 높은 것이 빨리 쓰러진다.
- 계단 위에 있는 경우 계단차가 도미노 높이의 25%까지는 쓰러진다.

● 장치 제작 구상도 그리기

- 주어진 재료의 특성을 파악하여 사용할 재료를 결정한다.

- 제작할 장치의 구상도를 그리고 각 부분에 대해 설명을 쓴다.

✎ 구상도는 최대한 구체적으로 그리도록 하며 각 부분에 사용할 재료를 구상도에 기록하면 실제 제작할 때 많은 도움이 된다.

생각의 가지치기

구상도 보며 장치 만들기

- 구상도를 보며 재료 및 도구를 이용하여 지렛대의 원리를 이용한 장치를 만든다.

장치 제작의 예

① 도미노를 다양한 형태로 세운다.
- 도미노의 다양한 형태란? 도미노를 한 줄, 또는 여러 줄로 세우기, 책을 이용하여 도미노 계단 만들기,
  중간에 움직이는 물체를 이용하여 도미노 쓰러트리기 등
(※ 시행착오를 거쳐 도미노 사이의 적절한 거리를 학생 스스로 찾아야 한다.)
② 구슬이나 딱풀 등을 이용하여 첫 도미노를 칠 수 있도록 설치한다.
③ 마지막 도미노가 풍선을 터트리거나 종이컵에 구슬을 넣을 수 있도록 설치한다.

장치 평가하기

- 평가기준을 보며 팀에서 제작한 장치를 스스로 평가한다.

- 다른 팀에서 제작한 장치를 보며 재료 사용, 연결 방법 등 아이디어를 얻는다.

생각의 열매 맺기

장치를 발전시키는 상상하기

- 도미노 재료로 실생활에서 쉽게 얻을 수 있는 물건들을 어떻게 사용할 수 있을지 상
  상하여 발표한다.

상상하기의 예

- 책, 장난감 블록, 지우개 등 세워 놓을 수 있는 물건을 사용할 수 있다.
- 다양한 물건을 가지고 도미노 형태로 만들 수 있는 다양한 형태의 길을 상상하여 표현한다.

회전길 지나기(초급)

가. 수업 개요

학습목표	● 주어진 재료를 사용하여 원심력의 원리를 이용한 장치를 만들 수 있다.							
수업의도	본 활동은 중심축을 기준으로 그 둘레를 빙빙 돌아 움직이는 원심력의 원리를 이용한 장치를 만드는 것이다. 장치를 만들 때 핵심이 되는 것은 원심력의 원리를 조절하여 회전 시간 및 회전 속도를 다양하게 변화시키는 것이다. 학생들이 장치를 제작할 때 회전 시간 및 회전 속도에 대하여 다양한 아이디어를 낼 수 있도록 지도한다.							
STEAM 요소	S	T	E	A	M	창의성 요소	융통성	독창성
	원심력의 원리	재료의 특성 파악하기	축을 중심으로 회전길 만들기	구상도 그리기	회전 시간 및 회전 속도의 변화		회전 시간 및 회전 속도를 다양하게 변화하기	다음 장면 상상하기
준비물	가위, 글루건, 테이프, 골판지, 수수깡, 우드락, 스티로폼, 구슬							

나. 교수-학습 활동

생각의 씨앗 심기

● **다음 장면 상상하기**

- 사진을 보며 다음에 어떤 장면이 이어질지 상상하여 발표한다.

- 사진에 들어 있는 장치의 모양, 장치의 배치 등 주변 상황에서 정보를 얻는다.

- 관찰을 통해 알게 된 정보를 이용하여 다음 장면을 구체적으로 상상하고 글이나 그림으로 표현한다.

✎ 상상하기 활동은 학생들의 아이디어 생성을 위한 연습 단계이므로 다양한 대답이 나올 수 있도록 유도한다.

● **동영상을 보며 다음 장면 확인하기** 📼 골드버그 장치 동영상

- 동영상을 보며 사진 속 다음 장면을 확인하고 자신이 상상한 내용과 비교한다.

- 실제 동영상의 장치가 작동되는 과정을 분석한다.

● 동영상 장치의 작동 과정

회전길 입구에 구슬이 놓여 있음 → 장난감 자동차가 입구에 놓인 구슬과 부딪힘 → 구슬이 3단 회전길을 통과해 다른 길로 이어져서 계속 나아감	비탈길을 따라 구슬이 빠른 속도로 내려옴 → 회전각도가 큰 회전길에 의해 속도가 느려짐 → 안정적으로 목표에 구슬이 들어옴

● 해결 과제 파악하기

- 원심력의 원리를 이용하여 회전 시간 및 회전 속도에 변화를 주어 움직이는 장치를 만든다.

생각의 싹 틔우기

● 재료 안내하기   [재] 가위, 글루건, 테이프, 골판지, 수수깡, 우드락, 스티로폼, 구슬

- 장치 제작에 사용할 수 있는 재료를 안내한다.
- 재료 및 도구: 가위, 글루건, 테이프, 골판지, 수수깡, 우드락, 스티로폼, 구슬

● 장치 제작의 핵심 부분 찾기

- 원심력의 원리를 이용한 장치를 만들 때 가장 중요한 부분이 무엇인지 팀별로 아이디어 회의를 한다.

장치 제작의 핵심

- 벽이 없는 회전길의 경우 원심력에 의해 구슬이나 움직이는 물체가 떨어질 수 있다.
- 회전각도가 크면 회전하는 속도가 느려지고 회전각도가 작으면 회전하는 속도가 빨라진다.

● 장치 제작 구상도 그리기

- 주어진 재료의 특성을 파악하여 사용할 재료를 결정한다.
- 제작할 장치의 구상도를 그리고 각 부분에 대해 설명을 쓴다.
- 구상도는 최대한 구체적으로 그리도록 하며 각 부분에 사용할 재료를 구상도에 기록하면 실제 제작할 때 많은 도움이 된다.

생각의 가지치기

● 구상도 보며 장치 만들기

- 구상도를 보며 재료 및 도구를 이용하여 원심력의 원리를 이용한 장치를 만든다.

● 장치 제작의 예

① 골판지, 우드락, 스티로폼 등을 이용해 회전하는 길을 만든다.
② 만들어진 회전길에 수수깡, 남은 바닥 재료 등을 이용하여 벽을 만들 수도 있다.
③ 목표에 도달해야 하는 정해진 시간에 따라 회전길의 회전각도를 조절한다.
④ 또는 회전해야 하는 횟수에 따라 알맞은 회전길을 만든다.
⑤ 구슬을 굴려 장치가 목표에 알맞게 움직이는지 확인한다.

● 장치 평가하기

- 평가기준을 보며 팀에서 제작한 장치를 스스로 평가한다.

- 다른 팀에서 제작한 장치를 보며 재료 사용, 연결 방법 등 아이디어를 얻는다.

생각의 열매 맺기

● 장치를 발전시키는 상상하기

- 회전길이 끊어져도 회전하는 방향 그대로 움직여 목표 지점에 도달하도록 하는 방법은 없을지 상상하여 발표한다.

● 상상하기의 예

- 원운동을 하는 구슬에 주어진 원심력을 이용해 구슬이 나가는 방향을 예상하여 목표지점을 조절한다.

순간 이동시키기(초급)

가. 수업 개요

학습목표	주어진 재료를 사용하여 지렛대의 원리를 이용한 장치를 만들 수 있다.							
수업의도	본 활동은 무게 또는 가해지는 힘의 변화에 따라 중심축을 기준으로 움직이는 지렛대의 원리를 이용한 장치를 만드는 것이다. 장치를 만들 때 핵심이 되는 것은 중심축과 받침판을 연결시키는 부분이다. 학생들이 장치를 제작할 때 중심축과 받침판을 연결하는 다양한 아이디어를 낼 수 있도록 지도한다.							
STEAM 요소	S	T	E	A	M	창의성 요소	정교성	독창성
	지렛대의 원리	재료의 특성 파악하기	중심축과 받침판 연결하기	구상도 그리기	무게의 변화		중심축과 받침판 연결 방법	다음 장면 상상하기
준비물	가위, 글루건, 테이프, 이쑤시개, 송곳, 빨대, 수수깡, 종이컵, 구슬							

나. 교수-학습 활동

생각의 씨앗 심기

● **다음 장면 상상하기**

- 사진을 보며 다음에 어떤 장면이 이어질지 상상하여 발표한다.

- 사진에 들어 있는 장치의 모양, 장치의 배치 등 주변 상황에서 정보를 얻는다.

- 관찰을 통해 알게 된 정보를 이용하여 다음 장면을 구체적으로 상상하고 글이나 그림으로 표현한다.

✐ 상상하기 활동은 학생들의 아이디어 생성을 위한 연습 단계이므로 다양한 대답이 나올 수 있도록 유도한다.

● **동영상을 보며 다음 장면 확인하기** 재 골드버그 장치 동영상

- 동영상을 보며 사진 속 다음 장면을 확인하고 자신이 상상한 내용과 비교한다.

- 실제 동영상의 장치가 작동되는 과정을 분석한다.

💡 동영상 장치의 작동 과정

접이식 옷걸이가 접어지면서 지렛대의 한쪽을 누름 → 지렛대의 반대편이 올라감 → 지렛대를 막고 있던 구슬이 아래로 굴러내려 감	지렛대 양쪽에 종이컵과 구슬로 무게중심을 맞추어 수평을 이룸 → 구슬이 종이컵으로 떨어짐 → 종이컵 쪽이 무거워지므로 지렛대가 기울어짐 → 종이컵 반대쪽에 있던 구슬이 굴러 내려와 종이컵을 지나 아래로 떨어짐

● 해결 과제 파악하기

- 지렛대의 원리를 이용하여 무게의 변화에 따라 움직이는 장치를 만든다.

생각의 싹 틔우기

● 재료 안내하기   재 가위, 글루건, 테이프, 이쑤시개, 송곳, 빨대, 수수깡, 종이컵, 구슬

- 장치 제작에 사용할 수 있는 재료를 안내한다.

- 재료 및 도구: 가위, 글루건, 테이프, 이쑤시개, 송곳, 빨대, 수수깡, 종이컵, 구슬

● 장치 제작의 핵심 부분 찾기

- 지렛대의 원리를 이용한 장치를 만들 때 가장 중요한 부분이 무엇인지 팀별로 아이
  디어 회의를 한다.

● 장치 제작의 핵심

- 받침점의 역할을 하는 부분이 바닥에 잘 고정되어야 한다.
- 중심축과 받침판이 튼튼하게 연결되어 움직일 때 떨어지지 않아야 한다.

● 장치 제작 구상도 그리기

- 주어진 재료의 특성을 파악하여 사용할 재료를 결정한다.

- 제작할 장치의 구상도를 그리고 각 부분에 대해 설명을 쓴다.

구상도는 최대한 구체적으로 그리도록 하며 각 부분에 사용할 재료를 구상도에 기
록하면 실제 제작할 때 많은 도움이 된다.

생각의 가지치기

● 구상도 보며 장치 만들기

- 구상도를 보며 재료 및 도구를 이용하여 지렛대의 원리를 이용한 장치를 만든다.

ⓟ 장치 제작의 예

① 수수깡을 테이프로 묶어 판을 만든다.
② 묶여진 수수깡에 빨대를 붙여 벽을 만들어 구슬이 옆으로 빠져 나가지 않게 한다.
③ 만들어진 판 바닥에 수수깡을 붙여 중심축을 만든다.
④ 빨대를 삼각형 모양으로 구부려 받침대 2개를 만든다.
⑤ 받침대를 바닥에 고정시키고 받침대 위에 수수깡으로 만든 판을 올려놓는다.
⑥ 구슬을 굴려 장치가 움직이는지 확인한다.

● 장치 평가하기

- 평가기준을 보며 팀에서 제작한 장치를 스스로 평가한다.

- 다른 팀에서 제작한 장치를 보며 재료 사용, 연결 방법 등 아이디어를 얻는다.

생각의 열매 맺기

● 장치를 발전시키는 상상하기

- 판을 받치는 중심축이 가운데 있지 않을 경우 장치가 어떻게 움직일지 상상하여 발
  표한다.

ⓟ 상상하기의 예

- 중심축이 가운데 있지 않으면 한쪽이 무겁기 때문에 항상 한쪽으로 기울어져 있다.
- 중심축의 위치에 따라 작은 무게나 힘으로 물체를 이동시킬 수 있다.

줄을 당겨 이동 방향 바꾸기(초급)

가. 수업 개요

학습목표	● 주어진 재료를 사용하여 도르래의 원리를 이용한 장치를 만들 수 있다.							
수업의도	본 활동은 힘의 방향을 바꾸거나, 힘의 크기를 줄이는 도르래의 원리를 이용한 장치를 만드는 것이다. 장치를 만들 때 핵심이 되는 것은 힘의 방향을 바꾸는 고정도르래, 힘의 크기를 줄이는 움직도르래를 알고 목적에 적합한 장치를 만드는 것이다. 학생들이 적합한 목적의 도르래를 만들 수 있도록 지도한다.							
STEAM 요소	S	T	E	A	M	창의성 요소	정교성	독창성
	도르래의 원리	재료의 특성 파악하기	도르래 연결하기	구상도 그리기	힘의 크기		적합한 도르래 사용 알기	다음 장면 상상하기
준비물	가위, 글루건, 송곳, 나무젓가락, 도르래, 털실, 종이컵, 우유팩, 우드락, 구슬, 빨대							

나. 교수-학습 활동

생각의 씨앗 심기

● **다음 장면 상상하기**

- 사진을 보며 다음에 어떤 장면이 이어질지 상상하여 발표한다.

- 사진에 들어 있는 장치의 모양, 장치의 배치 등 주변 상황에서 정보를 얻는다.

- 관찰을 통해 알게 된 정보를 이용하여 다음 장면을 구체적으로 상상하고 글이나 그림으로 표현한다.

✎ 상상하기 활동은 학생들의 아이디어 생성을 위한 연습 단계이므로 다양한 대답이 나올 수 있도록 유도한다.

● **동영상을 보며 다음 장면 확인하기** 📼 골드버그 장치 동영상

- 동영상을 보며 사진 속 다음 장면을 확인하고 자신이 상상한 내용과 비교한다.

- 실제 동영상의 장치가 작동되는 과정을 분석한다.

❶ 동영상 장치의 작동 과정

구슬이 떨어지면서 컵 안으로 떨어짐 → 줄을 당기면서 반대편 종이컵이 오르막을 타고 올라감 → 다른 종이컵과 겹치면서 균형을 잃고 넘어짐 → 구슬을 이동시킴	구슬이 떨어짐 → 줄이 당겨지며 커튼을 당김 → 커튼이 당겨지며 안에 인형이 춤을 춤 → 줄이 계속 당겨지며 구슬들이 연달아 떨어짐

● 해결 과제 파악하기

- 도르래의 원리를 이용하여 힘의 방향과 크기를 변화시키는 장치를 만든다.

● 재료 안내하기 재 가위, 글루건, 송곳, 나무젓가락, 도르래, 털실, 종이컵, 우유팩, 우드락, 구슬, 빨대

- 장치 제작에 사용할 수 있는 재료를 안내한다.
- 도르래의 종류를 고정도르래, 움직도르래 등 다양한 용도로 사용하도록 준비한다.

● 장치 제작의 핵심 부분 찾기

- 도르래의 원리를 이용한 장치를 만들 때 가장 중요한 부분이 무엇인지 팀별로 아이
  디어 회의를 한다.

❷ 장치 제작의 핵심

- 도르래의 종류를 생각하고 힘의 방향, 힘의 크기 중 어떤 것을 바꾸고자 하는지 고려해야 한다.

● 장치 제작 구상도 그리기

- 주어진 재료의 특성을 파악하여 사용할 재료를 결정한다.
- 제작할 장치의 구상도를 그리고 각 부분에 대해 설명을 쓴다.
- 구상도는 최대한 구체적으로 그리도록 하며 각 부분에 사용할 재료를 구상도에 기록하면 실제 제작할 때 많은 도움이 된다.

● 구상도 보며 장치 만들기

- 구상도를 보며 재료 및 도구를 이용하여 지렛대의 원리를 이용한 장치를 만든다.

🌑 장치 제작의 예

① 나무젓가락에 도르래를 달아 책상 등에 연결한다.
② 털실을 도르래에 연결한다.
③ 도르래에 연결한 털실 한쪽에 종이컵을 달고, 다른 한쪽에 우유팩을 연결한다.
④ 종이컵에 구슬이 떨어져 우유팩이 의자 위에 올라오도록 한다.
⑤ 우유팩이 의자 위에 있는 구슬을 건드린다.

🌑 장치 평가하기

- 평가기준을 보며 팀에서 제작한 장치를 스스로 평가한다.

- 다른 팀에서 제작한 장치를 보며 재료 사용, 연결 방법 등 아이디어를 얻는다.

생각의 열매 맺기

🌑 장치를 발전시키는 상상하기

- 판을 받치는 중심축이 가운데 있지 않을 경우 장치가 어떻게 움직일지 상상하여 발표한다.

🌑 상상하기의 예

- 두 개의 벽 사이에 여러 고정도르래를 연결하여 무거운 물건을 미는 데 사용한다.
- 고정도르래, 움직도르래를 함께 사용하여 힘의 방향과 크기를 모두 변화시킨다.

360° 회전하기(초급)

가. 수업 개요

학습목표	주어진 재료를 사용하여 물체가 360° 회전하는 장치를 만들 수 있다.							
수업의도	본 활동은 위치에너지가 운동에너지로 바뀌는 에너지 보존 법칙과 원심력을 이용하여 장치를 만드는 것이다. 장치를 만들 때 핵심이 되는 것은 시작점의 높이와 위치, 360° 회전길의 연결이다. 학생들이 장치를 제작할 때 시작점의 높이와 기울기를 다양하게 변화시켜 원하는 속도로 360° 회전하는 장치를 만들 수 있도록 지도한다.							
STEAM 요소	S	T	E	A	M	창의성 요소	정교성	독창성
	위치에너지와 운동에너지	재료의 특성 파악하기	360° 회전길의 연결	구상도 그리기	속력과 가속도		회전길의 자연스러운 연결	다음 장면 상상하기
준비물	가위, 글루건, 테이프, 이쑤시개, 송곳, 고무줄, 나무젓가락, 튜브, 우유팩, 종이컵, 구슬, A4 종이							

나. 교수-학습 활동

생각의 씨앗 심기

● **다음 장면 상상하기**

- 사진을 보며 다음에 어떤 장면이 이어질지 상상하여 발표한다.

- 사진에 들어 있는 장치의 모양, 장치의 배치 등 주변 상황에서 정보를 얻는다.

- 관찰을 통해 알게 된 정보를 이용하여 다음 장면을 구체적으로 상상하고 글이나 그림으로 표현한다.

🚀 상상하기 활동은 학생들의 아이디어 생성을 위한 연습 단계이므로 다양한 대답이 나올 수 있도록 유도한다.

● **동영상을 보며 다음 장면 확인하기** 재 골드버그 장치 동영상

- 동영상을 보며 사진 속 다음 장면을 확인하고 자신이 상상한 내용과 비교한다.

- 실제 동영상의 장치가 작동되는 과정을 분석한다.

● 동영상 장치의 작동 과정

독수리가 실에 매달려 이동함 → 독수리가 공을 쳐서 움직이기 시작함 → 공이 망치를 쳐서 멈춰 있던 다른 공이 굴러감 → 도르래를 움직여 멈춰 있던 공이 움직임 → 360° 회전길을 따라 움직임 → 도미노를 건드림	자동차가 내려오는 길을 출발함 → 다리와 구부러진 길을 지남 → 360° 회전길을 따라 움직임 → 휴지 속을 건드려 멈춰 있던 구슬이 떨어짐 → 도미노를 건드림 → 멈춰 있던 자동차가 움직여서 목표물을 맞힘

● 해결 과제 파악하기

- 위치에너지가 운동에너지로 바뀌는 원리를 이용하여 360° 회전하는 장치를 만든다.

생각의 싹 틔우기

● **재료 안내하기** 재 가위, 글루건, 테이프, 이쑤시개, 송곳, 고무줄, 나무젓가락, 튜브, 우유팩, 종이컵, 구슬, A4 종이

- 장치 제작에 사용할 수 있는 재료를 안내한다.
- 재료 및 도구를 다양하게 준비하여 난이도별로 여러 번 만들 수 있도록 준비한다.

● **장치 제작의 핵심 부분 찾기**

- 360°도 회전하는 장치를 만들 때 가장 중요한 부분이 무엇인지 팀별로 아이디어 회의를 한다.

💡 장치 제작의 핵심

- 시작점의 높이 및 기울기, 360° 회전길의 연결이 중요하다.
- 360° 회전길과 지지대의 연결이 튼튼해야 한다.

● **장치 제작 구상도 그리기**

- 주어진 재료의 특성을 파악하여 사용할 재료를 결정한다.
- 제작할 장치의 구상도를 그리고 각 부분에 대해 설명을 쓴다.

✏️ 구상도는 최대한 구체적으로 그리도록 하며 각 부분에 사용할 재료를 구상도에 기록하면 실제 제작할 때 많은 도움이 된다.

생각의 가지치기

● **구상도 보며 장치 만들기**

- 구상도를 보며 재료 및 도구를 이용하여 지렛대의 원리를 이용한 장치를 만든다.

🔵 장치 제작의 예

① A4 종이를 구슬이 굴러갈 수 있도록 홈을 만들면서 길게 잇는다.
② A4 종이로 360° 회전길을 만든다.
③ 시작점의 높이와 기울기를 정한다.
④ 벽에 붙이거나 나무젓가락 등을 이용하여 지지대를 만든 후 회전길을 연결한다.

⚫ 장치 평가하기

- 평가기준을 보며 팀에서 제작한 장치를 스스로 평가한다.

- 다른 팀에서 제작한 장치를 보며 재료 사용, 연결 방법 등 아이디어를 얻는다.

생각의 열매 맺기

⚫ 장치를 발전시키는 상상하기

- 시작점의 높이가 더 낮을 경우 구슬이 어떻게 움직일지 상상하여 발표한다.

- 기울기가 더 가파르거나 완만할 경우 구슬이 어떻게 움직일지 상상하여 발표한다.

🔵 상상하기의 예

- 시작점이 낮거나 기울기가 완만할 경우 구슬이 천천히 굴러가서 회전을 하지 못한다.
- 기울기가 더 가파를 경우 구슬의 속도가 더 빨라지며 구슬이 경로를 이탈할 수 있다.

풍선을 터뜨려라!(중급)

가. 수업 개요

학습목표	● 그동안 배운 장치 중 한 가지를 선택하고 주어진 재료를 사용하여 손을 대지 않고 풍선을 터뜨리는 장치를 만들 수 있다.							
수업의도	본 활동은 제한조건, 즉 ① 그동안 배웠던 5가지 장치 중 1가지를 선택하고, ② 주어진 재료만을 사용하여, ③ '손을 대지 않고 풍선을 터뜨리는 문제'를 해결해야 하는 장치를 만드는 것이다. 학생들이 장치를 제작할 때 그동안 배웠던 장치를 스스로 선택하여 다양하게 만들어 볼 수 있도록 지도한다. 또 반드시 주어진 조건을 만족하는 장치를 제작할 수 있도록 안내한다.							
STEAM 요소	S	T	E	A	M	창의성 요소	정교성	독창성
	각자 선택한 장치 속 원리	재료의 특성 파악하기	풍선을 터뜨리기 위한 장치제작	제작할 장치 디자인	풍선을 터뜨리기 위한 수학적 계산		미션 해결을 위해 선택한 장치의 작동	풍선을 터뜨리는 다양한 방법
준비물	도미노, 도르래, 우드락, 고무호스, 수수깡, 빨대, pet병, 두꺼운 도화지, 나무젓가락, 가위, 칼, 테이프, 글루건, 우드락 커터기, 실, 스카치테이프, 송곳, 탁구공, 구슬, 탱탱볼							

나. 교수-학습 활동

생각의 씨앗 심기

● **풍선에 대하여 알아보기**

- 이미 알고 있는 풍선에 대하여 자유롭게 이야기한다.

- 풍선의 성질에 대하여 자세히 알아본다.

● **사진을 보고 일어날 일을 상상하기**

- 사진을 보고 어떤 일이 일어날지 자유롭게 이야기한다.

- 사진에 들어 있는 장치의 모양, 장치의 배치 등 주변 상황에서 정보를 얻는다.

🖋 상상하기 활동은 학생들의 아이디어 생성을 위한 연습 단계이므로 다양한 대답이 나올 수 있도록 유도한다.

● **동영상을 보며 다음 장면 확인하기** 📼 골드버그 장치 동영상

- 동영상을 보며 사진 속 장치의 작동 장면을 확인하고 자신이 상상한 내용과 비교한다.

- 실제 동영상의 장치가 작동되는 과정을 분석한다.

● 해결 과제 파악하기

– 제한 조건

① 초급 단계에서 만들었던 5가지 장치 중 1가지를 선택하여 제작한다.
② 해결할 문제는 마지막 단계에서 이루어져야 한다.
③ 주어진 재료만을 사용하여 제작한다.

– 주어진 재료 및 도구

도미노, 도르래, 우드락, 고무호스, 수수깡, 빨대, pet병, 두꺼운 도화지, 나무젓가락, 가위, 칼, 테이프,
글루건, 우드락 커터기, 실, 스카치테이프, 송곳, 탁구공, 구슬, 탱탱볼

생각의 싹 틔우기

● 풍선 터뜨리기 문제를 해결할 아이디어 모으기

- 풍선을 터뜨리기 위한 해결 방법을 다양하게 생각해본다.

● 장치 제작 구상도 그리기

- 그동안 배웠던 5가지 장치 중 1가지를 선택한다.

- 제작할 장치를 생각하고 주어진 재료의 특성을 파악하여 사용할 재료를 결정한다.

- 제작할 장치의 구상도를 그리고 각 부분에 대해 설명을 쓴다.

✂ 구상도는 최대한 구체적으로 그리도록 하며 각 부분에 사용할 재료를 구상도에 기
록하면 실제 제작할 때 많은 도움이 된다.

생각의 가지치기

● 구상도 보며 장치 만들기

- 구상도를 보며 재료 및 도구를 이용하여 문제해결을 위한 장치를 만든다.

❷ 장치 제작의 예 – 선택한 장치가 도미노일 때

① 우드락, 호스, pet병 등을 이용하여 구슬이 지나갈 수 있는 다양한 길을 제작한다.
② 길을 따라 나온 구슬이 첫 번째 도미노를 칠 수 있도록 한다.
③ 도미노를 이용하여 다양한 형태의 길을 만든다.
 - 도미노의 다양한 형태란? 도미노를 한 줄, 또는 여러 줄로 세우기, 책을 이용하여 도미노 계단 만들기, 중간에 움직이는 물체를 이용하여 도미노 쓰러트리기 등
④ 마지막 도미노가 송곳을 밀어내어 풍선을 터뜨릴 수 있도록 제작한다.
⑤ 구슬을 굴려 장치가 제대로 작동하는지 확인한다.

❷ 장치 평가하기

- 평가기준을 보며 팀에서 제작한 장치를 스스로 평가한다.

- 다른 팀에서 제작한 장치를 보며 재료 사용, 연결 방법 등 아이디어를 얻는다.

❷ 평가기준

평가요소	점수
풍선을 터뜨렸는가?	성공 / 실패
재료를 적절하게 사용하였는가?	1 2 3 4 5
팀원들과 협동하여 만들었는가?	1 2 3 4 5

생각의 열매 맺기

❷ 장치를 제작하면서 바뀐 생각 이야기하기

- 구상도에 따라 장치를 제작하면서 바뀐 생각이나 새롭게 떠오른 아이디어에 대해 정리한다.

❷ 새로운 아이디어의 예 – 선택한 장치가 도미노일 때

- 마지막 도미노가 날카로운 것을 붙인 움직이는 물체를 밀어내어 풍선을 터뜨리도록 한다.
- 벽에 날카로운 것을 붙이고 마지막 도미노로 풍선을 벽면으로 밀어붙여 터뜨리도록 한다. 이때, 풍선이 원하는 방향으로 갈 수 있도록 길을 제작한다.

❷ 다른 사람의 아이디어 내 것 만들기

- 다른 팀이 제작한 장치를 보고 새롭게 알게 된 아이디어를 정리하여 발표해본다.

컵에 구슬을 넣어라!(중급)

가. 수업 개요

학습목표	주어진 재료를 사용하여 컵에 구슬을 넣는 장치를 만들 수 있다.							
수업의도	본 활동은 굴러가거나 떨어지거나 또는 날아가는 구슬의 다양한 성질을 이용하여 마지막 도착지점인 컵에 구슬을 넣는 장치를 만드는 것이다. 학생들이 장치를 제작할 때 구슬이 굴러가는 성질을 이용하는 경우가 많은데 다양한 구슬의 성질을 활용할 수 있는 아이디어를 낼 수 있도록 지도한다.							
STEAM 요소	S	T	E	A	M	창의성 요소	정교성	독창성
	구슬의 성질	재료의 특성 파악하기	구슬의 성질을 구현할 수 있는 장치 만들기	구상도 그리기	구슬의 도착지점 예상 및 측정하기		목표에 정확하게 도달할 수 있도록 장치를 만드는 방법	구슬의 성질을 다양하게 활용하는 방법
준비물	도미노, 도르래, 우드락, 고무호스, 수수깡, 빨대, pet병, 두꺼운 도화지, 나무젓가락, 가위, 칼, 테이프, 글루건, 우드락 커터기, 실, 스카치테이프, 송곳, 탁구공, 구슬, 탱탱볼							

나. 교수-학습 활동

생각의 씨앗 심기

● 재료의 성질을 파악하고 다음 장면 상상하기

- 구슬의 성질에 대해 알아보기

- 사진을 보며 다음에 어떤 장면이 이어질지 상상하여 발표한다.

- 사진에 들어 있는 장치의 모양, 장치의 배치 등 주변 상황에서 정보를 얻는다.

- 관찰을 통해 알게 된 정보를 이용하여 다음 장면을 구체적으로 상상하고 글이나 그림으로 표현한다.

✎ 상상하기 활동은 학생들의 아이디어 생성을 위한 연습 단계이므로 다양한 대답이 나올 수 있도록 유도한다.

● 동영상을 보며 다음 장면 확인하기 📄 골드버그 장치 동영상

- 동영상을 보며 사진 속 다음 장면을 확인하고 자신이 상상한 내용과 비교한다.

- 실제 동영상의 장치가 작동되는 과정을 분석한다.

● 동영상 장치의 작동 과정

구슬이 길을 따라 굴러 내려옴 → 컵 속으로 들어감	구슬이 길을 따라 내려오다가 아래로 떨어짐 → 컵 속으로 들어감

● 제한조건 안내하기

- 초급 단계에서 만들었던 5가지 장치 중 1가지를 선택하여 제작한다.

- 해결할 문제는 마지막 단계에서 이루어져야 한다.

- 주어진 재료만을 사용하여 제작한다.

● 재료 안내하기   재 도미노, 도르래, 우드락, 고무호스, 수수깡, 빨대, pet병, 두꺼운 도화지, 나무젓가락, 가위, 칼, 테이프, 글루건, 우드락 커터기, 실, 스카치테이프, 송곳, 탁구공, 구슬, 탱탱볼

- 장치 제작에 사용할 수 있는 재료를 안내한다.

- 재료 및 도구: 도미노, 도르래, 우드락, 고무호스, 수수깡, 빨대, pet병, 두꺼운 도화지, 나무젓가락, 가위, 칼, 테이프, 글루건, 우드락 커터기, 실, 스카치테이프, 송곳, 탁구공, 구슬, 탱탱볼

생각의 싹 틔우기

● 장치 제작의 핵심 부분 찾기

- 장치를 만들 때 가장 중요한 부분이 무엇인지 팀별로 아이디어 회의를 한다.

● 장치 제작의 핵심

- 구슬은 굴러가거나, 날아가거나, 떨어지거나 등 다양하게 움직일 수 있다.
- 구슬이 목표지점인 컵 속으로 정확하게 들어갈 수 있어야 한다.

● 장치 제작 설명서 그리기

- 주어진 재료의 특성을 파악하여 사용할 재료를 결정한다.

- 제작할 장치의 설명서를 그리고 각 부분에 대해 설명을 쓴다.

🖋 장치 제작 설명서는 최대한 구체적으로 그리도록 하며 각 부분에 사용할 재료를 설명서에 기록하면 실제 제작할 때 많은 도움이 된다.

● **장치 제작 설명서를 보며 장치 만들기**

- 구상도를 보며 재료 및 도구를 이용하여 컵 속에 구슬을 넣는 장치를 만든다.

● **장치 평가하기**

- 평가기준을 보며 팀에서 제작한 장치를 스스로 평가한다.
- 다른 팀에서 제작한 장치를 보며 재료 사용, 연결 방법 등 아이디어를 얻는다.

생각의 열매 맺기

● **변화된 아이디어 및 새롭게 알게 된 아이디어에 대해 이야기하기**

- 장치를 제작하면서 변화된 아이디어가 있으면 이야기 해본다.
- 다른 팀의 장치를 보고 새롭게 알게 된 아이디어가 있으면 이야기 해본다.
- 우리 팀이나 다른 팀의 장치를 보고 새롭게 변화시킬 수 있는 아이디어가 있으면 이야기해본다.

종을 울려라!(중급)

가. 수업 개요

학습목표	🔴 주어진 재료를 사용하여 서로 다른 두 개의 종을 울릴 수 있다.							
수업의도	본 활동은 초급 단계에서 배운 기본적인 골드버그 장치를 활용하여 미션을 해결하는 활동이다. 이번 미션은 복잡한 골드버그 장치의 과정을 거치면서 위치가 서로 다른 2개의 종을 울리는 것이다. 사용할 종의 종류, 종을 울리는 방법, 종의 위치 등에 대해서 다양하게 생각해보는 활동을 통해 창의적인 사고 과정을 경험해 볼 수 있다.							
STEAM 요소	S	T	E	A	M	창의성 요소	정교성	유창성
	위치·운동 에너지	재료의 특성 파악하기	종을 치는 단계 구상	보기 좋게 만들기	거리, 각도 조정		정확하게 종 울리기	다양한 방법으로 종 울리기
준비물	도미노, 도르래, 우드락, 수수깡, 빨대, pet병, 두꺼운 도화지, 나무젓가락, 가위, 칼, 테이프, 글루건, 우드락 커터기, 실, 스카치테이프, 송곳, 탁구공, 구슬, 탱탱볼, 유성매직, 고무호스, 여러 종류의 종							

나. 교수-학습 활동

생각의 씨앗 심기

🔴 **종의 종류 및 사용 방법 알아보기**

- 다양한 종의 형태를 보여주고, 종이 어떤 용도로 사용되고 있는지 알아본다.
- 종을 칠 수 있는 다양한 방법에 관해서 이야기해본다.

🔴 **종의 종류 예시**

시간을 알려주는 종	새해를 알려주는 종	악기로 사용되어 온 종

🖋 과거 종은 악기를 원조로 해서 사용되었다. 귀신을 쫓거나 잔치가 있을 때 사용되었으나 오늘날 종은 악기보다 일상생활에서 다양한 용도로 사용된다. 예를 들어 문에 종을 달아 손님이 왔음을 알려주기도 하고, 새해가 되었을 때 종을 치기도 한다. 다양한 종의 용도와 함께 종을 울리는 다양한 방법도 함께 생각해보도록 한다.

● 해결해야 할 문제
- 제한 조건을 살펴보기

  서로 다른 위치에 있는 2개의 종 울리기

  초급과정에서 만든 장치를 활용하여 미션을 해결하는 장치 만들기
- 재료 및 도구: 도미노, 도르래, 우드락, 수수깡, 빨대, pet병, 두꺼운 도화지, 나무젓가락, 가위, 칼, 테이프, 글루건, 우드락 커터기, 실, 스카치테이프, 송곳, 탁구공, 구슬, 탱탱볼, 유성매직, 고무호스, 여러 종류의 종

생각의 싹 틔우기

● 아이디어 모으기
- 서로 다른 종을 울리기 위한 다양한 방법을 생각해본다.
- 주어진 재료와 그동안 배운 골드버그 장치를 활용한다.

● 종을 울릴 방법 구상하기
- 서로 다른 위치에 있는 종을 어떤 방법으로 울릴 것인지 구상한다.

💡 장치 제작의 핵심

- 어떤 종을 사용하여 어떠한 방법으로 종을 울릴지 생각하며 구상한다.
- 서로 다른 위치에 있는 종을 정확하게 울린다.

● 장치 제작 구상도 그리기
- 주어진 재료의 특성을 파악하여 사용할 재료를 결정한다.
- 제작할 장치의 구상도를 그리고 각 부분에 대해 설명을 쓴다.
- 🖋 구상도는 최대한 구체적으로 그리도록 하며 각 부분에 사용할 재료를 구상도에 기

록하면 실제 제작할 때 많은 도움이 된다.

생각의 가지치기

● 구상도 보며 장치 만들기

- 구상도를 보며 재료 및 도구를 이용하여 미션을 해결할 수 있는 장치를 정교하게 만든다.

● 장치 평가하기

- 평가기준을 보며 팀에서 제작한 장치를 스스로 평가한다.
- 다른 팀에서 제작한 장치를 보며 재료 사용, 연결 방법 등 아이디어를 얻는다.

생각의 열매 맺기

● 장치를 발전시키는 상상하기

- 장치 제작을 하면서 변화된 아이디어에 관하여 이야기한다.
- 다른 팀의 장치를 보고 알게 된 새로운 아이디어에 관하여 이야기한다.

메시지를 전달하라!(중급)

가. 수업 개요

학습목표	🌑 주어진 재료를 사용하여 메시지를 전달할 수 있다.							
수업의도	본 활동은 초급 단계에서 배운 기본적인 골드버그 장치를 활용하여 미션을 해결하는 활동이다. 이번 미션은 복잡한 골드버그 장치의 과정을 거치면서 의미를 담아 메시지를 전달하는 것을 내용으로 한다. 과거부터 오늘날까지 다양한 통신기술발달을 살펴보고, 메시지를 전달하는 새로운 방법을 생각해보는 활동을 통해서 창의적인 사고 과정을 경험해 볼 수 있다.							
STEAM 요소	S	T	E	A	M	창의성 요소	정교성	독창성
	지렛대의 원리 등 초급과정 선행 내용	통신 기술의 발달	메시지 전달 장치 구조화	구상하기			의미를 가진 골드버그 장치 구상	메시지를 전달하는 방법
준비물	도미노, 도르래, 우드락, 수수깡, 빨대, pet병, 두꺼운 도화지, 나무젓가락, 가위, 칼, 테이프, 글루건, 우드락 커터기, 실, 스카치테이프, 송곳, 탁구공, 구슬, 탱탱볼, 유성매직							

나. 교수-학습 활동

생각의 씨앗 심기

🌑 통신기술의 발달 알아보기

- 과거에서부터 오늘날까지 사용되어온 통신기술에 관하여 이야기해본다.
- 다양한 미술작품을 이용하여 작가가 전달하고자 하는 메시지에 관해서 이야기해본다.

🌑 미술작품 예시

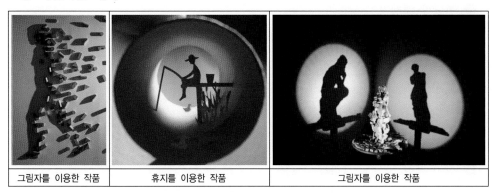

그림자를 이용한 작품	휴지를 이용한 작품	그림자를 이용한 작품

🖐 통신기술의 발달로 간편하고도 편리한 메시지 전달 방법이 다양하게 개발되었다.

하지만 꼭 편리한 방법을 떠나 자신의 생각을 전달하기 위해 인간은 그림, 조형물, 시 등 다양한 방법을 아직도 사용하고 있다. 이는 창의적인 사람일수록 더욱 다양한 방법을 사용하여 메시지를 전달하려는 성향을 보인다. 이러한 인간의 창의적인 성향이 다양한 문화와 기술의 발달을 가져왔음은 의심할 여지가 없다. 이러한 노력을 학생들에게 전달하여 다양한 방법을 구상할 수 있도록 이끌어 나가야 할 것이다.

● 해결해야 할 문제
- 제한 조건을 살펴보기
  '나'와 '우리' 두 단어를 활용하여 친구, 부모님, 선생님 등을 대상으로 메시지를 전달하기
- 재료 및 도구: 도미노, 도르래, 우드락, 수수깡, 빨대, pet병, 두꺼운 도화지, 나무젓가락, 가위, 칼, 테이프, 글루건, 우드락 커터기, 실, 스카치테이프, 송곳, 탁구공, 구슬, 탱탱볼, 유성매직

생각의 싹 틔우기

● 아이디어 모으기
- 메시지를 전달하기 위한 다양한 방법을 생각해본다.
- 주어진 재료와 그 동안 배운 골드버그 장치를 활용한다.

● 전달할 메시지 구상하기
- '나'와 '우리' 두 단어를 어떻게 활용하여 메시지를 전달할 것인지 구상한다.

● 장치 제작의 핵심
- 주어진 단어를 어떻게 제시할 것인지 방법 또한 생각하며 구상한다.
- 새로운 의미를 담아 메시지를 전달한다.

● 장치 제작 구상도 그리기
- 주어진 재료의 특성을 파악하여 사용할 재료를 결정한다.
- 제작할 장치의 구상도를 그리고 각 부분에 대해 설명을 쓴다.

☒ 구상도는 최대한 구체적으로 그리도록 하며 각 부분에 사용할 재료를 구상도에 기록하면 실제 제작할 때 많은 도움이 된다.

생각의 가지치기

● 구상도 보며 장치 만들기
- 구상도를 보며 재료 및 도구를 이용하여 메시지를 전달할 수 있는 장치를 만든다.

● 장치 평가하기
- 평가기준을 보며 팀에서 제작한 장치를 스스로 평가한다.
- 다른 팀에서 제작한 장치를 보며 재료 사용, 연결 방법 등 아이디어를 얻는다.

생각의 열매 맺기

● 장치를 발전시키는 상상하기
- 장치 제작을 하면서 변화된 아이디어에 관하여 이야기한다.
- 다른 팀의 장치를 보고 알게 된 새로운 아이디어에 관하여 이야기한다.

IV. 결론 및
제언

 본 연구는 교육 현장에서 적용 가능한 STEAM 교육 프로그램을 개발하고 적용하는 것을 목표로 하였다. 국내외에서 연구된 STEM, STEAM 관련 교수-학습 방법 및 교육 사례를 살펴보고 현장 적용 가능성을 고려한 후, 학생들의 흥미와 지적 호기심을 자극하는 루브 골드버그 장치를 활용한 STEAM 교육 프로그램을 개발하였다.

 본 프로그램은 개별적 활동 중심보다 사회적 상호작용을 강조하는 협력학습의 팀 활동으로 구성되었다. 사회적 상호 작용을 통한 활동 속에서 서로의 지식을 공유하며 새로운 관점에서 사고의 폭을 확장시키고 팀원 간의 의사소통능력, 협동심을 기를 수 있다.

 매 차시마다 주어지는 과제를 해결하기 위해 골드버그 장치를 만드는 과정에서 창의적 사고능력과 문제해결 과정에 다양한 학문 분야의 지식이 필요함을 느낄 수 있다. 더 나아가 장치를 설계하고 각 요소를 만드는 과정 속에서 디자인 설계 능력, 공학적 능력 등 여러 가지 분야의 능력이 신장될 수 있다.

 개발된 프로그램의 적용 결과 학생들은 본 프로그램에 대해 '과학 시간에 여러 가지 공부를 할 수 있어 지겹지 않았다', '친구들과 협동하여 문제를 해결할 수 있어 협동심이 길러졌다', '만드는 과정이 힘들었지만 마지막 과제를 성공했을 때는 정말 기뻤다' 등 긍정적인 평가를 내려주었다. 이는 본 프로그램의 개발 방향에 부합하는 결과라고 할 수 있다.

 이상의 결론을 종합하여 몇 가지 제언을 하면 다음과 같다.

 첫째, 본 연구에서 개발된 루브 골드버그를 활용한 STEAM 교육 프로그램이 더 많은 교육 현장에 보급될 수 있는 노력이 필요하다.

 둘째, STEAM 교육은 미래 사회를 이끌어갈 창의적인 융합형 인재 양성에 중추적인 역할을 하는 교육 방법이나, 이에 대한 교사들의 인식이나 교육 프로그램이 부족하다. 다양한 시도와 연구를 통해 좋은 STEAM 교육 프로그램들이 개발되어야 한다.

참고문헌

김정아·김병수·이지훤(2011), 「융합형 인재 양성을 위한 IT 기반 STEAM 교수 학습 방안 연구」, 23(3), pp. 445~460.

김진수(2007), 「기술교육의 새로운 통합교육방법인 STEM 교육의 탐색」, 『한국기술교육학회지』, 7(3).

박인수(2007), 「골드버그 장치를 활용한 발명교육 적용방안 연구」, 『한국학교발명협회』, 11(2).

박종욱·김수현·임희준(1997), 「초등학교 과학수업에 협력학습 전략의 적용」, 『초등과학교육』, 16(2), pp. 277~290.

이미경·원광연·강병직(2011), 「창의성 계발을 위한 통합형 프로그램 개발」, 한국교육개발원(KEDI) 연구보고서.

최민호(2011), 「골드버그 제작활동을 적용한 학습 프로그램 개발: 고등학교 물리단원을 중심으로」, 한국교원대학교 교육대학원 석사학위논문.

박병태 ─────────────────────────

　서울교육대학교 졸업, 교육학 박사
　서울초등기초과학교육교사연구회 사무국장
　올해의 과학교사상 수상
　7차 초등과학교과용도서 심의위원
　단국대학교, 서울교육대학교 강사 역임
　현) 서울대치초등학교 교사

　『초등과학교육의 이론과 실제』(2010)
　외 다수

최현동 ─────────────────────────

　서울교육대학교 졸업, 교육학박사, 이학박사
　한국교원대학교, 서울교육대학교 강사 등
　2007 개정 과학과 교과서 집필
　현) 서울대방초등학교

　『2009 초등학교 과학과 교수법·평가방법』

김용근 ─────────────────────────

　서울교육대학교 졸업, 교육학 박사(환경교육 전공)
　서울초등환경교육연구회 사무국장
　서울특별시교육청 생태환경교육위원회 전문위원
　현) 서울용곡초등학교 교사

노영민 ─────────────────────────

　서울교육대학교 졸업, 석사
　YTN 및 SBS TV 과학교육 전문 패널위원, 우수강사 인증
　우수과학교사상 수상(부총리 겸 과학기술부장관 표창)
　현) 서울양진초등학교 교사

박상민 ─────────────────────────

　춘천교육대학교 졸업, 석사과정
　실용창의력교육연구회 회장
　세계창의력올림픽 국제심사위원
　국립과천과학관 창의력교육 대표 강사
　올해의 과학교사상 수상
　현) 서울개웅초등학교 교사

최동섭 ──

　부산교육대학교 졸업, 석사
　전국학생과학발명품 경진대회 과학기술부장관상
　부산영재교육진흥원 영재연수 강사
　현) 부산용당초등학교

전성수 ──

　진주교육대학교 졸업, 과학교육 박사과정
　2009 개정 교육과정 연구원
　진주교육대학교 강사 역임
　유네스코 집필위원
　현) 경남용마초등학교 교사

고민석 ──

　서울교육대학교 졸업, 과학교육 박사과정
　현) 서울은로초등학교 교사

　『눈으로 보는 통합교과─태양계』

김지영 ──

　서울교육대학교 졸업
　서울시 남부교육청 과학영재교육원 강사
　대한민국학생창의력 올림피아드 심사위원
　현) 서울대길초등학교 교사

교사를 위한

초등학교 과학수업 따라하기

초판인쇄 | 2012년 8월 10일
초판발행 | 2012년 8월 10일

지 은 이 | 박병태·최현동·김용근·노영민·박상민·최동섭·전성수·고민석·김자영
펴 낸 이 | 채종준
펴 낸 곳 | 한국학술정보㈜
주   소 | 경기도 파주시 문발동 파주출판문화정보산업단지 513-5
전   화 | 031) 908-3181(대표)
팩   스 | 031) 908-3189
홈페이지 | http://ebook.kstudy.com
E-mail | 출판사업부 publish@kstudy.com
등   록 | 제일산-115호(2000. 6. 19)

ISBN   978-89-268-3621-7 93370 (Paper Book)
         978-89-268-3622-4 95370 (e-Book)

이담 Books 는 한국학술정보(주)의 지식실용서 브랜드입니다.